두 얼굴의
조선사

두 얼굴의
조선사

군자의 얼굴을 한
야만의 오백 년

조윤민 지음

글항아리

도덕의 가면을 쓴 조선 지배층의 두 얼굴

❖지배자의 철학 | 니체와 선비

인류 역사는 한 집단이 다른 집단을 억눌러 통제하는 지배의 과정이었습니다. 지배에서 또 다른 지배로 이어지는 권력투쟁과 계급갈등, 그에 따른 지배 전략과 통치 방식의 변화, 그 혹독한 생존의 틀에서 인류는 결코 벗어나지 못했습니다. 그것은 존속과 번영의 이름으로 받아들여진 인류사의 한 전개이기도 했습니다. 프리드리히 니체는 이러한 세계관에 적합한 주장을 펼친 철학자였습니다. 그는 지배하는 자와 지배받는 자를 구분하고, 사회와 삶이 지배자의 논리와 이해에 적절하게 맞추어져야 한다고 보았습니다. 그럴 때 정의도 선善도 살아난다고 여겼습니다. 그런 세계는 생활과 문화는 물론 도덕이나 정신의 영역에서도 지배하는 자와 지배받는 자가 철저히 구분되는 차등화된 사회입니다. 명령과 복종으로 이루어지는 지배와 종속에 토대를 둔 세상이죠.

양반, 사대부, 선비, 사림……. 조선사회를 이끌어간 이들 지배층에게서 이러한 '지배자의 철학'의 외침을 듣습니다. 위계질서와 신분제의 조선사회에서 배제와 차별의 이데올로기, 조작과 통제의 지배 전략을 봅니다.

❖조선시대 어느 비첩 아들의 일생

15세기에 생존했던 모지리는 여종의 아들로 태어나 양반가의 상속자가 된 매우 특이한 인물입니다. 모자라거나 어리석다는 뜻을 가진 이름과 달리 모지리는 재산을 모아 부귀를 누린 수완가였습니다. 뇌물과 청탁, 세금 대납 같은 범죄를 저질러 엄벌에 처해지지만 결국은 권력자의 비호로 형벌에서 풀려나는 처세의 달인이기도 했습니다. 소송에 능하고 법을 이용할 줄 아는 냉철한 현실가였지요. 모지리, 김모지리, 허모지리, 허계지許繼智 등 여러 이름으로 불리며 그야말로 파란만장한 삶을 살았습니다.

모지리는 양반인 아버지 허씨許氏와 종의 신분인 어머니에게서 태어난 얼자孼子였습니다. 그렇지만 한쪽이나마 양반의 핏줄이라 하여 허씨의 배려 아래 향교에 다니며 성장할 수 있었습니다. 허씨는 모지리 외에는 자식을 두지 못했습니다. 그런데 허씨가 죽고 난 뒤 모지리는 허씨 집안에서 쫓겨날 위기에 처합니다. 허씨의 본처인 이씨李氏가 양자녀를 들이면서 모지리가 남편의 자식이 아니라며 허씨 집안과 모지리의 혈연관계를 부정하고 나선 것입니다. 사실 모지리의 핏줄은 의심스러운 구석이 없지 않았습니다. 모지리의 어머니가 사내종과 결혼해 함께 살던 시기에 허씨가 모지리 어머니와 은밀한 관계를 맺었으며, 이 와중에 모지리가 태어난 것입니다. 이씨는 남편 허씨가 죽은 뒤에는 모지리가 자기 어머니의 남편인 사내종의 성을 따라 김모지리라 했다는 점을 들어 모지리가 남편의 핏줄이 아니라는 주장을 폈습니다. 모지리는 자신이 허씨 집안의 아들임을 굽히지 않았죠. 한 양반 가문의 승계를 놓고 친자확인소송이 벌어진 것입니다. 김모지리와 허모지리를 두고 치열한 공방이 오고갔습니다.

그렇게 10여 년 동안 판결이 나지 않다가 문종文宗(재위 1450~1452) 대에 들어서야 모지리는 허모지리로 법적인 공인을 받습니다. 본처인 이씨와 주변의 친인척이 모지리가 물려받게 될 재산을 가로채기 위해 양자녀를 들여서 꾸민 계략이라 판단한 것입니다. 이러한 판결이 난 데에는 모지리가 쌓은 권세가와의 인맥이 상당히 작용했을 것입니다. 그렇지만 첩자녀에 대한 상속 규정과 상속 관행이 없었다면 소송 자체가 필요 없었을 것입니다.

조선 초기에 이미 적서嫡庶 구별은 엄연했습니다. 일부일처제 원칙 아래 처와 첩을 구분했으며, 첩에게서 난 자식은 관직 진출에 제한을 두었습니다. 재산 상속에도 차등을 두어 양첩良妾 자녀는 적자녀 상속분의 7분의 1을, 천첩賤妾 자녀는 10분의 1을 주도록 했습니다. 첩자녀는 적자녀가 없을 경우에 가계 승계의 상속권자로 인정해 재산과 함께 제사까지 물려받도록 했죠. 이처럼 첩자녀는 적자녀에 비해 차별을 받앉지만 양자녀보다는 상속에 있어 우선이었습니다. 모지리가 이 경우에 해당합니다. 조선 후기와 달리 전기엔 적자녀가 없을 경우 양자를 들이기보다 첩자녀에게 재산과 제사를 상속하기도 했습니다. 이들의 권리를 어느 정도 인정했던 것이지요. 재산 상속에 있어서 아들과 딸을 차별하지도 않았습니다.

상속분쟁에서 이긴 모지리는 세금을 대납하는 중개인이 되어 더 큰 재산을 모았습니다. 명망 있는 인물과 고위관료를 호화로운 저택에 초대해 연회를 베풀며 권세가들과 탄탄한 연줄을 맺고, 이에 힘입어 편법과 불법을 저지르며 부를 더욱 늘려나갔습니다. 그 수준에 맞게 이름도 허계지로 바꾸었죠. 그렇게 모지리는 출생과 성장과정에서의 신분 차별을 이겨내고 살아남아 상류층과 어울리는 삶을 구가했습니다.

이처럼 모지리는 조선 전기에 조세제도와 관련된 상행위로 재물을 모은 대표적인 인물입니다. 정치권력과의 유착이 치부 과정에서의 부도덕과 불법을 감추어주었습니다. 권력자들은 성리학의 왕도와 인의예지, 청빈을 앞세우며 '군자의 길'을 찬양하면서도 뒤로는 모지리와 같은 상인을 내세워 농민을 수탈하고 재물을 탐할 수 있었습니다. 부침을 거듭한 모지리의 파행적인 삶은 겉과 속이 다른 조선 지배층의 허위의식과 지배 전략을 살필 수 있는 적절한 사례를 제공합니다. 모지리의 출생과 친자소송사건은 양반 중심의 신분제와 위계질서를 우선시한 조선사회의 정체성을 증명합니다.

❖조선의 지배층, 신분질서와 위계 구조의 사회를 만들다

어찌 보면 모지리는 시대를 타고난 행운아였습니다. 생모가 노비였지만 양반 자식으로서의 권리를 찾은 드문 경우였죠. 다음 세기, 늦어도 17세기였다면 비첩의 아들이 양반가의 상속권을 물려받는다는 것은 매우 힘든 일이었을 겁니다.

조선 지배층은 건국 이후 신분제를 강화하고 사회의 위계 구조를 심화시키는 방향으로 모든 역량을 동원했습니다. 세기가 거듭되면서 성리학 이론은 정교해지고 깊어졌으며, 그에 따라 신분질서와 위계 구조의 정당화 토대가 더욱 탄탄해졌습니다. 첩의 자식이 아무리 많더라도 부계혈족에서 양자를 들여 가계를 잇는 종법제도가 굳건하게 자리를 잡았습니다. 이제 조선의 모지리들은 더 이상 허모지리, 허계지가 될 수 없었습니다. 법과 제도뿐 아니라 관습과 풍속까지 유교 가치와 예법에 맞춰 개량되고 변했습니다. 가정생활에서 학문 탐구, 사회관계와 관료 활동에 이르기까지 성리학을 기치로 내건 정치의 시대가 활짝 열렸습니다. 왕도와 도덕 실현이라는 매우 고매한 이름으로요.

❖조선은 정치 과잉의 나라다

조선은 정치 과잉의 왕조국가였습니다. 우선, 지배층이 신봉한 학문이 매우 정치적이었습니다. 유학이나 그 한 분파인 성리학을 현실적인

학문이라 하는데, 어찌 보면 이는 정치적인 학문이라는 본래의 속성을 다르게 표현한 데 불과할지도 모릅니다. 유학이나 성리학이 내세보다는 현세를, 이상보다는 현실을 궁리하는 학문임을 앞세움으로써 정쟁·명령·지배 등 '정치적'이라는 말이 주는 부정적 이미지는 뒷전으로 밀어냅니다.

유학은 이념과 가치 체계로서의 사상 측면과 규범과 도덕 원리로서의 생활윤리 측면으로 나뉘지만 이 모두 정치학의 범주에 포괄되며 정치의 영역을 벗어나지 않습니다. 효로써 나라를 다스린다는 이효이국以孝理國을 유교 정치의 한 근간이라고 역설하는 점이 이를 반증합니다. 아버지와 아들의 관계를 규정짓는 효孝라는 가치는 임금과 신하의 관계를 틀 지우는 충忠의 가치로 전이되며, 이는 다시 모든 인간관계와 사회질서의 영역으로까지 확장돼 위계의 관계와 차등의 질서를 만들어냅니다. 그래서 가정에서의 효가 무너지면 임금과 신하의 정치윤리가 흔들리고 마침내 사회질서까지 와해된다고 봅니다. 조선시대의 효는 지극히 정치적인 행위였던 것입니다.

지배층이 지배 신분으로서의 지위와 권리를 누리려 해도 정치적이어야 했습니다. 가문의 권세에 기대어 음서라는 특권으로 벼슬자리에 나아가든지, 과거시험에 합격해 관료로 진출하든지, 어떻게든 정치판에 뛰어들어 지배의 최대 자원인 관직을 획득해야 했습니다. 이도 저도 아니어서 산림처사를 자처하더라도 조정에 상소 하나쯤은 올려 정치계에 자신의 존재를 알려야 했습니다. 정치판에 대한 지지나 비판의 겨눔은 그 결과와는 상관없이 행위 자체만으로 향촌사회에서 지배신분의 권위를 높여주었죠. 산림처사는 은둔자가 아니라 지지세력을 확보한 강력한 정치 주체였습니다.

그래서 조선의 지배층은 모두 정치에 뛰어들었습니다. 천자문을 읽는 그 순간부터 온 삶이 유교라는 정치의 물결을 따라 흘렀습니다. 죽음으로도 유교와 정치의 세계에서 벗어나지 못했습니다. 제사는 조상을 애도하는 마음의 발로지만 계보를 확인하고 가문의 정통성을 과시하는 정치행위이기도 했으니까요. 한 개인의 신분과 지위, 권한, 권리가 가문에 좌우됐으니 가문을 드높이는 작업이 자신을 성취하는 길이었습니다.

❖조선은 도덕정치로 위장한 계급정치의 나라다

유학을 숭상한 정치의 나라 조선을 두고 어떤 이는 '도덕이 꽃핀 나라'라 합니다. 다른 이는 기개와 청렴을 목숨보다 중히 여긴 '선비의 나라'라고 일컫습니다. 한발 물러선 어떤 이는 '도덕정치와 계급정치의 양극을 오가는 나라'라고 다소 조심스런 시선을 던집니다.

이런 진중한 찬사에도 불구하고 조선은 무엇보다 '위계의 나라'였습니다. 도덕정치로 위장한 철저한 계급정치가 관철되는 '위선의 나라'였습니다. 지배층의 이익 확보와 욕망 추구를 이理와 도道 같은 사상 개념으로 포장해 정당화하고 신분질서와 사회의 위계 구조를 영속시키고자 했습니다. 극히 소수의 사림이 도덕과 욕망의 피나는 싸움에 뛰어들었지만 도덕의 승리를 사회적으로 보장받지는 못했습니다. 더 비극적인 사실은 그 극소수의 싸움마저 결국은 계급정치의 큰 강물에 흡수돼 지배계급의 이데올로기가 되었다는 것입니다. 도덕정치에 헌신하는 이가 내놓은 학설과 언설이 지배-피지배 구조를 정당화하고 지배신분의 우위와 특권을 보장하는 자양분으로 작용했지요.

❖조선은 500여 년을 존속한 세계 최장기 왕조국가다

조선은 임진전쟁(임진왜란)과 병자전쟁(병자호란)이라는 두 번의 큰 전쟁을 겪고도 어김없이 살아남았습니다. 피지배층에게 돌이킬 수 없는 피해를 끼쳤음에도 지배층은 전쟁에 대한 어떠한 책임도 지지 않고 존속했던 것입니다. 오히려 전쟁을 계기로 양반 중심의 신분질서와 위계를 더 강화해나갔죠. 조선의 성리학은 만개했으며, 지배세력이 밀어붙인 조선사회의 유교화는 하층민의 삶에까지 끈끈하게 스며들었습니다. 조선은 성리학이라는 지식으로 무장한 지배세력이 이끄는 위계와 통제의 왕조국가로 자신을 틀 지우고 시대의 결을 채워나갔습니다. 소외된 이들의 불만의 목소리와 억압받는 자들의 저항의 몸짓이 없지 않았지만 그 어느 것도 왕조체제를 무너뜨리지 못했습니다. 그렇게 조선은 519년을 존속했습니다. 조선 왕조는 고구려, 백제, 신라, 고려와 함께 개별 왕조의 장기지속이라는 한국사의 한 특징을 여실히 보여주지요.

세계 역사상 동일 지배계층에 기반을 둔 동일 혈통의 왕조국가가 이렇게 오래 지속된 예는 찾아보기 힘듭니다. 일본의 왕가는 고대국가 이후 실권을 상실한 상징적 존재로 남아 국가의 실질적인 지배세력이라 할 수 없었습니다. 중국의 경우, 최초의 통일왕조인 진나라 이래의 수십 개 나라 중에서 200년 넘게 존속한 나라는 다섯 나라뿐이며 300년을 넘긴 왕조는 하나도 없습니다. 조선과 같은 시대의 명나라와 청나라도 300년을 버티지 못했습니다.

❖선비의 나라 조선의 민낯, 그 참혹한 실상에 다가가는 길

'조선왕조 500여 년 존속'이라는 이 놀라운 사실의 비밀은 무엇일까요? 이 책은 이 단순한 물음에서 시작됐습니다. 거기에, 이러한 존속을 이끈 주역인 조선 지배층의 정체성과 지배 방식에 대한 의문이 덧붙여졌습니다. 어떻게 학자적 관료 중심의 지배세력 구성이 가능했는가? 조선 지배층의 통치 이념과 지배의 논리는 무엇인가? 그 이데올로기적 구상은 어떤 방식으로 추진되고 작동했는가? 조선 지배층의 지식─권력에 의한 지배체제는 실제로 어떻게 운용되었으며, 그 정치권력은 피지배자의 사고와 행위를 어떻게 규정해나갔는가? 이와 같은 질문이 뒤를 이었습니다. 한마디로 말하면, 조선의 지배층은 어떤 지배 전략으로 어떤 통치 방식을 활용해 500여 년 동안 조선사회를 지배할 수 있었는가? 이 글은 이 물음에 대한 나름의 풀이를 찾아나가는 여정입니다.

이 모색의 길에서 지금까지 흔히 볼 수 있었던 조선 지배층에 대한 초상과는 다른 초상을 그려내려 합니다. 기개와 청렴의 화신인 선비가 아닌, 민생을 돌보는 꼬장꼬장한 경세가도 아닌, 군주를 보필하며 왕도를 드높이려는 사림관료도 아닌, 자신의 이익과 욕망에 충실한 지배자로서의 얼굴이 그것입니다. 조선 지배층의 실체가 개국에서 멸망의 날까지 하루도 쉬지 않고 외쳤던 '유교 도덕정치'에 있는 것이 아니라, 그 이면에 숨겨진 '욕망의 계급정치'에 있음을 지배−피지배라는 관점과 통치 전략적 틀로써 드러내려 합니다. 그럴 때, 배제와 차별의 신분제와 위계질서의 사회, 조선이라는 그 전통사회에 제대로 발을 들여놓을 수 있을 것이며 조선이라는 세계 최장기 왕조에 대한 적나라하고 신랄한 초상 또한 갖게 될 것입니다.

이 책에는 유교 이념과 가치에 대한 비판적 언설이 많이 담겨 있습니다. 조선사회가 갖춘 제도와 관습의 그늘진 부분을 들춰내었고, 지배층의 위선과 이중성을 자주 짚어냈습니다. 그렇다고 이 책이 조선이라는 전통사회를 비판하고 평가해 조선이라는 나라 자체를 부정하려는 의도를 담고 있지는 않습니다. 조선사회와 지배층에 대한 비판적 접근과 해석이 주를 이룬다는 점에서 이 책이 자칫 특정 세력이 주창하는 역사관을 옹호한다는 오해를 살 수도 있을 것입니다. 그렇지만 이 책은 부정적 시각에서 조선시대를 폄하하는 뉴라이트 역사학을 옹호하려는 의도를 전혀 가지고 있지 않습니다. 조선시대의 지배세력을 비판한다고 해서 민중사관을 치켜세우고자 하는 것도 아닙니다.

이 책은 기존의 한국사 연구 자료에 많은 것을 기대고 있습니다. 선행 연구 자료가 있어 이 책의 집필이 가능했습니다. 참고문헌과 주에 이 자료를 밝혀놓았으며, 이 자리를 빌려 관련 연구자들에게 특별한 감사를 드립니다.

감히 덧붙인다면, 지금 여기, 또한 다가올 날에는 과도한 욕망과 편중된 이익의 정치가 조금은 누그러질 수 있기를 참으로 바랍니다. 위계와 차별의 억압적 질서를 모두 없앨 수는 없다고 해서 그에 대한 지향마저 어리석다고 한다면 이토록 강렬한 지배자의 삶터에서 미소 한 점 지을 수도 없을 것입니다. 이 빈약한 글이 '모두를 위한 삶과 세계'라는 염원을 놓지 않으려는 한 사람이 가혹한 지배의 현실에 맞서나가는 삶의 모색이 될 수 있기를……. 그러면 이 글을 쓸 수 있도록 해준 아름다운 이에게 조금은 빚을 갚을 수 있을 것입니다.

—2016년 1월, 여전히 혹독한 내 삶의 유배지에서

조윤민

1장_프롤로그
조선에 대한 세 개의 초상

❖철학자가 다스리는 나라 | 이사크 포시위스

유럽은 분명 새로운 시대로 접어든 뒤였다. 천 년 중세의 긴 터널을 지나온 유럽인들은 또 다른 세상을 향해 달음질치고 있었다. 사상과 학문의 맥을 다잡고 문화와 종교에 전향의 열정을 불어넣었다. 알려는 욕구와 철저한 사유, 거기에 세상에 맞서나가는 주체라는 개념이 17세기 유럽 지성계를 매혹시켰다.

세계를 바라보고 이해하는 시각도 변했다. 이전 시대와 달리 자연에서 점차 신성神性을 제거하고 순수한 물질운동의 법칙으로 자연을 설명하려 했다. 그러면서도 신과 종교에 대한 맹신이 아직은 그 뿌리를 다 거두지 않고 사회 곳곳에 질긴 그림자를 드리우고 있었다.

군주는 상공업을 장려하고 국외시장을 개척하는 중상주의 경제정책을 폈고, 이를 위해 식민지를 만들어나갔다. 유럽인들은 이미 세계를 한 바퀴 돈 뒤였다. 종교적 관심과 열정이 중국 대륙을 횡단했으며, 뒤

이어 욕망과 이익에 충실한 무역선이 중국과 동남아시아 해역을 오갔다. 그렇게 세계의 한쪽은 상인의 시대로, 자본의 세계 속으로 힘차게 진군하고 있었다. 17세기의 유럽은 억압적인 왕정체제에 대한 복종이 요구되고 피지배층과 타국에 대한 침탈이 공공연하게 행해지던 또 다른 폭정과 야만의 시대였다.

그러한 시기, 네덜란드의 인문학자 이사크 포시위스Isaac Vossius (1618~1689)가 이상국가의 한 전형을 유럽에 알리면서 지성계에 큰 충격을 던진다. 유럽의 동쪽 먼 곳에 있다는 그 이상국가는 철학자들이 나라를 다스린다는 곳, 바로 중국과 조선이었다. 그곳은 철인왕이 통치하는 플라톤의 유토피아를 떠올리게 하는 국가였다. 이성의 덕인 지혜를 가진 철학자가 나라를 통치하고, 의지의 덕인 용기를 지닌 수호자가 나라를 지키고, 감성의 덕인 절제를 체화한 사람이 생산자가 되어 서로 조화를 이루며 정의를 실현해나가는 플라톤의 나라.

포시위스는 당시 유럽의 왕정체제에 대해 비판적인 시각을 가지고 있었다. 급진 계몽주의와 자유주의 사상을 펼치며 근대철학의 문을 열어젖힌 스피노자와 교류하며 진보적인 지성계를 이끌었다. 고대 아랍과 중국에 대해서도 남다른 이해를 가졌는데, 성서에 담긴 전통 견해에 의문을 제기해 학계에 논쟁거리를 제공하고 세인의 관심을 모았다. 성경에 묘사된 역사보다 중국 고문헌에 실린 역사가 더 오래되었다는 사실,[1] 곧 중국문명은 대홍수 시기보다 500년이나 앞서는 기원전 2900년 무렵에 시작되었다고 주장하며 당시 유럽인의 맹목적 믿음에 도전했다.

중국문명의 기원에 대한 관심은 이후 중국문명의 통치체제와 정치구조에 대한 이해로 이어졌다. 1685년에 출간한 『여러 가지 언설 Variarum Observationum Liber』에서 포시위스는 중국과 조선을 이렇게 소개한다.

중국과 조선의 고위관료들은 철학자들이다. 나라를 통치하는 이들 철학자들이 의무에 충실하지 못하면 인민이 이들을 판정할 자유를 갖는다. 이 나라에는 유럽과 같은 세습귀족이 없고, 배운 자들만이 귀한 대접을 받는다. 왕이 잘못을 저지르면 철학자들은 주저 없이 왕을 비판한다. 이는 구약의 위대한 예언자들조차 감히 하지 못했던 수준이다.[2]

중국과 조선에 대한 포시위스의 시각과 이해는 다소 극대화된 측면이 없지 않다. 인민이 철학자 통치의 시비를 가린다는 주장은 사실과 어긋난 것이기도 한데, 이는 어사의 감찰제도나 '민심民心이 천심天心'이라는 유교 이념을 과도하게 받아들인 것으로 보인다.[3] 그 외 철학자 관료의 통치와 이들의 지위, 군주 통치에 대한 비판과 왕권 제한에 대한 사안은 대체로 사실과 부합된다. 이는 과거제도와 학자관료제, 사헌부와 사간원의 언론과 감찰제도를 두고 평가한 것으로 여겨진다.

포시위스가 살던 시기는 혼란의 시대였다. 한편에선 왕이 강력한 권력을 행사하는 절대왕정이 위세를 더하고, 다른 한편에선 군주제에 맞선 세력이 정치투쟁을 벌이고 있었다. 국제질서의 주도권을 차지하기 위해 전쟁이 빈발하던 때였다. 상공업이 우선되고 물질과 부가 찬양받던 시대이기도 했다.

이런 혼돈과 탐욕의 시대에 포시위스는 앎과 지혜를 가진 철학자가 다스리는 나라를 동경했고, 그러한 세계의 초상을 중국과 조선이라는 나라에서 구하고자 했다. 포시위스가 본 그 나라는 맹목적 믿음이나 강압적인 종교 교리가 아닌 지식과 이성으로 다스려지는 나라였다. 군주 한 사람의 위압적인 독선이 아니라 지성을 갖춘 철학자 관료들의 견제와 협력에 의해 운영되는 그런 나라.

❖그들의 나라, 당신들의 천국 │ 윤휴와 송시열

그 즈음, 포시위스가 철학자 통치의 나라라며 부러워한 조선에서는 이들 철학자 고위관료들이 목숨을 건 권력투쟁을 펼치고 있었다.

숙종肅宗(재위 1674~1720) 6년인 1680년, 남인南人 계열에 속한 윤휴尹鑴(1617~1680)는 결국 사약을 받는다. 남인을 정권에서 물러나게 하고 서인西人 세력을 고위관료로 등용한 경신환국庚申換局, 윤휴의 죽음은 그 이전투구의 당쟁이 가져온 피비린내 나는 마무리였다.

그동안 윤휴는 사상과 정책 면에서 서인 정권과 대립해왔다. 특히 서인의 지도자 송시열宋時烈(1607~1689)과 크게 맞섰다. 윤휴는 세금을 면제받는 토지를 없애고 양반과 상민 모두에게 군역세인 포布를 부과하자는 호포제를 제안했다. 또한 윤휴는 유학 경서를 해석하면서 주희朱熹의 주석을 따르지 않고 독자적인 안목으로 이를 풀어냈다. 주희의 학문을 충실히 따르고 주희의 권위를 내세워 정치 기반을 다진 송시열에게 이제 윤휴는 성인聖人의 사상을 어지럽히는 사문난적斯文亂賊에 지나지 않았다. 자신의 학문과 정치 권위를 잠식하는 이단자이자 무너뜨려야 할 적이었다.

윤휴의 죄목에는 주희 모욕죄와 반역자와 친밀했다는 죄 외에 임금에 대한 불손과 경망한 비판이라는 죄가 추가됐다. 왕이 대비의 국정 관여를 제대로 단속해야 한다는 발언, 거리에 나붙은 게시문의 내용을 토대로 상소문을 올린 행위, 관직 임명에서 제외되자 임금 앞에서 불쾌한 기색을 보인 점 등이 그 죄목이었다. 유럽의 포시위스가 그린 초상과는 상당히 다른 정치 풍경이다. 권력에 대한 비판과 학문에 관한 주장이 정적 제거의 구실이 되었으며, 당쟁은 정적 비난과 요직 교체를 넘어 살육으로 치닫고 있었다. 군자君子와 수기치인修己治人이라는 유학 이념을 당쟁의 구실로 내세웠지만 그 명분의 밑바닥에는 권력이 가져다주는 이익을 차지하려는 욕망이 꿈틀거리고 있었다.

윤휴가 사약을 받은 지 9년 뒤, 이번에는 송시열이 죽음을 맞는다. 숙종 15년인 1689년 송시열은 유배형을 언도받는다. 숙종과 장희빈으로 알려진 후궁 장씨張氏 사이에서 태어난 아들의 이름과 호를 정하는 사안, 곧 원자元子 정호定號에 반대했다는 것이 죄목이었다. 남인 세력과 연결된 후궁 장씨의 아들이 공식적인 원자가 되면 다음은 세자, 그리고 그 뒤는 바로 왕위였다. 원자 문제는 송시열을 위시한 서인에게는 권력의 명운이 걸린 문제였다. 이런 정치 구도 아래 송시열의 운명은 유배형에 그치지 않고, 공작 정치를 주도했다는 혐의가 추가돼 끝내 사형에 이른다. 그의 나이 여든 셋, 정적인 남인 세력은 '그의 목숨'이 아니라 '그의 명분의 죽음'을 원했던 것이다.

학자관료들이 넘치던 17세기 후반 조선의 정치공간에는 모략과 증오, 폭력의 권력초상이 선명하게 자리 잡고 있다. 그것은 유학의 최고 덕목인 인의예지와는 분명한 거리를 둔 통치 지형도였다. 철학자가 다스린다는 조선사회의 속살을 내밀히 살펴보면 유학에서 말하는 이상적 인간상인 군자는 어느새 현실 저 너머로 사라질 때가 많다. 거기에는 쉽게 구분해내기 어려운, 지식의 순수함과 이념의 명분이라는 가면을 쓴 편벽된 소인小人들의 세상이 현란하게 펼쳐진다.

윤휴의 남인과 송시열의 서인이 벌인 예송논쟁도 그 한 사례다. 1659년 효종孝宗(재위 1649~1659)이 승하했을 때 서인은 효종의 어머니인 자의대비가 상복을 1년 동안 입어야 한다고 주장했다. 효종이 인조의 둘째 아들이므로 첫째 아들일 경우에 입는 3년복은 의례에 맞지 않다는 견해였다. 이에 반해 남인은 자의대비가 3년 동안 상복을 입어야 한다고 맞섰다. 효종이 비록 인조의 둘째 아들이지만 왕위를 계승했기 때문에 장자나 다름없으므로 3년이 예라는 논리였다. 중국 고대의 의례서와 왕가의 사례가 동원되고, 두 세력의 핵심 인물뿐 아니라 지방 사림까지 참가한 논쟁이 이어졌는데, 결국 서인의 주장이 받아들여졌다. 뒤이어 남인의 핵심 인물이 유배형에 처해지고 서인은 권력의 입지를 더욱 굳히게 된다.

하지만 이것이 끝이 아니었다. 논쟁은 15년 뒤인 1674년, 효종의 비가 승하했을 때 다시 불붙었다. 상복 논란의 인물은 이번에도 효종의 어머니인 자의대비였다. 서인은 15년 전의 주장과 같이 효종의 비를 둘째 며느리로 보아 이때까지 생존해 있던 자의대비가 9개월 동안 상복을 입어야 한다고 했다. 여기에 맞서 남인은 효종의 비를 맏며느리로 보아야 하기에 자의대비가 1년복을 입어야 한다고 주장했다. 이 두 번째 논쟁에서는 남인의 예론이 받아들여지고, 정권은 남인에게 기울었고 서인은 권력에서 밀려났다.

예송논쟁은 왕권의 성격과 범위를 두고 벌어진 정치철학 논쟁이었다. 효종을 둘째 아들로 보는 서인의 견해는 왕을 사대부와 동등하게 취급하려는 시각이 반영된 입장으로, 이를 따를 경우 왕권을 약화시키고 신권을 강화할 수 있다. 여기에는 신권 중심의 정치 운영을 통해 양반 지배층의 권익을 강화하려는 의도가 깔려 있다. 둘째 아들이지만 장자의 예를 따라야 한다는 남인의 주장은 왕은 사대부의 예와 달라야 한다는 입장을 취해 결과적으로 왕권 강화를 꾀하게 된다. 이는 지배층의 이익을 다소 억제하면서 평민의 요구를 어느 정도 수용하려는 입장과 연결된다.

예송논쟁은 표면적으로 보면 왕가의 상례喪禮를 두고 벌어진 의례 논쟁이지만 실상은 정권의 향방을 다투는 목숨을 건 권력투쟁이었다. 상복 의례는 정적을 제거하기 위한 편리한 구실이자, 권력투쟁의 실상을 감추어 포장할 수 있는 세련된 정치도구였다. 적을 무자비하게 무너뜨리고도 근엄하게 예를 차릴 수 있는 위장된 무기였다. 예송논쟁은 조선의 지배층이 예로써 나라를 다스린다는 명분을 심어주기에 충분한 정치 이데올로기 역할을 다했다.

이 무렵, 조선의 철학자들이 문명의 중심이라 여기며 섬기던 중국은 명청明淸 교체기의 전란을 수습하고 청나라 황제체제의 안정기에 접어들고 있었다. 청나라 4대 황제인 강희제康熙帝(재위 1661~1722)는 포시위스가 받아들인 대로 과거관료제를 강화하고 유학자, 곧 당시의 철학자를 중용하며 편찬사업과 학문 진흥을 꾀했다. 통치에 대한 이런 외형적 제도만으로 보자면, 포시위스는 강희제에게 플라톤의 철인왕 이미지를 부여했을지도 모른다. 하지만 청나라 황제에게 학자와 과거관료제에 바탕을 둔 '나라 다스림'은 황제 절대주의를 위한 방편에 지나지 않았다. 철학자든 사상이든 예술이든 모두 황제의 영원함을 위한 도구였다. 포시위스가 동경한 동쪽 먼 곳 철학자의 나라는 전제왕권의 압제와 차별적인 사회질서에 의해 다수의 사람이 고통받는 사회이기도 했다.

❖사람고기의 나라 │ 장길산

네덜란드의 포시위스가 철학자의 나라를 마음에 그리고, 조선의 윤휴와 송시열이 자기들 나름의 군자의 나라를 만들어가던 시대는 광대 출신의 천민인 장길산張吉山(생존연대 미상)이 숨 쉬던 시대이기도 하다. 『조선왕조실록』의 기록에 따르면 장길산은 1680년대 중반에서 이후 10여 년 동안 도적의 괴수로 활동하며 조선 지배층의 안락과 풍요를 흔들었던 인물이다. 최하층 신분이었던 그의 정확한 생존연대는 전해

지지 않는다.

임금이 국청鞠廳에 일렀다. "큰 도둑 장길산은 날래고 사납기가 견줄 데가 없다. 여러 도道로 왕래하며 그 무리들이 번성한데, 벌써 10년이 지났으나 아직 잡지 못하고 있다. 지난번 평안도 양덕에서 군사를 징발해 체포하려고 포위했지만 끝내 잡지 못했으니 그 음흉함을 알 만하다."

—『숙종실록』 31권, 숙종 23년(1697년) 1월 10일

임금이 나서서 장길산의 체포까지 독려했지만 잡혔다는 기록은 남아 있지 않다. 황해도와 평안도, 함경도를 오가며 대규모 도적 활동을 벌인 장길산은 홍길동, 임꺽정과 더불어 조선의 3대 도적으로 불리는데, 장길산의 도적질을 의적 활동으로 보려는 시각도 만만치 않다. 분명한 근거가 없음에도 의적으로서의 장길산 이미지가 전해온 배경에는 당시 지배층의 압제와 수탈이라는 사회상이 자리 잡고 있다. 17세기 후반 당시는 정치 측면에서 사림지배체제가 확고해지고 사회적으로는 양반신분질서가 공고화되던 시기였다. 하지만 이들의 세계에 속하지 못한 조선의 백성은 헐벗음과 굶주림 속에서 죽음의 공포와 맞서고 있었다.

충청 감사 이홍연李弘淵이 보고했다. "연산에 있는 사가의 여종인 순례順禮가 깊은 골짜기로 도망쳐 살다가 다섯 살 된 딸과 세 살 된 아들이 죽자 이를 삶아서 먹었다고 합니다."

—『현종실록』19권, 현종 12년(1671년) 3월 21일

평안도에 사는 굶주린 백성 이어둔李於屯이 사람고기를 먹었다.

—『숙종실록』30권, 숙종 22년(1696년) 2월 5일

평안도 용천부의 양민 집안의 여식인 금춘今春과 예합禮合 등이 양민 여자인 기생己生을 짓눌러 죽이고 그 고기를 먹었다.

—『숙종실록』31권, 숙종 23년(1697년) 4월 29일

옷가지와 부장품을 노린 무덤 도둑이 심심찮게 등장했으며, 갓 매장한 무덤을 파헤쳐 그 살을 취했다는 기록도 전한다. 부의 극심한 편중을 가져올 수밖에 없는 신분제도와 가난한 백성을 구제할 수 없는 지배층의 무능력, 거기에 더해진 자연재해와 전염병의 창궐. 식량이 모자라 굶주리는 풍경은 조선 백성의 일상이 되어갔다.

사관史官은 기록한다. 아, 이 해의 처참한 기근을 차마 말하기조차 힘들다. 홍수와 가뭄과 바람, 서리의 재변이 팔도를 덮치고 곡식이 여물지 않아 굶주려 죽은 사람이 길에 널렸다. 목숨을 잃는 재앙이 전쟁보다 심하여 백만의 목숨이 거의 모두 구렁텅이에 빠지게 되었으니 실로 수백 년 이래에 없었던 재난이다.

—『현종실록』18권, 현종 11년(1670년) 10월 15일

전라감사 오시수吳始壽가 보고했다. "굶주림과 추위에 내몰린 백성이 서로 모여 도둑질을 하고 있습니다. 집에 조금이라도 양식이 있는 자는 곧 겁탈의 우환을 당하고 몸에 베옷 한 벌이라도 걸친 자도 또한 강도의 화를 당하고 있습니다. 심지어는 무덤을 파서 관을 부수고 시체의 염의斂衣를 훔치기도 합니다. 빌어먹는 무리들은 짚을 엮어 배와 등을 가리고 있으니 실오라기 같은 목숨은 남아 있지만 이미 귀신의 형상과 다름없습니다. 여기저기 다 그러하므로 참혹하여 차마 볼 수 없습니다. 감영에 가까운 고을에서 얼어 죽은 사람이 무려 190명이나 되고, 갓난아이를 도랑에 버리고 강물에 던지는 일이 없는 곳이 없습니다."

—『현종실록』 19권, 현종 12년(1671년) 1월 11일

조선사회는 날이 갈수록 더욱 흉흉해졌다. 양반관료층을 비난하고 민심을 선동하는 괘서掛書와 흉서凶書가 나붙고 방화가 횡행했다. 길흉화복을 예언하는 도참설도 유포됐다. 미륵신앙과 연결된 모반사건이 발생하고, 지금의 세상이 뒤엎어지고 새로운 사회가 열린다는 정감록 사상이 전염병처럼 퍼져갔다. 도성 내에까지 도적떼가 출몰하고, 하층민 출신의 무뢰배들이 검계劍契, 살주계殺主契라는 단체를 조직해 도둑질과 살상을 저질렀다. 이들은 도성 인근에서 군대에 준하는 훈련을 하며 조직적으로 움직였는데, 행동강령까지 갖추고 있었다. 그중 지배층을 겨냥한 방침은 이러했다.

양반을 살육한다.

부녀자를 겁탈한다.

재화를 약취한다.

차별과 굶주림, 혼란과 불안, 일탈과 저항. 그것은 포시위스가 동경한, 그렇지만 포시위스가 볼 수 없었던, 철학자가 고위관료로서 백성을 다스린다는 그 나라의 분명한 한 초상이었다. 아마도 끝내 윤휴와 송시열도 원치 않았을 세상……

그리고 오늘의 시선은 그 시대에 대한 어느 초상에 가닿는가?

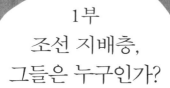

1부
조선 지배층,
그들은 누구인가?

|에피소드|

❖조선 지배층의 정치 이념

번지樊遲가 공자孔子에게 물었다. "인仁이란 무엇입니까?" "사람을 사랑하는 것이다."

— 『논어論語』

중궁仲弓이 공자에게 물었다. "인이란 무엇입니까?" "내가 원하지 않는 바를 남에게 강요하지 않는 것이다."

— 『논어』

맹자孟子가 말했다. "무력으로 다스리는 자는 힘으로 인을 가장한다. (…) 어짊과 교화로 다스리는 자는 덕德으로 인을 실천한다."

— 『맹자』

조선 지배층은 정치 이념으로 유학을 내세웠다. 이들은 건국에서 멸망까지 이 통치 이념을 단 한 번도 내려놓지 않았다. 몇몇 인물이 시대의 견고함을 비집고 주류와 다른 목소리를 내기도 했지만 유학 이념이 제어할 수 있는 파장 내에 머물렀다.

조선의 지배세력은 유학 정치 이념의 근간으로 왕도정치王道政治를 표방했다. 무력으로 백성을 다스리기보다 통치자가 어진 마음과 행위로 모범을 보이고 도덕규범과 교화를 통해 백성을 다스려야 한다는 주장이다. 이들은 자신들이 지향하는 정치가 인과 덕에 의한 정치라 했다. 인이란 '사람다움'이나 '사람을 사랑한다'는 뜻을 담고 있다. 때로는 '조화로운 인간관계'라는 의미로 풀이된다. 덕은 바람직한 인격이나 그러한 언행에 의한 결과를 뜻하며, 덕치德治는 억압이나 폭력이 아니라 인의仁義와 같은 도덕을 매개로 한 배려의 정치를 말한다.

❖조선 예학의 대가, 세금을 가혹하게 거두다

김장생金長生(1548~1631)은 17세기 조선사회를 좌우한 산림山林의 한 전형으로 손꼽는다. 조선 성리학을 집대성하고 조선을 유교의 나라로 만든 장본인이라는 평가를 받는 송시열의 스승이기도 하다. 1623년 광해군을 몰아낸 계해정변癸亥政變(인조반정) 이후에는 서인西人의 우두머리 격으로 활약했다. 국가의례에서 양반의 생활예절에 이르기까지 예학의 거의 모든 분야를 정리해 조선 예학의 기반을 마련했다고 평가되는 인물이기도 하다. 김장생은 문중 조직과 제사 승계 등 친족제도의 기본이 되는 종법宗法에 의거해 조선사회의 신분질서를 유지하고자 했다.

그런데 17세기 초 그의 이력에서 의외의 행적이 발견된다. 이 무렵 김장생은 안성과 익산에서 관료생활을 했는데, 세금을 가혹하게 거둔 혐의로 파직에 이른다.

> 사헌부에서 아뢰었다. "최근에, 지방에서 조세로 거두는 특산물을 대납하는 방납에 대한 폐단이 날로 극심해져 백성에게 매우 큰 피해를 주고 있습니다. 그런데 수령이 이런 폐해를 막기는커녕 권세가와 결탁해 덩달아 세액을 증익시키니, 실로 통탄할 일입니다. 익산 군수 김장생은 학식을 갖춘 음관蔭官입니다. 그런데 간사한 하급관리들의 말에 따라 중앙에 보내야 할 모든 공물貢物에 월리月利를 붙여 그대로 징수하므로 백성들이 그 괴로움을 견디지 못하고 있습니다. 파직시키소서."
>
> ―『선조실록』193권, 선조 38년(1605년) 11월 13일

유교 예법에는 철저했지만 곤궁한 백성의 힘든 삶에는 그만한 관심을 두지 않았던 건 아닐까. 사림 지배와 양반사회 유지를 위한 예법에는 마음을 다했지만 동시대 평민과의 교감이라는 인간에 대한 예의는 미처 차리지 못했던 게 아닐까.

그런 김장생은 죽은 뒤인 1657년(효종 8년)에 영의정에 추증되고, 1687년(숙종 13년)에는 왕명에 의해 문집이 간행된다. 1717년(숙종 43년)에는 문묘에 종사돼 조선시대 학자의 가장 큰 영예를 안는다. 조

선 유학자들이 마땅히 따라야 할 표상이 된 것이다.

❖자연과 삶을 노래한 시인, 노비를 죽이다

이서구李書九(1754~1825)는 정조正祖(재위 1776~1800)와 순조純祖(재위 1800~1834) 시대에 활동한 고위관료이자 문인이다. 정조 때는 형조판서와 판중추부사를 지내며 임금의 총애를 받았고, 순조 시기에는 호조판서와 이조판서를 역임했다. 시문학에도 조예가 깊어 실학자인 박제가 · 유득공 · 이덕무와 더불어 사가시인四家詩人, 실학사대가實學四大家라는 이름을 얻었다. 온화하고 부드러우며 관조하는 자세로 고요하고 아름다운 자연세계와 고귀한 정신의 깊이를 그려냄으로써 시의 격조를 높였다는 평가를 받는다.

사립문 밖 묵정밭 새로 일구니, 종남산의 옛 터전 같다네
지팡이 짚고서 물꼬 보고, 벼이삭 향기 맡으며 가마 타고 지나네
밤에는 불 켜고 물고기 든 통발 건져 찬비 맞으며 돌아오고
가을에는 횃불 들고 게 잡느라 이른 서리 맞기도 하네
이제야 시골 사는 재미 알겠으니, 오래도록 농사지으며 살려 하네
柴門新拓數弓荒 眞是終南舊草堂
藜杖閒聽田水響 筍輿時過稻花香
魚梁夜火歸寒雨 蟹窟秋烟拾早霜

始信鄕園風味好 百年吾欲老耕桑

—이서구, 「추일전원秋日田園」

마음에서 우러난 정취로 자연과 내면의 합일을 그려낸 시인 이서구, 그는 한편으론 자신의 노비를 사사로이 죽인 인물로 전해온다.

대문 옆에 붙은 행랑채에서 갑작스레 시끄러운 소리가 들려왔다. 누군가 이서구의 이름을 부르며 욕을 하고 있었다. 들어보니 그 집 노비의 목소리였다. 이서구는 우두머리 노비를 불러 탄식조로 말했다. "저 놈이 또 술주정을 부리느냐. 벌써 두 번씩이나 용서를 해줬건만……." 그러더니 단호하게 명령했다. "저 놈을 수구문 밖으로 끌고 가서 때려죽여라." (…) 해질 무렵이 되자 우두머리 노비가 돌아왔다. "때려죽였습니다." 그러자 이서구가 응대했다. "그는 죄를 지었으니 죽어 마땅하다. 다만 우리 집안에 대대로 내려오는 물건이니 장례는 후하게 치러주어라."

—서유영, 『금계필담錦溪筆談』

조선시대에 주인을 모독한 노비는 교수형에 처했다. 그렇지만 자기 소유의 노비가 자신을 욕했다고 해서 법적 절차 없이 함부로 죽일 수는 없었다. 관청에 신고해 나라에서 법 집행을 하도록 했는데, 이러한 절차 없이 노비를 죽였을 경우는 매를 때리는 장형杖刑과 같은 처벌을 받도록 했다. 하지만 현실에서는 이러한 규정이 제대로 지켜지지 않았다. '이서구 노비살인사건'의 경우, 형조에서 하급관리를 보내 사정을 파악하는 선에서 그치고 이서구에게 어떤 죄도 묻지 않았다. 당시 형조판서는 정조 때의 명재상으로 이름난 채제공蔡濟恭(1720~1799)이었는데, 그 또한 이서구가 법률을 어기고 자신의 노비를 함부로 죽인 사실에 아무런 이의를 제기하지 않았다.

조선시대 노비의 죽음은 사람의 죽음이 아니었다. 조선 지배층에게 노비는 매매 가능한 사유물이었고 언제나 폐기처분될 수 있는 물건이었다. 고귀한 정신으로 자연의 순수함과 삶의 충일을 노래한 조선의 시인에게 노비는 들판의 벼이삭 한 포기에도 미치지 못하는 존재는 아니었을까. 조선의 노비는 법과 예의 바깥에 놓였을 뿐 아니라 군자의 도를 구하던 유학자, 그들 지배층의 의식과 정서 어디에도 사람으로서 있지 못했다.

맑고 깨끗한 시어詩語를 길어 올리는 고귀한 마음과 잔혹한 징벌의 결단을 내리는 그 마음이 어떻게 병립할 수 있을까? 예를 높이고 교화로 다스려야 한다는 외침 뒤에 놓인 벼슬아치의 가혹한 지침이 어떻게 한 인간의 내면을 함께 채울 수 있을까? 그들이 그토록 숭배하던 유교 경전에 담긴 인과 덕은 어디로 갔는가?

2장
양반과 왕

❖살아 있는 정조, 죽은 송시열을 드높이다

이날 정조는 대제학 황경원과 좌승지 홍국영을 편전으로 급히 불렀다. 그리고는 이미 죽은 송시열의 업적을 기리는 현창사업을 지시했다. 1776년 음력 5월, 노론 세력의 비방과 견제 속에 힘들게 임금의 자리에 오른 지 두 달이 조금 더 지난 뒤였다.

이는 과인이 역대 선왕들의 곧은 계획을 받들어 널리 알리고, 유학 도의 道義의 연원에 빛을 더하는 일에 보탬이 될 것이다. 고금에 없던 일인데 어찌 예절을 상례대로 할 수 있겠는가? 유사有司로 하여금 '선정신의정 부좌의정문정공先正臣議政府左議政文正公' 송시열을 제9실의 효종대왕 묘정 에 추배하도록 하라.

—『정조실록』1권, 정조 즉위년(1776년) 5월 24일

효종과 현종, 숙종 시기에 정치계를 좌우했던 송시열은 여전히 노론의 정신적 지주였다. 집권 노론 세력을 뭉쳐 움직이게 하는 구심점이었다. 신권臣權의 권좌는 여전히 그의 차지였다. 죽은 지 90년 가까운 세월이 흘렀지만 그는 살아 있는 권력이 움츠려야 할 정도로 막강했다.

정조는 송시열 현창사업을 즉위 후 추진해야 할 가장 시급한 국정 사안으로 보았다. 우선 정조는 송시열의 위패를 효종의 위패 옆에 배향해 송시열의 위상을 드높이고, 이로써 집권 노론 세력의 비위를 맞추고자 했다. 노론의 불만을 누그러뜨리기 위해 송시열과 사이가 좋지 않았던 윤선거尹宣擧(1610~1669)와 윤증尹拯(1629~1724) 부자의 관직과 작위까지 빼앗도록 했다. 송시열과 윤증의 반목은 서인이 송시열이 이끄는 노론과 윤증이 중심이 된 소론으로 갈라지는 계기가 됐다. 정조는 윤선거와 윤증의 문집을 불태우고 이들을 모신 사당까지 철거하도록 했다. 대신, 송시열을 모시는 화양서원에는 자신이 쓴 현판을 내리며 특별한 관심을 보인다. 송시열의 손자를 예조참의에 임명하는 파격적인 인사 조처까지 단행한다.

노론은 정조를 자신들에게 위해를 가할 임금으로 보고, 세손 시절부터 경계심과 적대감을 늦추지 않았다. 하지만 정조는 노론의 협조 없이는 즉위 초기의 정국을 제대로 운영할 수 없다고 판단했다. 송시열 현창사업은 그런 노론을 달래려는 임금의 한발 앞선 유화책이었다. 왕이 먼저 화해의 손길을 내밀어야 할 정도로 노론의 힘은 탄탄했다. 신권은 강했고, 그에 비해 군주의 기반은 취약했으며 왕권은 흔들리고 있었다.

❖ 왕권이냐, 신권이냐

카를로 로세티Carlo Rossetti는 1902년부터 1903년까지 한양에[1] 주재한 이탈리아 총영사다. 조선에 오기 전에 중국 베이징에서 외교관 생활을 했던 로세티는 이미 동아시아 지역에 대해 상당한 지식과 안목을 갖추고 있었다. 로세티는 조선에 머물며 조선의 역사와 문화에 대한 자료를 수집하고 다양한 사람을 만났다. 이탈리아로 귀국한 뒤에는 이러한 경험과 지식을 토대로 인문지리서이자 역사서의 성격을 갖는 책을 출간했다. 조선의 역사와 문화를 비교적 편견 없이 탐구한 외국인으로 평가받는 그는 최고 권력자인 국왕을 이렇게 보았다.

> 비록 몇몇 왕들이 자기 자신만의 노력으로 백성의 행복을 추구하려 애쓰긴 했지만 그밖의 대부분 왕들은 교활한 신하들의 손에 놀아난 꼭두각시에 불과했다고 말할 수 있다.
>
> ─카를로 로세티, 『꼬레아 꼬레아니』

꼭두각시란 표현이 다소 과장돼 보일 수도 있고, 피상적인 관찰에 따른 왜곡된 평가라 치부할 수도 있다. 하지만 오히려 로세티가 조선시대 왕의 위상을 객관적으로 파악할 수 있는 위치에 있었다고 볼 수도 있다. 로세티가 당시 조선의 왕권과 신권의 파장으로부터 벗어나 있었던 점, 그리고 한 나라의 외교관으로 조선을 떠난 뒤에 책을 발행했다는 점이 그 근거가 될 것이다.

로세티가 조선에 관한 책을 출간한 90여 년 뒤, 이번엔 해외 한국사 연구의 최고 권위자로 꼽히는 제임스 팔레James B. Palais 교수가 로세티와 다소 다른 맥락으로 조선의 왕을 평가했다. 팔레 교수는 조선왕조 체제의 권력 속성을 이렇게 보았다.

왕의 권력에 대한 어떠한 법적 제한도 없었으므로 조선 왕권은 문헌상으로는 절대군주제처럼 보인다. (…) 한편, 특히 정치적 위기에 왕은 양반관료의 지지를 필요로 했다. 관료와 왕과의 관계, 혹은 양반사회 엘리트(재야 양반을 포함하는)와 왕과의 관계는 각각 상대편에 기식하면서 서로를 지지하는 방식을 취하는데, 이는 그렇지 않고는 살아남을 수 없는 공생의 관계였다.

—제임스 팔레, 「조선왕조의 관료적 군주제」

『동양 삼국의 왕권과 관료제』

팔레 교수는 로세티에 비해 조선 국왕에게 조금 더 후한 권력을 주고 있다. 조선 왕조체제의 권력 양상을 로세티처럼 '왕과 신하 중 누가 더 강한 권력을 차지하고 있느냐' 하는 관점에서 본 것이 아니라, '왕권과 신권의 관계'에서 바라보기 때문에 나온 평가일 것이다. 로세티의 견해를 달리 표현하면 '왕권에 대한 신권의 우위'라 할 수 있으며, 팔레 교수의 평가는 '왕권과 신권의 공생' '왕과 양반관료의 군신공치君臣共治'라 할 수 있다. 팔레 교수의 관점은 왕과 양반관료의 관계를 지배층이 공동의 혹은 서로의 이익과 목적을 위해 담합하는 관계, 곧 지배연합으로 파악하는 것이다. 이 공생, 공치라는 관점은 조선왕조의 권력 행사를 하나의 통치체제와 단일 권력구조 안에서 행해지는 일련의 통치 과정으로 보려는 시각이기도 하다. 조선왕조의 권력구조는 국왕을 정점으로 하되, 군신일체의 단일적이고 피라미드적인 것으로 이해해야 한다는 입장이다.[2]

❖왕과 양반관료, 공생하다

왕과 신하의 공생, 군신공치에서 왕과 신하는 서로의 무엇을 지지하고 무엇을 주고받는가? 왕은 최고 권력자로서 지상에서 행해지는 모든 권력의 근거이자 정통성을 보장하는 상징적 위상을 갖는다. 이를 위해 '왕의 권력은 하늘이 내린 것'이라는 천명사상이 동원되고, 거기에 신성함과 함께 지고의 가치를 부여한다. 이렇게 만들어진 왕의 권력은 흔히 어명이란 말로 드러나는 그 최고 권력으로, 누구나 따라야 한다는 복종을 수반하며 누구도 범접하지 못한다는 절대성을 갖는다. 이러한 권력은 실제로 인사권·사법권·군사권·재정권·외교권이란 명목으로 행사되는데, 양반관료가 왕권을 근거로 하여 사회에서 이 권력을 휘두른다. 대개 정책 수행이나 행정업무라는 이름을 달고 집행되는 현실의 권력이다. 이렇게 해서 왕은 권력의 구심이자 최고 명령자가 되며, 양반관료는 왕의 권력을 현실화하는 권력의 대행자가 된다.

이 과정에서 왕은 왕권의 순조로운 집행을 위해 양반관료에게 특권을 허용한다. 신분 유지를 위해 토지와 노비를 내리고, 관직과 교육의 독점을 선언한다. 이에 양반관료는 왕을 지지하고 왕위를 지키며, 때로는 왕을 위한다는 명목으로 현실의 권력을 능동적으로 집행한다. 이들은 조세를 거두고 부역으로 노동력을 징발하는 데 힘을 쏟는다. 때론 양반관료의 이익 추구가 왕도와 성인聖人의 덕이란 후광으로 포장되기도 한다. 이럴 때 국왕은 양반의 이익을 대변하는 한 나라의 우두머리로 나타난다. 이런 과정을 거치면서 왕권은 더욱 공고해지고, 왕가는 대를 잇는 영구한 미래를 보장받는다. 이와 함께 양반관료 또한 지배계급으로서의 안정과 내일을 약속받는다.

왕과 양반이 지배하는 사회가 유지되고 그들의 안락한 삶을 가능하게 하는 기반이 흔들리지 않는 한 그들에게 세상은 평화로운 곳으로 남았다. 무척 살 만한 세상이었다. 거기에 더해 그들은 자신들을 지식과 지혜를 탐구하는 계층으로 만들어나갔다. 사물과 우주에 대한 이치, 삶과 사회에 대한 도리를 밝힐 수 있는 유일한 부류로 스스로를 규정했다. 물질에서 정신까지, 세상살이와 우주의 궁극까지……. 조선은 왕과 연합해 왕과 공생한 양반관료의 세상이었다.

❖왕과 양반관료, 대립하고 격돌하다

왕과 양반관료의 관계는 공생관계나 지배연합의 성격을 갖지만 동시에 서로 견제하고 제어하는 긴장과 대립의 관계이기도 했다. 물론 지배의 기반을 무너뜨리지 않는 선에서의 다툼이었다. 이 과정에서 양반 관료의 권력이 좀더 강화되기도 하고, 양반관료가 권력 행사의 실질적인 주도권을 쥐기도 했다. 권력 행사의 결과물, 곧 국가 운영에 따른 실익인 부와 재화를 양반관료가 더 많이 차지하기도 했다. 이탈리아 외교관 로세티는 이러한 측면에 무게를 두었던 것이다. 실제로 조선 정치사를 돌아보면 왕권에 맞서는 최고위층 신하들의 목소리로 팽팽한 긴장감이 묻어날 때가 많다.

재위 51년째인 1775년, 영조英祖(재위 1724~1776)는 왕위 승계 준비를 서둘렀다. 왕의 나이 여든 둘, 세손의 나이 스물 넷, 승계 준비는 이미 늦어 있었다. 영조는 뒷날 정조로 즉위할 세손에게 대리청정을 시키기로 결심하고 대신들을 불러 모았다. 세손이 조정 돌아가는 형편과 나랏일을 배울 수 있게 대리청정을 펴겠다는 뜻을 밝히자 좌의정 홍인한이 나섰다.

> 동궁은 노론이나 소론을 알 필요가 없고, 이조판서나 병조판서를 알 필요도 없습니다. 조정의 일에 이르러서는 더욱 알 필요가 없습니다.
>
> —『영조실록』125권, 영조 51년(1775년) 11월 20일

지금의 세손에게는 대리청정 기간이 불필요하다는 뜻으로 들릴 수도 있지만 세손의 왕위 승계를 부정하는 언사로 해석될 여지가 더 컸다. 홍인한이 세손의 왕위 승계를 탐탁찮게 여겨온 노론의 대표 인물인 점을 감안하면 더욱 그러했다. 당시 세손은 합당한 왕위 승계 자격

을 갖추고 있었다. 왕조국가에서 왕위 승계를 부정하는 언행은 모반 행위와 다르지 않았다. 그런데도 홍인한은 한 달 넘게 대리청정 시행을 방해한다. 영조는 이에 맞서 홍인한을 파직하지만 결코 역모죄로는 다스리지 못한다. 대신과 당파의 권력이 그만큼 막강했던 것이다.

비대해진 신권은 왕위를 선택해 지지하기도 했다. 소론이 지지한 경종景宗(재위 1720~1724)과 노론이 밀어붙인 영조가 대표적인 경우다. 공생과 군신공치의 틀을 깨는 경우 신하가 왕의 권력을 박탈하기도 했다. 연산군을 내쫓은 1506년의 병인정변丙寅政變(중종반정)과 광해군을 축출한 1623년의 계해정변(인조반정)이 그 경우다.

그렇지만 조선의 신권은 왕조 자체를 바꾸지는 않았다. 자신들의 이익과 이상에 반하는 군주를 내쫓을 순 있지만 양반계급의 기반과 특권을 보장하는 왕조체제 자체를 없애려고 하지는 않았다. 왕권을 제압하는 양반관료의 권력 행사라도 기존 지배질서의 근간을 흔들지 않는 선에서 행사됐던 것이다. 양반은 관직과 교육 독점, 토지 보유와 군역 면제 등의 사회적 특권이 보장된다면 기존 왕조체제를 기꺼이 유지하려 했다.

외양은 왕을 정점으로 한 피라미드식 권력구조를 하고 있지만 권력 행사의 실상은 양반관료가 왕을 내세워 지배질서를 강화해나가는 시스템, 그것이 조선왕조의 권력구조 양상이자 권력 작동의 본모습이었다.

❖조선 지배층은 지식권력자다

왕과 함께, 혹은 왕을 앞세워 조선을 지배한 양반관료, 이들이 바로 조선의 지배세력이었다. 조선의 지배층은 사대부士大夫 · 선비 · 사족士族 · 사류士類 · 사림士林 등 여러 이름으로 불려왔다. 흔히는 조선의 지배층을 양반이라 통칭하기도 한다.[3]

이들 용어는 일상에서는 대체 가능한 개념으로 쓰이기도 하지만 그 의미나 성격은 조금씩 차이가 있다. 사대부는 학자적 관료에 방점을 두고, 선비는 학식과 인품을 갖춘 인물로 유교 이념과 정신을 구현한 인격체라는 의미가 강하다. 양반은 관료가 될 수 있는 지배계급으로서의 자격이라는 신분적 의미를 담고 있다. 사림은 양반 개념과 마찬가지로 지배계층이라는 신분적 의미를 가지지만 유교적 지식과 소양을 갖춘 계층이라는 뜻을 좀더 함축한다. 조선 초기에 유학을 공부하고 유학 소양을 갖춘 지식인을 이르던 사류와 사족이라는 말이 16세기 접어들어 그 집단성이 부각되면서 사림이라는 용어로 정착되었다고 보기도 한다. 사림은 뒷날 유림儒林이라 일컫기도 했다.

양반, 혹은 사림은 종합 교양인이자 여러 분야에서 활동한 다재다능한 인물들이었다. 우선, 이들은 지배와 통치를 담당한 관료이자 정치가였다. 토지와 노비를 소유한 지주이자 재력가로 이를 운용해나간 경제 주체이기도 했다. 또한 이들은 유학을 배운 학자나 사상가로서 전문 지식인에 속했다. 시인이나 문장가로 활동한 문학가이자, 각종 기록을 남긴 저술가이기도 했다. 이들의 활동 영역은 어느 한 분야에 머물지 않고 학문과 사상, 문학, 행정, 정치, 경제 등 사회 전 분야에 걸쳐 있었다. 폭넓은 지식과 교양을 소유하고 학문과 예술에 능한, 이른바 르네상스적 인간Renaissance Man 유형에 속했다. 이들 모두가 여러 분야에서 탁월한 능력을 발휘한 것은 아니지만 이들의 다수가 대체로 여러 분야에 관심을 쏟고 활동을 펼친 사실만은 분명하다. 또 그러해야만 진정한 양반이나 사림으로 대접받았다. 국왕과 조정에서도 이들을 국정 운영의 근본으로 인식하고 있었다.

아침 경연에서 임금이 말했다. "김형金泂은 자신이 지각없고 편협한 사람으로 논박당하자 분을 참지 못해 사림을 해치려 하였다. 그렇지만 사림은 바로 국가의 원기元氣다. 사람 몸으로 말하자면 원기가 쇠약해지면 몸에 질병이 생기게 되고, 조정으로 말하자면 사림이 해를 입으면 국가도 병들기 마련이다. 김형을 추궁해 심문하면 알 수 있겠지만, 요즘 인심이 이와 같으니 어찌 재변이 없겠는가?" 검토관檢討官 구수담具壽聃이 아뢰었다. "국가가 믿고 있는 것은 원기이니 선비의 꿋꿋한 기개가 기운을 잃으면 나라에서 사기士氣가 바로 서게 마땅히 도와주어야 할 것입니다."

—『중종실록』 76권, 중종 28년(1533년) 11월 5일

조선의 지배층은 무엇보다 지식을 가진 권력자였다. 유학을 공부하고 유학이 요구하는 예절과 행위 지침을 몸에 익힌 이들은 과거시험이나 관직 추천을 통해 관료로 진출했다. 조선은 이러한 지식인 집단이 핵심 권력을 장악한 사회였다. 이들은 유학 지식을 지배 이념이나 통

치 도구로 활용해 백성을 다스리고 자신들의 삶과 신분 유지에 필요한 재화를 백성으로부터 취했다. 이들이 가진 지식은 국가 공권력을 행사할 수 있는 관직이나, 부를 가져다주는 토지로 변형이 가능한 지배의 자원이었다.4 때로 지식은 신분 상승을 가능하게 하고 지금의 신분을 지속시킬 수 있는 정신적 자본이기도 했다. 도덕과 사회윤리에 대한 수사적 지식을 내세워 자신들을 남다른 인격을 가진 신분으로 치장할 수 있었다.

조선 지배층이 가진 유학 지식과 행위규범은 이들과 일반 백성을 구별하는 확실한 기준이었다. 이들이 운용하는 지식과 규범은 '사회 유지와 삶에 유용한 그 무엇'이라는 도구적 역할을 넘어 점차 '좋음과 옳음'이라는 가치 지향적 성격까지 더했다. 이러한 성격의 지식과 규범은 절대 선善의 자리에 올랐으며 흔들림 없는 가치 기준이 된다. 이런 배경에서 조선사회의 지식은 피지배층이 양반이나 사림을 지배층으로 인정하게 하는 심리적 기제로 작용해 지배 정당화의 메커니즘에 동원되었다. 이제, 지식과 규범을 운용할 줄 아는 양반이나 사림 그 자체가 권력이자 권력자였다.

조선의 지배층은 20세기 프랑스 철학자 미셸 푸코의 권력론을 이미 수백 년 전에 몸소 증명한 지식권력자였다. 푸코는 지식은 권력과 관계를 맺고 있으며 모든 지식은 정치적이라고 주장했다. 역사 사실에 대한 분석을 통해 지배계급이 체제 유지를 위해 발전시키고 이용한 법률·임상의학·사법제도·형벌체계 등의 지식과 그에 기초한 억압적 통치구조의 실상을 파헤쳤다.

조선 지배층 역시 그들의 유학사상이 권력의 장치로 발전하고, 유학 지식이 권력의 목적인 사회 통제를 위한 지배도구의 역할을 다하는 데 온 힘을 쏟았다. 이들은 생산자와 약탈자, 지배받는 자와 지배하는 자라는 이분적·대립적 구도를 감추고 온갖 지식으로 지배 행위를 정당화한다. 당연히 그에 따르는 보상이 크게 주어지고, 그 자신도 지배세력이 되어 욕망과 이익을 충족시킨다. 양반이나 사림은 위압적 국가기구를 운용한 정치와 행정 전문가였고, 지배층의 약탈성과 억압적 성격을 은폐하고 치장하는 지식인이자 이데올로그 idéologues 집단이었다.

논자에 따라서는 이를 달리 보아, 무력이 아닌 예禮에 기초해 나라를 다스려 백성을 교화하고 덕德을 이룬다는 문치주의文治主義라 표현하기도 한다. 이런 시각을 따르더라도 양반이나 사림은 유학이라는 학문과 유교정치를 통해 왕조국가를 지속시키려는 국가관료적 지배계급의 성향을 강하게 드러내는 존재임에는 변함이 없다.

실제로 사림의 기원을 더듬어보면 사림의 역할에는 도덕적·인격적 차원보다도 정치적 의미가 선행되고 더 강조되었다는 사실을 알 수 있다. 사림을 뜻하는 유儒는 제례를 담당하는 주술사인 무巫에서 유래했다고 한다.[5] 이 무는 중국 춘추전국시대 이전부터 기우제를 주관하고 자연 현상을 예측하던 주술사들로, 신과 인간을 잇는 통혼자로서의 위상을 가진 정치적·종교적 존재였다. 지배층의 제사와 의례를 담당하며 지배질서 유지에 필요한 통치 수단을 제공해온, 당시로서는 지식인에 속했던 계층이었다.

이들은 기존 사회질서가 무너지는 춘추전국시대 들어 여러 제후국으로 흩어졌는데, 이후 이들이 유儒라는 이름을 갖게 된다. 이와 함께 이 유자儒者 계층에 도덕적 덕목이 부가되고, 유자는 높은 인격을 가진 존재로 격상되기에 이른다. 정치적 존재인 유자에게 도덕 가치가 부가 되면서 유자의 위상이 높아졌으며, 이들이 행하는 통치행위도 외양 면 에서 훨씬 부드러워진다. 유자가 취한 이런 도덕 덕목과 인격적 가치 에 종종 가려졌으나, 유자는 분명 통치와 지배를 행하는 정치적 존재 였다. 특권계층의 이익을 지키고 확장하려는 철저한 정치계급 성향의 존재, 그것이 이들의 본모습이었다.

3장
양반, 혹은 사림의 시대

❖고려 문벌가문의 후예들, 조선 개국공신이 되다

김사형金士衡(1341~1407)은 고려 말에서 조선 초에 활약한 문신이다. 이성계를 추대해 조선왕조 개창에 참여했고 1등 개국공신에 올랐다. 조선시대 전 기간에 걸쳐 권세를 유지한 안동 김씨安東金氏 가문 출신이다. 안동 김씨 가문은 고려시대인 13세기 전반에 이미 세력 있는 집안으로 자리를 잡았다.

고려 말 전제개혁을 단행한 조준趙浚(1346~1405)은 이성계를 추대해 1등 개국공신이 됐다. 개국 뒤에는 정도전에 맞서 후일 태종이 되는 이방원을 지지했다. 조준은 13세기 원나라 간섭기에 명성과 권력을 얻은 평양 조씨平壤趙氏 가문의 자손이다.

윤호尹虎(출생연도 미상~1393)는 고려 말의 문신으로 1388년 요동정벌 때 이성계 휘하에서 군사지휘관을 지냈다. 조선 건국 뒤 2등 개국

공신에 봉해졌다. 파평 윤씨坡平尹氏 가문의 인물인 윤호는 고려 전기의 문신이자 명장인 윤관의 후손이다. 파평 윤씨는 고려 전기 이후 중앙 관원을 지속적으로 배출한 대표적인 문벌귀족이다.

고려 우왕 때 관직에 진출한 민여익閔汝翼(1360~1431)은 조선 개국을 도운 공로로 3등 개국공신에 올랐다. 민여익은 240여 명의 문과 급제 자를 비롯해 다수의 공신과 왕비를 배출한 여흥 민씨驪興閔氏 집안 출신 이다. 이 가문은 조선시대를 대표하는 권세 가문으로 조선 말기에 민 씨 척족시대를 열었다. 12세기에 이미 고위 관직을 배출한 고려시대의 대표적 귀족가문이기도 하다.

❖신흥사대부는 조선 개국의 주역이 아니다

조선사회를 지배한 사람은 흔히 고려 말 신흥사대부 세력에서 출발했 다고 본다. 대체로 이 신흥사대부는 지방의 중소지주층 출신으로 성리 학 이념과 소양을 갖추고 과거시험으로 정계에 진출한 이들이라 규정 된다. 대지주이자 문벌귀족이며 불교를 믿던 기존의 지배층과는 경제 기반이나 이념, 정치성향이 다른 집단으로 파악된다. 이들 신흥사대부 가 부패하고 무능한 고려왕실과 문벌귀족을 밀어내고 조선을 건국했 다는 게 그동안의 통설이었다.

하지만 미국 UCLA에서 한국사를 연구하는 덩컨John B. Duncan 교 수는 신흥사대부에 의한 지배층 교체는 없었다고 단언한다.[1] 그는 고려 말의 유력한 귀족가문이 조선시대 들어서도 지배층의 주류를 이루었다고 본다. 조선 건국은 지배세력의 전면 교체를 수반하지 않았으며 오히려 고려와 조선의 지배세력은 동질성과 연속성이 강하다는 것이다.

덩컨 교수의 연구에 따르면, 고려 후기를 이끈 22개 가문 중 16개 가문이 조선시대 들어서도 유력한 지배가문으로 존속했다. 고려 말의 문벌귀족 가문 가운데 조선 건국과 함께 몰락한 가문은 겨우 3개 가문에 불과했다. 또한 태조가 책봉한 개국 일등공신 17명 중에 문신은 11명인데, 이 중에서 단 3명만이 신흥사대부 요건을 갖추었다. 영주 출신의 정도전, 성주 출신의 배극렴, 의령 출신의 남재가 그들이다. 그 외 평양 출신의 조준과 조박, 안동 출신의 김사형, 성주 출신의 이제, 청주 출신의 정탁과 정총 등은 고려 후기의 권세가 출신이었다. 또한 조선 전기의 주요 양반 가문 38개 집안 중에 개국 약 40년 전인 1351년 이후에 관계에 진출한 가문은 9개 집안인데, 이마저도 조선 초기 중앙관계에서 차지하는 비중이 그다지 크지 않았다. 이러한 사실은 지방의 중소지주층 세력이라는 신흥사대부가 조선 개국의 주류가 아니라는 점을 분명히 보여준다.

지배층 내의 권력투쟁을 거쳐 최고 권력층인 왕가가 교체됐고, 고려 왕조를 지지한 일부 지배층이 몰락한 것은 사실이다. 불교에서 성리학으로 지배 이념이 바뀐 것도 사실이다. 그렇지만 지방 중소지주층 출신인 정도전과 같은 극히 일부를 제외하면 조선사회에 들어서도 고려의 지배층 대부분이 계속 지배세력으로 군림했다. 크게 보면, 조선의 지배층은 문벌귀족에서 양반, 사족, 사류, 사림으로 그 이름만 변했을 뿐이다.

조선 지배세력의 신분을 유지하게 하고 생활을 가능하게 한 경제 기반 또한 거의 변하지 않았다. 조선 초에 들어서도 유력한 지배 가문은 대규모 토지를 소유했으며 많은 노비를 거느렸다. 고려 말에서 조선 초에 걸쳐 고위관료를 지낸 안원安瑗(1346~1411)은 파주 지역에 세거하며 위세를 떨쳤다.

> 안팎으로 차지한 밭이 무려 수만 경頃이나 되고 노비 가구도 100여 호에 달했다. 고목 천여 그루가 십 리에 그늘을 이루고 거위와 황새가 그 사이에서 울고 떠들었다. 안원은 매를 팔 위에 올려놓고 누런 개를 데리고 매일 왕래함을 낙으로 삼았다. 지금도 남은 땅을 나누어 차지하고 사는 사람이 백여 명이나 되는데 모두 그 자손이다.
>
> —성현, 『용재총화慵齋叢話』

조선 초에 이미 노비 소유를 제한하는 법을 만들어야 할 정도로 노비를 과도하게 보유하는 가문이 늘어났다. 1415년 태종 때에 1~2품 관원은 노비 130명, 3~6품 관원은 노비 100명, 7품 이하는 80명으로 상한선을 두었지만 이마저도 제대로 지켜지지 않았다. 노비 100명은 미국의 남북전쟁 이전 남부지역 대부분의 농장에서 보유한 노예보다 많은 수다. 1850년 무렵 미국 남부에는 34만7500여 명의 노예 소유주가 있었는데, 100명 이상의 노예를 소유한 사람은 1800명을 넘지 않았다고 한다.

조선 지배세력은 노비 확보를 위해 그들이 신봉하는 친족제도의 원리까지 어겼다. 유교 친족제도의 핵심이랄 수 있는 부계혈족 중심의 가족 구성과 가문 승계 원리를 무시하고 노비의 경우 아버지가 노비가 아니더라도 어머니가 노비이면 그 자식을 노비로 삼기도 했다. 지배층 자신에게는 아버지 핏줄을 중심으로 삼고, 노비 세습에는 어머니 핏줄을 따르는 이중잣대를 적용한 셈이다. 개국세력 중에 가장 개혁적이라 평가받는 정도전조차 노비제도에 대해서는 아무런 말도 하지 않았다. 그도 노비 소유주였다.

토지개혁도 명분과 외양만 요란할 뿐 실상은 지배층 중심으로 이뤄졌다. 농민에게 실질적인 혜택을 주는 정도전의 균전제均田制가 채택되지 않고, 개혁 명분과는 다르게 크게 수정된 토지제도가 과전법科田法이란 이름으로 실시됐다. 정도전은 모든 토지의 국유화를 주장했다. 국가에서 토지를 모든 농민의 가장에게 나눠주어 경작하게 하고, 수급자가 사망하면 국가가 그 토지를 반환해 다시 분급한다는 게 정도전 토지개혁의 요지였다. 토지 사유를 배제해 농민에 대한 사적 통제를 없애고 조세수입을 늘리려는 방안이었다. 하지만 정도전의 이 안은 개국세력의 지지를 거의 받지 못했다. 대신 개혁의 또 다른 주인공인 조준의 안이 통과됐다. 조준은 현직과 전직 관원, 군인, 공노비 등 국가업무에 종사하는 모든 사람에게 수조지收租地를 나눠주어 이들에게 토지에 대한 조세 징수권을 부여하자고 했다. 조준의 이 제안에는 농민은 제외돼 있었으며 양반 가문의 사유지는 그대로 둔 상태였다. 더구나 실제 운용에서는 수급자가 사망한 뒤에도 그 가족에게 세습되기도 해, 토지개혁이라는 말이 무색할 정도였다.

조선은 이전과는 다른 기반에 근거해 새로운 시스템으로 운영된 나라가 아니었다. 고려에서 조선으로 나라가 바뀌면서 제도에 변화가 있었던 것은 사실이지만 조선 개국세력이 명분으로 내건 개혁은 매우 제한돼 있었다. 조선 개국세력은 과전법을 실시하고 과거제도를 강화하는 등 사회 변화를 가져오는 정책을 실시했지만, 이는 어디까지나 기득권을 잃지 않는 범위 내에서의 변화였다.[2] 사회의 근간을 흔들 수 있는 정책은 나오지 않았으며, 신분제도 · 토지제도 · 조세제도 분야에서의 획기적인 개혁도 이뤄지지 않았다.

❖16세기 사림은 향촌 중소지주층이 아니다

그동안 학계에서는 '16세기에 정치세력의 주체로 거듭난 사림'에 대해서도 신흥사대부와 유사한 속성을 부여하며 그 개혁성을 부각시켰다. 기존 견해는 이 '16세기 사림'을 조선 건국에 반대한 절의파 사대부의 후예로 본다. 향촌에 기반을 둔 중소지주이자 성리학 소양을 갖춘 인물이며, 조선 개국을 주도하고 이후의 정계를 이끈 훈구파 사대부와 구별되는 집단으로 파악한다. 이들 신진사류가 15세기 후반 이후 정계에 진출해 훈구 세력을 비판하고 사화士禍를 거쳐 16세기 후반에 권력을 장악했다고 본다. 이 시각에 따르면 지방 중소지주층 출신 정치세력이 중앙의 대지주층 정치세력을 몰아낸 획기적인 정권 교체가 일어난 셈이다. 이런 통설은 사림과 훈구를 지역과 가문, 토지 소유 등 사회경제적 조건에 따라 구별하는 입장이다.

하지만 최근의 연구 결과는 16세기 사림파에 대한 기존의 설명을 거부한다.[3] 우선, 사림파의 대표 인물인 김종직金宗直(1431~1492), 정여창鄭汝昌(1450~1504), 김굉필金宏弼(1454~1504), 김일손金馹孫(1464~1498), 이황李滉(1501~1570), 이이李珥(1536~1584) 등이 대규모 토지와 많은 노비를 보유한 부호들이었다는 사실을 들 수 있다. 사림파 활동기인 중종中宗(재위 1506~1544) 이후에는 지배층의 토지 소유가 점차 확대되는 추세여서 1580년대 무렵에는 대규모 농장을 경영하는 게 일반화되는데, 이 또한 중소지주로서의 사림이라는 설명과 어긋난다.

사림은 대개 지방에 기반을 두었다는 기존의 주장도 사실과 정확하게 부합하지는 않는다. 사림의 종장宗匠으로 알려진 김종직의 문인 60여 명의 출신 배경을 살펴보면 한양 지역 거주자가 전체의 절반에 이르는 47퍼센트 정도를 차지한다. 더구나 본인 이전 세대에 중앙관료를 배출한 가문이나 공신 가문 출신이 다수였으며, 훈구파 핵심세력과 혼인관계를 맺기도 했다.

무엇보다 김종직 자신이 훈구세력과 친밀한 관계를 유지했다. 김종직은 훈구세력을 대표하는 인물인 한명회, 신숙주, 강희맹과 글을 주고받을 정도였다. 한명회가 말년에 한강변에 압구정이란 정자를 지어놓고 부귀영화를 누리던 시절, 김종직은 한명회에게 시를 지어 자신의 뜻을 전한다.

강의 물결과 꽃 속에 봄가을 보내시니

욕심을 잊어 물고기와 새들이 와서 친하네

정자에 매일 홀을 잡고 산을 보는 이,

능연각의 공신 그림 중의 그 사람이네

江水江花秋復春 忘機魚鳥便來親

亭中日柱看山笏 自是凌煙畫裏人

　　　—김종직, 「어제 압구정시에 삼가 화답하다恭和御製狎鷗亭詩」

　　　　　　　　　　　　　　『점필재집佔畢齋集』

　　능연각凌煙閣은 중국 당나라 때 개국공신 스물네 명의 초상을 걸어
두었던 누각을 이른다. 김종직은 이를 빌려와 한명회 역시 당나라 개
국공신에 버금가는 큰 공을 세운 인물이라는 점을 부각시킨다. 한명회
는 수양대군이 세조로 등극하는 데 앞장서고 사육신의 단종 복위운동
을 좌절시킨 장본인이다. 네 번이나 공신에 오르고 최고 관직을 두루
역임했다. 세조와는 사돈 간이었으며 그 뒤의 예종, 성종과도 장인 관
계를 맺는데, 권세를 휘두르고 재물을 탐한 대표적인 훈구 척신으로
평가된다. 그런 한명회를 김종직은 욕심을 버린 인물이자 자연에 심취
한 선비 같은 사람으로 우러른다. 특기할 점은 19세기 후반에 간행된
김종직의 문집에는 한명회를 칭송한 시가 모두 삭제돼 있다는 점이다.
사림의 최고 인물과 부정적 평가를 받는 훈구파 인물과의 관계를 감춤
으로써 사림파 학맥의 독자성을 가공해내고 사림의 도덕성을 강화하
려는 의도로 보인다.

또한 사림 세력이 화를 당한 1519년 기묘사화己卯士禍 때의 인물 90여 명 중 70퍼센트 정도가 한양 거주자였다. 이들 중 상당수는 핵심 훈구세력 인물과 혼맥으로 연결되거나 문인 관계를 맺고 있었다.

예컨대 사림의 전형으로 평가받는 조광조趙光祖(1482~1519) 자신이 기존 통설이 주장하는 사림파 요건을 갖춘 인물이 아니었다. 조광조의 고조부는 조선 초기 공신이었으며, 이후 조상 대대로 한양에서 관직생활을 했다. 뒷날 사림의 상징적 존재로 추앙받게 되는 조광조는 공신 가문이자 명문거족 출신이었다. 이러한 여러 사실로 볼 때, '사림은 향촌에 기반을 둔 중소지주층'이라 잘라 말할 수는 없다. 사회경제적 측면에서 훈구세력과 분명하게 구분되지 않았으며, 학맥과 혼맥 등 인맥 면에서도 훈구세력과 맥을 달리했다고 보기 어렵다.

사림과 훈구를 나누는 기준은 경제기반이나 지역, 가문 같은 조건이 아니라 성리학에 대한 태도와 그 이념의 실천 정도에 있었다. 사림이라 불리는 이들은 가문이나 지역에 관계없이 성리학 정치원리와 윤리규범에 매우 철저하고자 했던 학자이자 관료였다. 조선 건국 후 찬탈과 폭정이 반복되면서 조선사회는 유학의 가치가 무시되고 힘의 논리가 지배하는 상태로 점차 변모해갔다. 정치를 주도한 세력인 훈구세력은 유학을 여전히 정치 이념으로 내세우고 있었지만 이들의 유학은 패권적 권력과 집권질서를 뒷받침하는 데 급급했다. 이러한 현실에 저항해 유학 이념에 맞게 정치현실을 바꾸고 유학 규범에 충실한 사회를 만들고자 한 일군의 학자와 관료가 나타났는데, 이들이 바로 사림이었다.

사림은 16세기에 본격화된 조선사회 유교화 정책의 주역으로, 성리학 소양을 지닌 학자와 관료들이었다. 이들 사림은 정계를 필두로 사회 전반에 유학적 가치와 규범을 불어넣고자 했다. 이런 유교화를 기치로 내걸고 성종에서 명종에 이르는 체제 발전기를 통과하면서 사림은 지배세력으로서의 권위와 위상을 확고하게 다져나갔다.

사림은 훈구세력과 반목하고 이들의 정치 행위와 지향을 강하게 비판했지만 지배층 신분의 한계를 벗어나지는 않았다. 조광조라는 인물로 대표되는 16세기 사림이 추진한 유교화는 백성의 삶을 풍요롭게 하고 고통을 없애는 근본적 사회 개혁이 되지 못했으며 유교 가치와 규범에 반하는 사회 기풍을 바로잡는 선에 머물렀다. 16세기 사림 세력의 부상과 이들이 추진한 유교화 정책은 오히려 양반계급의 사회적·이념적 기반을 더욱 다질 수 있는 강력한 도구가 됐다.

14세기 후반에 지방 중소지주 세력이 등장해 한 나라의 개창을 주도하고, 15세기 후반에 다시 지방 중소지주층 세력이 중앙에 진출해 정치의 주역이 되었다는 주장은 두 번의 지배세력 교체를 시사한다. 이러한 주장은 한국사를 이끈 지배층을 역동적 주체로 제시해 한국사의 진전을 사회경제적 토대 변화의 관점에서 파악하게 한다. 일본이 주장하는 정체사관과 식민사관에 맞설 수 있는 시각과 논리이기도 하다. 하지만 문제는 이것이 '역사 사실'과 부합하느냐다.

중소지주층에 의한 두 번의 지배세력 교체설은 조선 지배층의 수탈과 억압, 곧 지배질서의 모순과 부패를 직시하지 못하게 하는 학문적 장치로 오용될 수도 있다. 개국 시기의 세력과 16세기의 새로운 세력은 부정적인 면모를 가진 기존 세력에 대항해 그와는 다른 세상을 만들어나간다는 동일한 교체 양상을 따른다. 기존 지배세력은 농민을 수탈하고 사회 제도와 가치를 어지럽히는 탐욕스럽고 부패한 인간상으로 그려진다. 이에 반해 새로운 세력은 기존 세력과는 사회경제적 기반뿐 아니라 정치 지향과 성향까지 달리하는 긍정적인 인물상으로 나타난다. 조선의 역사를 부정적 지배세력을 밀어내고 긍정적 성격의 지배세력이 이끌어가는 진전의 역사로 풀이하는 것이다. 이러한 시각을 따르면 통치에 따르는 그림자와 지배 행위에 의한 부정적 측면이 감춰지거나 축소될 수밖에 없다. 이 지점에서 특정한 역사 해석이 은폐와 왜곡을 위한 학문적 장치가 될 가능성이 발생한다. 이 학문적 장치를 뒷받침하고 작동하게 하는 체제와 힘, 거기에서 지금의 지배세력은 자유로울 수 있을까?

지배세력을 보는 시각에서 우선되어야 할 것은 기존 지배층과 새로운 지배층의 단절이 아니라 연속성이다. 지배층 내의 교체나 다툼이 아니라 지배하는 자와 지배받는 자, 지배하는 행위와 그 대상이 만나 이뤄내는 지배와 피지배의 양상이다.

❖사림, 민생을 외면하고 분열하고 싸우다

즉위 이듬해인 1568년, 선조宣祖(재위 1567~1608)는 당대 최고 성리학자인 이황이 올린 상소를 받고 있었다. 천천히 음미하듯 읽어나가던 선조는 한동안 생각에 잠겼고, 이윽고 입을 열었다.

짐이 상소장를 보고 깊이 생각해보니, 옛사람과 비교해 보아도 경(이황)이 갖춘 도덕심을 가진 사람은 얼마 되지 않아 보인다. 이 6조목은 참으로 천고千古의 격언이며 지금 시대에 서둘러 해야 할 일이다. 내 비록 하찮은 인품이지만 어찌 가슴에 지니지 않을 수 있겠는가.

—『선조실록』 2권, 선조 1년(1568년) 8월 7일

이황은 6조목의 상소를 통해 이제 열일곱 살이 된 선조에게 국정 운영의 원칙과 방향에 대한 자신의 의견을 밝혔다. 상소 내용은 이러했다.

왕통 승계를 중요하게 여기고 인仁과 효孝를 다한다.

헐뜯음과 이간질을 막아 왕실을 편안하게 한다.

성인聖人이 가르친 학문인 유학에 힘써 다스림의 근본을 세운다.

도道를 밝혀 사람의 마음을 바로 잡는다.

현명한 대신大臣과 바른 말을 하는 강직한 대간臺諫을 두어 정사를 펼친다.

수양과 성찰에 힘써 하늘의 도리를 다한다.

윤리도덕을 강조하고 학문과 수행에 힘쓰는 등, 성군이 될 수 있는 자질을 갖추라는 내용이 중심을 이룬다. 안민安民이나 제도 측면보다

는 수양을 강조하는 상소였다. 실제 정치 현안에 대해서는 한 조목을 배당해 임금이 대신, 대간과 함께 정치를 펴나가는 군신공치를 강조한다. 군주의 독단이나 전횡이 아니라 학자관료가 정치에 적극 참여하는 사림정치의 이상을 제시한 것이다. 임금이 이러한 사림의 요구를 마음으로 받아들이겠다고 천명했으니, 이제 사림의 시대가 활짝 열린 셈이다. 성리학자 이황과 군주 선조의 만남은 앞으로 펼쳐질 사림시대의 지형도를 상징적으로 보여주고 있었다.

16세기 후반인 선조 대 이후 사림은 정계를 장악하고 국정을 주도했다. 사림 지배체제가 확립된 것이다. 사림은 지금껏 외쳐온 도학적 명분과 의리를 내세운 유교정치를 마음껏 펼쳐나갔다. 하지만 현실 문제에 대처하는 입장 차이와 정치적 이해관계, 거기에 학맥과 인맥이 결부되어 사림은 이내 분열을 거듭하게 되고, 이른바 당파 정치의 시대로 돌입한다. 선조 8년인 1575년 무렵에 동인東人과 서인西人으로 분파된 이후 정조 대인 18세기까지의 220여 년은 여러 당파가 이전투구하는 사림정치의 극성기였다. 사림 세력의 이합집산 양상과 당파별 관계 구도가 이 시기 조선 지배체제의 근간을 이루었다.

파당과 이에 따른 대립으로 정치 혼란이 계속됐지만, 다른 측면에선 권력 간의 견제와 균형으로 군주통치와 양반 지배질서 운용이 효율적으로 이뤄졌다고 보기도 한다. 사림은 민생을 돌본다는 기치를 내걸었지만 사실 이들에겐 지배권력 확보가 무엇보다 우선이었다. 백성의 삶을 안정시킬 수 있는 조세와 군역 등의 제도 개선에 대한 관심과 실천은 비교적 미약했다. 지배질서 유지에 유리한 유교화 사업에는 힘을 다해 뛰어들었지만 유교 이상정치의 하나인 민생안정을 위한 정책은 차선으로 밀려났다. 대신, 자신들의 경제 기반을 다져 사회경제적 지위를 공고히 하는 데 공을 들였다.

대사간 김첨경金添慶이 입시하여 아뢰었다. "요즈음 사류士類가 집에서 학문을 하는지의 여부는 신이 알지 못합니다. 다만 부자富者가 된 뒤에야 선善을 행할 수 있다는 말이 성행하고 있습니다. 이리하여 사우士友들 사이에는 대부분 바다나 못을 막아 논밭을 경영하는 것을 능사로 삼고 있으니, 이런 폐단은 금지시켜야 합니다."

—『선조수정실록』 14권, 선조 13년(1580년) 6월 1일

많은 사림이 대지주로 성장해가고 있었다. 이런 추세에서 백성 대다수를 위한 혁신적인 토지개혁이 나올 리 만무했다. 오히려 그들은 토지 확대와 노비 확보에 열을 올렸다.

사림은 경제 기반을 탄탄히 하는 동시에 자신들의 사회적 지위도 높여나갔다. 사림 지배체제가 확립되면서 다른 신분과 계층을 배척하고 자신들의 신분 특권 공고화에 온 힘을 기울이는 배타성과 세습성이 점차 강화됐다. 예를 들면 관직 유무에 상관없이 혈통만으로도 공공연히 사람을 차별해, 향약 모임에서 서자 출신은 사족 출신과 동격의 자리에 앉을 수조차 없었다. 조선 초기에 문반에 속했던 기술관을 잡직으로 밀어냈으며, 심지어 무반까지 경시하는 풍조가 크게 일었다. 이제 사림이나 사족이라고 하면 대개 기술직과 무반이 제외된 문인층을 지칭하

게 되었다. 성리학을 공부하고 그 가치와 규범을 삶의 기준으로 삼고, 문인관료 외에는 눈길을 주지 않고, 양반 적자嫡子라는 고귀한 혈통을 가진 사람, 그들만이 사림이었다. 그들만이 조선의 지배층이었다.

❖백성을 위한 사림의 나라는 없다

순조 26년인 1826년 봄, 충청도 청주의 북문에 지배층을 비난하며 민란을 선동하는 괘서가 나붙었다.

> (죄인이) 두 장의 흉서를 스스로 짓고 써서 청주 북문에 걸어놓았다. 오만한 말로 임금을 탓하고 나라를 비방하고 혼란을 부추기는 이야기를 늘어놓았다. 자신의 이름과 주소까지 흉서에 써서 동료 무리가 있는 것처럼 하고 호응하는 이들을 끌어들이려고 하였다.
> —『순조실록』 28권, 순조 26년(1826년) 5월 3일

괘서의 주인공은 자신을 강화도에 있는 성인聖人이자 도사요, 태백산 아래의 장군이라 칭했다. 1811년 평안도 일대에서 반란을 일으킨 홍경래의 무리가 아직 살아 있으며, 이들이 곧 뭉쳐 일어날 것이며, 그러면 조선왕조가 망할 것이라 했다.

조사 결과 괘서를 붙인 범인이 붙잡혔는데, 유생 신분의 김치규金致奎란 인물이었다. 평안도 중화 출신으로 당시는 충청도 청안 지역에 머

물고 있었다. 김치규는 전국을 떠돌며 근근이 생계를 이어오는 몰락 양반이었다. 청주와 안성 지역에 사는 여러 사람이 이 괘서 사건의 공모자로 함께 체포됐다. 이들 또한 김치규와 유사한 처지에 놓인 사람들이었다.

7개월 뒤, 다시 괘서 사건이 발생했다. 이번에는 청주목 관아 건물에 괘서가 나붙고, 관아에 투서까지 행했다. 괘서 내용은 김치규 때와 유사했다. 예언서를 빌어 권력층을 비난하고 새 세상을 열어야 한다는 선동으로 사회적 혼란과 소요 분위기를 조성했다. 이 사건으로 청주목은 서원현西原縣으로 강등됐다. 그동안 충주와 청주를 합해 충청도忠淸道라 불러왔는데, 괘서 사건이 일어난 청주를 빼고 공주와 충주를 합하여 공충도公忠道로 개명하게 된다.

19세기 초반을 지나면서 지배층을 비판하고 왕조의 멸망을 예언하는 괘서 사건이 점차 늘어나고 있었다. 범위도 전국에 걸쳐 일어났으며, 때로는 변란 사건이나 도적 무리와 연계되는 경우도 있었다. 괘서 사건은 대개 몰락 양반이나 서얼, 중인 계층 출신이 주도했는데, 이 중에는 유랑지식인이 다수를 차지했다. 유랑지식인은 유학을 배웠지만 관직은 갖지 못하고, 거기에 경제기반조차 갖추지 못해 생계를 위해 떠돌이 생활을 하는 이들을 이른다. 이들은 서원과 향교를 중심으로 형성되는 학문세계에 속하지 못하고, 행정체계를 중심으로 한 권력층에서도 탈락된 사람들이었다. 토지를 확보하지 못해 향촌사회의 지배공동체에서도 배제된 이들은 이전 시대 같으면 사림 계층에 속할 지식인이었다. 이들은 서당 훈장으로 혹은 과객으로 생활을 이어갔으며,

천문과 지리 등의 잡술을 익혀 생계를 유지하기도 했다. 민란에 가담해 저항하기도 했는데, 홍경래 난을 주도한 일군의 세력이 이 유랑지식인 계열에 속한다. 1862년 진주민란을 주도한 유계춘도 경제적 기반을 갖추지 못한 몰락 양반이었다.

당파 간 견제에 의해 유지돼온 붕당정치는 19세기에 접어들면서 여지없이 와해된다. 권력은 왕가와 혼인관계를 맺은 척족세력에게 넘어갔다. 사림지배권이라 할 수 있는 신하의 행정적 지배권은 물론 군왕의 통치권, 곧 위정자적 역할까지 이들의 손아귀에 휘둘린다. 안동 김씨와 풍양 조씨 척족이 주도한 세도정치기였다. 이후 대원군 섭정기를 지나 고종 대에는 여흥 민씨 척족 세도기가 이어진다.

지난 시기 사림이 나누었던 권력은 노론 당색을 가진 극히 소수의 세도가문에 집중됐다. 그렇게 독점된 정치권력은 어김없이 세습됐다. 이 시기 정치지배층에 속한 인물 열에 아홉은 기존 지배층 가문의 자손이었다. 다수의 사림은 권력에서 소외됐다. 양반층이 증가하고 교육이 확대돼 지식층이 늘어났지만 관직은 모자랐다. 관직을 갖지 못한 양반은 토지에서도 밀려나기 십상이었다. 위신을 세울 수 있는 기반을 갖지 못한 양반과 사림이 그만큼 증가했다. 유교 정치 이념은 급격히 쇠퇴했고, 그나마 유지되던 사회제도는 변질을 더해 부정부패의 진원지가 됐다. 백성의 삶은 그 어느 시기보다 참혹했다. 굶주림과 헐벗음은 일상이 된 지 오래고 당장 내일의 생계조차 불투명한 유랑민이 전국에 넘쳐났다. 명분마저 내던져버린 조선은 몰락의 시대로 급격히 빠져들었다.

19세기는 동과 서라는 서로 다른 문명이 충돌하던 혼란기이자 새로운 세계를 일궈내려는 거대한 전환기였다. 기존 사상과 이념에 대한 회의가 뒤따르고, 사회제도와 규범에 대한 비판적 인식이 요구됐다.

유교 이념을 내세우며 조선을 이끌고 지배해온 사림은 이 시대를 어떻게 맞았는가? 다수의 사림은 여전히 중화中華, 곧 중국문명만을 문화의 진수로 여겨 본보기로 삼고 있었다. 서구의 물결은 그것이 종교이든 문화이든 사상이든 배제해야 할 부정이었다. 이들에겐 서양 세력을 악으로 여기고 물리치는 것이 유교 이념에 의한 사림 지배사회를 굳건히 하는 최상의 선택이었다.

소수의 사림은 다른 길을 걷고자 했다. 이들은 서구의 문물을 기꺼이 맞아들이고자 했다. 나라를 유지하고 다스려나가는 정신의 줄기는 중화의 것을 취하되 나라의 부를 늘리고 힘을 기르기 위한 물질적 방책은 서구를 본보기로 하자는 입장이었다. 그렇지만 이들이 개조하고자 한 세상은 여전히 사림의 세상이었지 백성의 나라는 아니었다. 자존과 번영을 위해 이들은 우선은 외세의 힘을 빌려야 한다고 했다. 어느 땐 일본의 힘에 기대었고, 어느 땐 러시아를 뒷배로 삼았다. 영국과 미국의 힘도 저울질했다. 이는 이미 수백 년 전부터 사림들이 해온 중화사대中華事大라는 정책 전략과 크게 다르지 않아 보였다.

일본의 역사정치학자인 기무라 간木村幹은 조선의 이 같은 외교 전략을 소국의식이라는 개념으로 풀이했다. 이 소국의식에 따르면, 조선인들은 조선이 작은 나라이기 때문에 조선의 힘만으로 강한 나라에 맞서 나라를 지킬 수 없으며 다른 강한 나라가 조선을 원조해야 한다는 입장을 취한다. 이런 소국의식은 큰 나라의 도움이 필요하고, 그러기 위해서는 그 큰 나라를 인정하고 섬겨야 한다는 대국 의존으로 이어진다. 큰 나라의 힘을 배경으로 생명과 재물을 지킬 안전판을 확보하고, 그 큰 나라의 문명과 문화를 흡수해 번영의 발판을 다져야 한다는 그럴듯한 현실주의가 널리 확산되는 것이다.

그러나 소수의 사림이 선택한 정책의 추이 또한 그들 선배 사림이 그랬던 것처럼 처음 의도와는 다르게 흘러갔다. 크고 강한 나라는 하나를 내어주면 둘을, 셋을 가져갔다. 크고 강한 나라에 깊게 의지할수록 조선은 더욱 휘둘렸고 자립성을 잃어갔다. 결과는 이전 시대보다 훨씬 처참했다. 선배 사림은 큰 나라를 섬겨 사림의 나라라도 이루었지만 이번엔 모든 것이 와해되어버렸다. 철학자가 다스리는 나라, 역사상 사례를 찾기 힘든 500년 장기존속의 왕조. 놀라움과 함께 한때는 부러움을 샀던 그 양반과 선비의 나라는 그렇게 부끄럽게 몰락했다.

4장
지배자의 가면

❖능지처사陵遲處死와 왕도王道

군기시軍器寺 앞 큰길은 이미 사람들로 가득 찼다. 군중의 웅성거림이 군기시 북쪽 육조거리를 지나 광화문 언저리까지 휩싸고 돌았다. 늦봄의 날씨는 따뜻한데, 병기兵器 제조를 관할하는 군기시 건물 주변은 소음 속에서도 으슬으슬한 분위기가 감돌았다. 신하를 거느린 임금이 용안을 드러내자 웅성거림이 잦아들고 곧이어 정적이 무겁게 깔렸다. 용좌에 앉은 임금의 침묵이 이어지고 좌우로 늘어선 신하들의 표정이 굳어갔다.

영조 4년인 1728년 음력 4월 6일, 반란군 주도자를 능지처사하는 날이었다. 청주성을 장악하며 기세를 올리던 반란군의 기세가 꺾이고 난이 거의 진압되어갈 무렵이었다. 정권에서 배제된 소론과 남인의 과격파가 연합해 일으킨 난이었다. 뒷날, 무신년戊申年에 일어난 난이라

해서 무신란 혹은 반란군 지도자의 이름을 따 이인좌의 난이라 부르는 그 난이었다.

이윽고, 형을 집행하라는 왕의 목소리가 정적을 깨트렸다. 죽임을 명하는 왕의 위엄이 사형장을 흔들었다.

> 지극히 흉악한 대역大逆은 상례로 처단할 수 없으니, 군기시 앞길에서 고위 벼슬아치가 지켜보는 가운데 능지凌遲하여 죽이도록 하라. 목을 베어 자른 머리는 엿새 동안 걸어두어라. 그 뒤에는 머리를 소금에 담가 반란군 소탕 본부인 도순무영都巡撫營으로 보내어 진중陣中의 높은 곳에 매달아 뭇사람들이 보도록 하고 남쪽의 도적으로 하여금 간담을 서늘케 하라. 팔다리와 몸통은 팔도에 전하여 보이도록 하라.
>
> ─『영조실록』 17권, 영조 4년(1728년) 4월 6일

능지처사를 당할 죄인은 도승지를 지낸 박필몽朴弼夢(1668~1728)이었다. 유배 중이던 박필몽은 반란에 가담해 전투를 지휘하다 관군에 붙잡혔다. 이어 한양으로 압송되고, 팔과 다리, 머리를 잘라내 죽이는 능지처사 형벌을 받았다. 대역죄나 패륜을 저지른 죄인이 언덕을 천천히 오르내리듯凌遲 고통을 서서히 최대로 느끼면서 죽어가도록 하는 잔혹한 사형이었다.

능지처사는 저잣거리에서 집행한다는 공개처형을 원칙으로 해, 되도록 많은 백성이 볼 수 있도록 했다. 주로 지금의 서울시청 부근 세종대로인 군기시 앞길에서 형을 집행했다. 왕이나 문무백관이 사형장에

나와 형을 집행할 때가 많았으며, 역모 죄인을 처형할 때는 관리들은 싫든 좋든 처형장에 나와 능지처사를 지켜봐야 했다. 능지처사는 군주에게 복종하지 않으면 사형수와 같은 신세가 된다는 냉혹한 현실을 알리는 권력의 경고였다. 합법적인 폭력을 통해 왕의 힘을 증명하고 절대권력의 위엄을 각인시켰다.

공개처형장은 통치의 공간이기도 했다. 공개처형은 지배층의 권력강화 퍼포먼스이자 잘 조직된 일종의 의식과도 같았다. 화려하기까지 한 처형의식과 잔인한 법 집행으로 오래도록 공포를 퍼뜨려 백성의 저항을 누그러뜨리고자 했으며, 이로써 기존 지배질서의 견고함을 부각시켰다.

조선의 지배층 또한 가혹한 형벌로 왕과 사림 중심의 사회를 유지하고자 했다. 하지만 이는 공공연히 내세울 수 있는 '치국治國의 도리'는 아니었으며, 그 이름을 은근히 가리고 뒷전으로 숨겨야 할 '치국의 방편'이었다. 사림이 숨김없이 내세우는 치국의 도리는 도덕정치와 왕도사상이었다. 무자비한 형벌과 잔혹한 사형이라는 '권력의 공포'가 왕도정치라는 유교정치의 지붕을 떠받치고 있었던 것이다.

홍문관 부제학 조광조 등이 상소했다. "도道가 제대로 이뤄지면 덕德이 밝지 않음이 없고, 정치가 순수하면 나라가 다스려지지 않음이 없습니다. (…) 이러므로 옛날의 현명한 임금은 하늘에 순응하여 기미를 알았고 사람에게 신망을 얻어 세상에 드러날 것을 알았습니다. 마음을 다해 그 궁극에 이르기까지 도를 실천하고 순수한 정치를 펼쳐 아름다운 덕을 널리 펴고 왕도정치를 미덥고 도탑게 했습니다. 그래서 밝은 교화가 이르지 않는 곳이 없으니 음양이 화창하고 만물이 생육해 작은 사악도 그 사이에 끼지 못했습니다."

—『중종실록』 34권, 중종 13년(1518년) 8월 1일

폭압과 형벌만으론 저항 없이 오래도록 백성을 다스릴 수 없었다. 백성이 지배권력을 인정하고 자발적으로 통치에 응할 때 가장 효율적인 지배가 가능했다. 지배층은 이를 위해 자신들의 권력에 신성함과 절대성을 부여해 그 정당성을 마련하고, 사회질서 유지를 위한 제도와 사회 구성원으로서 따라야 할 행위규범을 만들었다. 행정기관, 사법기구, 교육기관이 더 필요했고, 사회규범과 윤리도덕이 체계를 갖추고 세련돼졌다. 억압과 공포에 의한 복종이라는 전통적 지배 방식만이 아니라 규범과 도덕에 의한 순종이라는 지배 방식이 통용됐다. 백성들에게만 규범과 도덕을 지키라고 할 것이 아니라 지배층이 모범을 보임으로써 백성을 더 효율적으로 이끌 수 있다는 사실도 알게 됐다. 이렇게 해서 이른바 '덕치德治의 교화敎化'가 지배 이념이자 통치 방식으로 전면에 나서게 된다.

이는 이미 사림의 먼 선배들이 중국 고대시대부터 주장해온 유학사상의 근본이었고, 12세기 송나라의 주희朱熹(1130~1200)가 더욱 풍부하게 다듬고 발전시켜 정립한 성리학의 근간이기도 했다. 조선의 사림은 이를 정치 이념으로 유난히 강조하고 통치의 특별한 명분으로 내세웠다.

군주에게는 왕도정치가 요구됐다. 군주는 지식과 지혜를 갖추고 마음을 수양해 높은 도덕을 지닌 성인聖人의 경지에서 인민을 다스려야 했다. 이를 위해 왕은 신하들과 함께 유학경전을 공부하는 경연經筵에 나가야 했다. 이 경연제도는 과도하거나 폭압적인 왕권을 제어하고 규제하는 권력 견제 장치이기도 했다. 명령하고 처벌하는 왕은 이제 배우고 절제하고 마음을 닦는 수양인이기도 했다. 사림을 비롯한 지배층도 배움과 자기수양으로 지식과 덕을 두루 갖추어야 한다는 이상을 받아들여야 했다. 교화하는 사람이 먼저 지식과 지혜, 덕을 갖추어야 한다는 주장은 누구에게나 자명했다. 이제, 처형을 명령하는 과시권력만이 아니라 규범과 기준을 내세워 교정하고 개선해 순종하게 하는 규율권력도 필요한 시대였다.

조선 지배층은 모순을 함께 안은 존재였다. 함께 나누고 돌본다는 대동사회大同社會와 도덕정치를 내세우면서 욕망과 이익에 충실한 계급정치를 펼쳤다. 신분제도가 그러했으며, 관직 독점이 그러했으며, 토지 소유가 그러했다. 사림 정치기 내내 이어진 당쟁과 권력투쟁 또한 이 모순을 벗어날 수 없었다. '도덕'과 '성왕'은 한편으론 사림과 왕이 스스로를 규제하는 굴레이기도 했는데, 이 자기절제와 이익 실현이라는 욕망의 충돌은 조선사회를 예와 명분을 과도하게 앞세우는 사회로 몰아갔다. 사림 자체가 도덕과 욕망, 대동과 이익 사이에서 극심한 분열을 일으키고, 조선사회는 이 분열이 가져오는 파열음에 점점 더 크게 흔들렸다. 이런 구도 아래에서, 사림이 세워놓은 이상은 현실에서 더욱 멀어져갔다.

❖탐욕과 수탈

명종明宗(재위 1545~1567) 말년인 1565년, 조정의 대신들이 국정을 바로잡을 12조목의 상소를 올렸다. 외척으로 전횡을 휘두르며 부정축재를 일삼던 윤원형尹元衡(출생연도 미상~1565)이 실각한 직후였다. 사림의 지도자인 이황과 조식曺植(1501~1572)이 산림세력으로 목소리를 높이고, 서른에 접어든 이이는 과거를 거쳐 호조좌랑으로 중앙관직 생활을 시작한 때였다.

홍문관 부제학 김귀영金貴榮 등이 상소했다. "이조와 병조는 명부만 들고 있는 관서가 되었고 고관대작은 영리의 도구가 되었습니다. (…) 간사하고 사악한 자들이 권력을 장악해 원한을 모으는 것을 마치 덕을 쌓는 듯이 하고, 권세를 휘두르며 농민을 수탈합니다. 사납고 험한 사내종들을 앞세워 여러 고을을 다니며 아무 거리낌 없이 제멋대로 행동하며 남의 아내와 딸을 약탈하고 집을 불태웁니다. 백성은 살 수가 없어 열 집 중에 아홉 집은 비었고 마을은 황폐하니, 이는 난정亂政의 시대와 같습니다. (…) 거기다 간사하고 사악한 자들이 오래도록 정승의 지위를 차지하여 사치를 심하게 누리고 풍속과 교화를 무너뜨리고 있습니다. 연이은 호화 저택은 궁궐과 비슷하고, 늘어놓은 식탁에는 임금의 수라보다 몇 배나 많은 진수성찬을 차리고 있습니다."

—『명종실록』31권, 명종 20년(1565년) 10월 10일

'16세기 사림 세력'이 권력의 핵심에 막 발을 디딜 무렵, 조선사회는 관료의 수탈과 부패로 병들고 있었다. 관권을 동원한 세금 착복과 농민 수탈이 광범위하게 퍼져 있었고 고위 관직자의 매관매직이 만연했다. 윤원형은 거둬들인 물품과 뇌물을 쌓아둘 곳이 모자라 집 앞에 시장을 열 정도였다고 한다. 왕족과 관리는 물론 서리와 상인 부류까지 공권력에 기대어 부정부패를 저지르고 재물을 쌓았다.

당시 조선사회의 부정부패는 개인의 도덕성 문제를 넘어서고 있었다. 관료제도 자체가 지배층의 특권을 보장하는 장치로 운영되어 부정부패를 부추겼다.[1] 국왕과 고위관료에서 기술관과 서리에 이르는 하위관료까지 층위가 나눠지고, 지위와 권력의 크기에 따라 권익 분배가 이뤄졌다. 관직에 따르는 보상이 거의 없는 상태에서 관권을 내세워 이익을 취하는 일이 당연시되기도 했다. 수탈이 문제가 아니라 그 과도함이 문제라는 풍조가 자리를 잡고 있었다.

이런 측면에서 조선의 관료제도를 지배세력에 의한 강제적 약탈 기구로 보기도 한다. 조선왕조라는 사회체제를 유지하기 위한 기본 방안이 백성에 대한 수탈이라고 보는 것이다.[2] 수탈은 대개 전세 · 공물 · 진상 · 부역 등 합법적인 세금의 형태로 부과됐고, 여기에 권세를 이용한 불법적인 탈취와 억압이 더해졌다. 조선사회는 수탈과 부패가 공공연히 인정되는 구조적 병폐를 안고 있었던 것이다. 이런 점에서 보면, 조선이라는 나라는 왕과 양반지배층이 소유하고 운용하는 일종의 폭력기구인 셈이다.

이러한 조선의 현실은 폭력과 약탈에 의한 국가발생설을 뒷받침한다. 조선사회를 들여다볼수록 자연 상태의 무질서를 종식시키기 위해 주권을 가진 국가가 성립됐다고 하는 사회계약설은 무색해진다. 사회계약설에서는 일정 집단이 외부의 적을 방어하거나 내부의 질서를 유지하기 위해 국가라는 정치기구를 구성하고 자신들의 권리를 국가에 위임했다고 말한다. 이와 달리, 약탈에 의한 국가발생설은 폭력을 조직화한 세력이 다른 사람이 생산한 부를 징수하는 과정에서 국가가 성립했다고 본다.[3] 힘을 가진 특정 세력이 여타의 사람들을 제압해 지배하고, 이 피지배자로부터 물질적 이익을 취하는 과정에서 국가라는 조직체가 만들어진다고 보는 것이다. 이 시각에 따르면, 국가의 우선적인 역할은 지배세력의 이익을 보전하는 것이고 피지배층 보호는 이익 수취 과정에서 나온 부차적인 활동에 불과하게 된다. 이때 국가는 효율적이고 안정적으로 이익을 취할 수 있는 힘과 권위를 보유하는 데 최대의 관심을 집중시킨다. 지배권 확보와 부의 사유화를 위해 폭력을 조직화한다는 점에서 마피아 조직과의 유사성도 보인다. 또한 국가는 이 이익 수취 권한을 독점하기 위해 다른 폭력은 철저하게 배제하고자 한다. 국가 구성원의 재산을 탈취하는 화적火賊과 조직폭력배를 검거하고, 난과 소요 등 폭력으로 국가공권력에 저항하는 세력을 철저하게 진압한다.

조선 지배층의 수탈은 특정 시기에 국한된 병폐가 아니었다. 16세기 후반 선조 대 이후, 사림이 권력을 완전히 장악한 뒤에도 관료기구에 의한 수탈은 계속됐다. 심지어 전쟁 중에도 관리의 수탈이 자행됐다.

사관史官은 논한다. "아, 난리(임진전쟁)가 일어난 이래 관직이 너무 많아졌다. 10명의 관원이 관직 명칭은 다르지만 관장하는 일은 하나다. 겨우 살아남은 백성 1명을 10명의 관원이 침탈한다. 그 가운데 이귀李貴와 같이 거짓되고 흉포한 자가 관직을 빙자하여 백성의 고혈膏血을 짜내었다."

―『선조실록』 95권, 선조 30년(1597년) 12월 30일

관리의 수탈과 부패는 나라의 존립에 영향을 줄 정도로 심각했다. 임진전쟁에 휩쓸려들었던 명나라 조정에서도 이를 우려했다.

듣건대, 조선에는 쓸데없는 관원이 너무 많고 법이 매우 가혹하고 세금이 무겁다 합니다. 관원이 많으면 녹봉으로 주는 쌀을 조달하기 어려우며, 법을 가혹하게 하면 길에서조차 백성이 눈길을 돌릴 것이며, 세금이 과하면 백성의 생계가 곤란해질 것이니, 그 누가 나서서 위기에 처한 왕실을 돕겠습니까. 왕은 이제라도 도태할 만한 관원은 도태하고, 줄일 만한 형벌은 줄이며, 가볍게 할 만한 세금은 가볍게 하소서.

―『선조실록』 45권, 선조 26년(1593) 윤11월 16일

조선은 왕실 유지에 관련된 관청이 특히 많았다. 관아의 거의 절반이 궁중과 관련돼 있었으며 국고 수입의 반을 왕실에서 소비할 정도였다. 왕족에게 지급된 토지인 궁방전宮房田도 농민의 재산을 침탈하고 생활을 궁핍하게 했다. 전국의 궁방전은 18세기 후반인 정조 시기에 4만 결에 달했으며, 이후에도 계속 늘어나 국가 재정을 위협했다. 조선 말

에는 전국 토지의 5분의 1이 왕실 소유였다고 한다. 그 결과는 백성의 굶주림과 헐벗음이었으니, 도덕정치와 왕도사상은 그 구호마저 화석화됐다.

지배층의 수탈은 조선이 마지막 숨을 몰아쉬던 몰락의 시기까지 계속됐다. 1894년부터 1897년까지 네 차례에 걸쳐 조선을 답사한 이사벨라 버드 비숍Isabella Bird Bishop(1832~1904)은 당시 조선의 현실을 이렇게 전한다.

계층적 특권, 국가와 양반들의 수탈, 불의不義, 불안정한 수입, 개혁되지 않은 다른 모든 동양 국가들이 기초하고 있는 최악의 전통을 수행해온 정부, 책략에만 몰두하고 있는 공식적 약탈자들, 대궐과 대단찮은 후궁에 칩거하며 쇠약해진 군주, 국가 내 가장 부패한 사람들 간의 밀접한 연합 (…) 여러 가지 개혁에도 불구하고 조선에는 착취하는 사람들과 착취당하는 사람들, 이렇게 두 계층만이 존재한다. 전자는 허가받은 흡혈귀라 할 수 있는 양반 계층으로 구성된 관리들이고, 후자는 전체 인구의 5분의 4를 차지하고 있는 하층민들로서 하층민의 존재 이유는 흡혈귀들에게 피를 공급하는 것이다.

　　　　　　　　　　　　　　—이사벨라 버드 비숍, 『조선과 그 이웃나라들』

『논어』에 따르면 "백성을 먹여 살리는 것이 임금의 할 일"이라고 했다. 임금이 백성을 위하는 정치를 펼쳐 백성의 의식주 생활을 풍족하게 하라는 뜻으로 해석되는데, 사실을 말하자면 일반 백성이 임금으로 대표되는 지배층을 먹여 살리고 있었다고 봐야 한다. 강압과 위력으로 탈취에 가까운 수탈을 저지르면서도 성인의 도를 읊고, 백성을 먹여 살린다는 왕도를 논하는 조선의 사림. 하지만 실제의 조선사회는 그들이 신봉하는 유교경전이 뒤집힌, 전복된 현실의 세계였다.

❖국가를 위한 가문은 없다

1908년 1월, '13도 의병연합부대'는 한양 진격작전을 펼치고 있었다. 일본군이 장악하고 있는 한양을 탈환하기 위해 전국에서 일어난 1만여 명의 의병이 경기도 양주 지역에 집결했다. 의병총대장은 이인영李麟榮 (1868~1909)이었다. 수년 전부터 의병활동을 벌여온 이인영은 학식과 덕을 겸비한 유학자로 많은 문인의 존경을 받고 있었다. 의병은 양반 유생과 농민, 해산 군인, 상민, 수공업자 등 그 계층이 매우 다양했다. 지난 해 일본에 의해 군대가 강제로 해산되면서 이들 해산 군인이 의병에 가담해 전력이 강화된 상태였다. 그 어느 때보다 기세가 충천했고 한양 진압작전의 성공 가능성도 높아 보였다.

의병은 한양 동대문 밖 30리 지점까지 진출해 일본군과 전투를 벌였고, 지방에서도 의병이 속속 올라오고 있었다. 의병연합부대는 진용을 재정비하며 총공격의 기회를 엿보고 있었다. 그런데 뜻하지 않은 변수가 발생했다. 의병총대장 이인영이 부친의 사망 소식을 접하고 급히 귀가를 서두른 것이다. 이인영은 전투보다 부친의 상례喪禮를 택해 의병총대장직을 사임하고 진중을 떠났다. 서울 진격은 계획대로 감행했지만 뜻을 이루지 못했고, 이후 의병은 전국으로 흩어졌다.

뒷날 이인영은 나라의 존망이 걸린 위기 상황에서 부친상을 이유로 전쟁터를 떠난 이유에 대해 이렇게 말했다고 한다. "부모의 상을 치르는 것은 나라가 정한 규범인데 이를 행하지 않으면 불효를 저지르는 것이다. 부모에 효도하지 않는 자는 금수와 같으며, 금수는 신하가 될 수 없다. 이렇게 하는 것이 바로 불충不忠이다." 간단히 말해 '불효는 곧 불충'이라는 논리다. 유학자에게는 효가 충에 앞서는 행위규범이었다.

조선 지배층의 사고와 행위를 규정하는 근본은 가족원리였다. 조선의 통치 이념인 유학 자체가 혈연의 의미를 절대화하고 이로부터 사회조직과 사회적 행위의 원리를 이끌어내는 속성을 지녔다. 이에 근거해 모든 사회관계를 부자父子관계에서 전이되고 확대된 것으로 보았다. 국가의 기초를 가家에 두었으며, 가장이 집안 문제를 처리하는 방식을 원용해 이를 국가 통치의 원리로 삼았다. 국가는 일종의 확대된 가족이었다. 『논어』에서도 "가족 내 효제孝悌의 원리를 정치에 나타낸 것이 곧 정치를 행하는 것"이라 했다. 이 효는 조선시대에 나라를 운영하는 핵심 방책으로 자리 잡는다. 효를 행하고, 사회 전체에 효의 원리가 널리 퍼지면 이로써 나라도 제대로 운영된다고 본 것이다.

이런 전제 아래에서는 효와 충이 충돌할 때 효가 우선한다. 실제로 사람은 대부분 이 원칙을 충실히 따랐다. 이인영 또한, 망국을 막기 위해 떨쳐 일어났지만 효라는 가치 앞에서 이를 뒷전으로 미뤄둬야 했다. 충보다 효를, 나라보다 가족과 가문을 중시하는 태도가 극대화될 경우는 결과적으로 나라에 해를 끼치는 결과를 가져오기도 한다. 임진전쟁 때 노비를 군인으로 모집하자 양반들은 자기 소유의 노비를 군대에 보내지 않기 위해 갖은 수단을 다했다고 한다.

부자관계를 중심으로 한 친족관계가 조선사회의 조직원리로 작동하면서 관직은 자신의 영달과 가문의 위상을 높이는 수단이 됐다. 공公과 사私에 대한 구분이 모호해지고, 가족이나 가문의 이익을 위해 나라에 속한 인력과 물자를 동원하기도 했다. 16세기 후반기에 이조 참판을 지낸 미암眉巖 유희춘柳希春(1513~1577)의 경우, 자신의 논에 물을 끌어들이기 위해 하천에 둑을 쌓으면서 지방의 군사를 활용한다. 유희춘의 청탁으로 담양 부사가 관개시설 축조에 필요한 인력을 보내고, 공사 지휘는 유희춘 집안의 사람이 맡는 방식이었다.

담양부에서 세 면面의 군사를 보내줄 문서를 발급해왔다. 태곡에서 75명, 답곡에서 79명, 가마실에서 138명으로 나흘 동안 나누어서 일을 시킬 수 있다고 한다.

—유희춘, 『미암일기眉巖日記』(1569. 10. 20)

관개시설을 축조하면 이웃마을에까지 혜택이 미친다는 명분까지 확보됐으니, 겉으로 보아서는 권세를 앞세운 청탁이라고 함부로 단정하기 어려운 상태였다.

공公을 위한다는 구실을 내세우지만 실은 사욕 채우기에 바쁜 조선시대 관리들의 작태는 특정 개인의 문제가 아니라 양반 관료사회 전체에 만연한 고질적인 병폐였다. 관료들은 관청의 공공 물품을 개인의 것으로 손쉽게 전용했다. 심지어 관원이 아닌 세력가가 관청의 물품을 당당하게 요구해 가족의 일상용품으로 사용하기도 했다.

언제 어디에서든 나라와 임금과 충을 내세웠지만 그것은 자신의 언행을 합리화하는 구실일 경우가 많았다. 家가 보전된 이후에야 나라와 군주가 있었다. 중국의 근대사상가이자 개혁가인 량치차오梁啓超(1873~1929)는 국가의식이 미약한 이런 조선 지배층을 신랄한 어조로 비판하며, 이를 조선 망국의 한 요인으로 꼽았다.

한국 인민은 양반 관리들을 마치 호랑이처럼 두려워하여 미천한 관직이라도 더없는 영광으로 여겼다. 조정에 벼슬하는 자는 오직 사당私黨을 키워 서로 끌어주고 서로 밀치며, 자기 자신만 알고 국가가 있음은 몰랐다.

—량치차오, 『량치차오, 조선의 망국을 기록하다』

국가의식이 무딘 조선 지배층의 작태는 결국 조선의 마지막 날을 화려하게 장식했다. 1910년 8월 22일, 일본 정부는 병합늑약을 그달 25일에 공포하기로 결정했다. 그런데 대한제국 정부에서 조약 공포를 나흘 뒤인 29일로 연기해달라고 요청했다. 그달 28일에 '대한제국 황제 즉위 3주년 축하기념식'과 연회를 치른 뒤에 발표하기를 청한 것이다.

이날(28일) 대연회에 신하들이 몰려들어 평상시처럼 즐겼으며, 일본 통감 역시 외국 사신의 예에 따라 그 사이에서 축하하고 기뻐했다. 세계 각국의 무릇 혈기 있는 자들은 한국 군신들의 달관한 모습에 놀라지 않을 수가 없었다.

—량치차오, 『량치차오, 조선의 망국을 기록하다』

내일 500년 넘게 이어온 자신들의 나라가 끝나는데, 오늘 기념 연회를 열고 즐긴 대한제국의 대신들. 량치차오는 이 어이없는 행태를 조선 지배층의 사대주의와 국가의식 부재가 낳은 서글픈 에피소드로 기록해놓았다.

❖공론, 그들만의 성城

1565년 음력 8월 25일, 이날도 광화문 앞 큰길은 선비들의 울분으로 가득 찼다. 대궐을 향해 무릎을 꿇은 선비들의 어깨에 결연함이 실리고 얼굴에는 노기가 서렸다. 전국에서 올라온 유생들이 상소를 올리는 중이었다. 하루도 쉬지 않고 22일째 계속되는 상소였다.

경상도 유생인 김우굉 등이 보우普雨를 죽이라고 상소하였으나 윤허하지 않았다. 청홍도(충청도) 유생인 진사 박춘원 등이 보우를 죽이라고 상소하였으나 윤허하지 않았다.

—『명종실록』 31권, 명종 20년(1565) 8월 25일

불교중흥정책을 주도해온 승려 보우(1509~1565)를 사형에 처해달라는 상소였다. 보우는 명종의 어머니인 문정왕후의 후원에 힘입어 선교禪敎 양종을 부활시키고 과거제도에 승과僧科를 두게 했다. 나라에서 공인하는 300여 개의 사찰도 지정하게 했다. 유생들 입장에선 조선 건국 이래의 숭유배불은 물론 유교국가 조선의 근간이 흔들리는 것이나 다름없었다. 이런 위기의식 아래 보우 처형과 억불정책이라는 전국 유생의 의견을 모았고, 이를 시행해달라고 임금에게 의사를 전달한 것이다.

이처럼 다수의 합치된 의견이나 많은 사람이 옳다고 인정하는 논의를 공론이라 했다. 이는 다수 사림의 의사를 모으거나 지지를 얻는 과정으로 양반사회에서 일종의 공인을 받는 절차였다. 조선은 이 공론 형성을 보장하고 이를 정책에 반영시키는 공론정치를 표방했다. 공론은 관직자들이 형성하는 재조공론과 관직을 갖지 않은 유생이 형성하는 재야공론으로 크게 구분됐다. 재조공론을 일으키는 대표적인 기관은 사간원·사헌부·홍문관으로 구성된 삼사三司이며, 재야공론은 대개 상소를 통해 전달됐다.

공론정치는 군주 개인이나 힘 있는 소수 권세가의 독단을 막고 되도록 다양한 의견을 수렴한다는 취지를 내세웠다. 때로는 왕권을 견제하고, 때로는 특정 당파의 전횡을 막아 정치권력의 균형을 유도하고자 했다. 또한 공론정치는 정치 참여층의 확대를 꾀했다. 지방에 거주하는 유학자와 산림처사, 성균관·향교·서원의 유생 등 좀더 넓은 양반층이 공론 형성을 통해 정치에 참여할 수 있도록 했다. 일종의 여론정치라 할 수 있었다. 군주의 입장에선 소수 권력집단이 아닌 다수의 공론에 의존해 왕권을 보장받을 수 있다는 이점이 있었다.

16세기 이후 사림정치가 자리를 잡아가면서 향촌사림은 공론 형성의 한 축으로 승인됐다. 국왕 또한 이를 인정했다.

임금이 말했다. "유생이 조정의 시비를 논의하는 것은 또한 조정에 올바르지 않은 일이 있기 때문이다. 그러므로 곳곳에 공론이 있는데, 어떻게 그 공론을 막겠으며 어떻게 그 공론을 말한 자를 죄주겠는가."

—『중종실록』 23권, 중종 10년(1515년) 9월 5일

사림은 공론결집 과정을 통해 개인 간의 친분을 높였고, 각 문중은 상호부조의 관계를 돈독히 할 수 있었다. 지배층으로서의 사회적 위세를 드러내고 일반 백성에 대한 사림의 도덕적 우위를 확인해나갔다. 더구나 사림은 이 공론정치의 이상을 내세워 지배의 정당성까지 확보할 수 있었다. 자신들을 백성 다수의 의견인 인심人心을 포괄하는 공론의 구현자로 자처함으로써 사림에 의한 통치와 지배가 합당하다는 논리를 폈다.

하지만 실제로는 일반 백성의 의사까지 포함하기보다 유학 소양을 갖춘 양반유생의 의견이나 논의에 한정되기 마련이었다. 지배층 내에서만 의견 조율을 거친 계급공론에 머물 뿐이었으며, 오히려 평민이나 하층민의 의사가 무시되거나 왜곡되는 경우가 더 많았다. 공론정치는 결국 양반들만의 협의체, 그들만의 리그이자 그들만의 세상을 위한 편향된 여론정치였다. 이처럼 조선의 공론정치는 대동사회를 향하지 못

했다. 공론으로 민의를 대변한다고 했지만 그것은 자신들의 의사를 관철시키기 위한 구실을 마련하려는 포장에 지나지 않았다. 공론은 지배층의 결집과 정체성 확보를 위한 방안이었으며, 나아가 하나의 지배도구였던 셈이다.

공론정치의 외연을 '지배층 내에서의 공론'이라고 보아도 문제가 없는 건 아니었다. 공론은 권력 다툼의 무기이기도 했다. 사림 붕당정치가 구조화되면서 붕당은 공론의 최종 수렴처가 되었다. 특정 당파가 재야 공론세력과 연합해 명분과 지지 기반을 확보했다. 경우에 따라선 붕당이 공론 조작에 나서기도 했다. 여론을 만들어내기 위해 상소를 주도할 인물을 선정하고 다수의 유생을 모아 상소를 올리게 했다. 공론이라는 껍질을 두른 당파의 사견私見, 이는 사림 집권기인 선조(재위 1567~1608) 때부터 본격화되어 이후 조선사회의 정치 관행으로 자리 잡았다. 공론을 내세운 붕당의 힘과 권위는 더욱 커져갔다. 이런 배경 아래, 왕을 정점으로 한 계층조직에 기초해 권력구조의 외형이 형성됐지만 조선의 사림은 자신이 속한 붕당의 지도자나 집단의 실세에게 더 충성을 바치기도 했다.

유리한 공론을 형성하기 위해 혈연, 지연, 학연이 모두 동원됐다. 이와 함께, 그나마 보장되던 지배계층 내의 공공성마저 점차 퇴색됐다. 법보다 연줄이, 도리보다 인정이, 공익보다 사익이 힘을 발휘했다. 결국 조선 지배층이 주창한 공론정치의 속내는 다수의 의사로 위장된 음험한 욕망의 실현과 끝 모를 이익의 철저한 확보에 있었다. 세대를 거듭할수록 변절과 부패는 깊어갔고, 이는 19세기 말 조선을 방문한 국외자의 시선에도 어김없이 잡혀들었다.

몇 년 동안 조선을 망신시켜온 정치적 당파 싸움은 결코 원칙에 대한 다툼이 아니었고 자신들의 식솔에게 공직과 돈을 제공할 수 있는 지위를 획득하기 위한 싸움이었다. 고위 관리들이 함께 일하는 것을 막는 것도 부분적으로 자신의 동료들보다 더 많은 영향력을 왕에게 행사하고 싶은 대신들의 욕구 때문이다.

—이사벨라 버드 비숍, 『조선과 그 이웃나라들』

❖위선과 이중성

성종成宗(재위 1469~1494) 말년인 1491년 3월 하순, 경연이 끝난 자리에서 국정에 대한 논의가 이어졌다. 경서 강의와 논평을 맡은 사경司經 김일손金馹孫(1464~1498)이 지중추부사 김종직金宗直(1431~1492)을 예우해달라는 의사를 전했다. 김일손은 영남사림파의 영수인 김종직의 제자였다.

김일손이 아뢰었다. "대신을 높이고 예로 대우하는 것은 왕정에서 중시해야 하는 일입니다. (…) 지중추부사 김종직이 병 때문에 휴가를 받아 가마를 타고 고향으로 돌아가려고 하는데 집안이 가난하여 부리는 종이 없으므로 가마 메고 갈 사람을 준비하지 못했습니다." 그러자 임금이 답했다. "그대의 말이 없었더라면 김종직이 떠나는데 길이 험하여 가기 어렵다는 사실을 어떻게 알 수 있었겠는가? 군사를 내어 전송하는 것이 마땅하다."

—『성종실록』 251권, 성종 22년(1491) 3월 21일

이 무렵은 성종 대 후반에 정계에 진출한 사림이 기득권 세력인 훈구파의 비리를 비판하며 세력 기반을 다져가는 중이었다. 사림을 대표하는 김종직에 대한 이날의 예우 요청은 사림의 위상을 높이려는 것이기도 했다.

그런데, "김종직이 가난하다"는 김일손의 언명은 사실과 달랐다. 김종직은 출신지인 밀양뿐 아니라 선산과 금산 지역에도 많은 토지를 보유했으며, 가내노비는 물론 외거노비까지 두고 있었다. 김일손의 발언은 좋게 보면 스승에 대해 예의를 갖추려는 표현이겠지만, 훈구파와 대립하던 당시 정세를 고려하면 이는 정치적 발언으로 비칠 가능성이 높았다. 많은 토지와 노비를 보유한 훈구파에 비해 그렇지 못한 사림이라는 구도가 만들어지고, 이 양극 구도는 사림파가 훈구파의 축재와 전횡을 정당하게 공격할 수 있는 정치적 배경이 될 수 있었다. 축재의 훈구파는 비도덕적 인물이며, 청빈한 사림은 도덕적 인물이라는 선악의 이미지까지 형성 가능했다. 결국 사림과 훈구의 다툼은 선과 악의 대립으로 짜이고, 사림은 도덕 헤게모니와 함께 권력 쟁취를 위한 대의명분을 과시할 수 있게 된다.

'청빈한 사림과 축재자 훈구'라는 왜곡된 선악구도는 오늘날까지도

큰 위력을 발휘하고 있다. 흔히 선비의 대표적인 이미지로 청빈과 안빈낙도를 꼽는데, 이는 가진 자의 정신적 허세일 경우가 많았다. 조선의 선비는 대개 먹고 살 걱정이 없는 지주 계층에 속했다. 선비들이 시가詩歌로 읊곤 했던 청빈과 안빈낙도는 재력가이면서 속세에 초탈한 사람처럼 자신을 위장해 돋보이게 하려는 위선에 지나지 않았던 것이다. 실제로 청렴한 관직생활을 한 사람은 극히 소수였다. 이들은 심지어 유배길에서도 넘치는 풍요를 기꺼이 즐기기도 했다. 유배길에서 관리와 부호가 챙겨준 물건을 싣고 가던 말이 무게를 이기지 못해 넘어졌다는 일화도 전해오며, 어느 전직 고관은 유배길 곳곳에서 기생 접대를 받았다고 한다.

사림의 위선과 이중적 태도는 법 집행에서도 드러난다.

형조에서 죄인을 조사한 뒤 아뢰었다. "흥해에 사는 백정 박오을미朴吾乙未는 사노私奴인 양봉良奉과 더불어 소를 도살한 죄를 지었습니다. 박오을미는 『대전大典』에 의해 추분이나 춘분에 교수형에 처하고, 그 처와 자식은 임금이 내린 교명敎命에 의해 변방 고을의 노비로 삼아야 합니다. 양봉은 장杖 100대를 치고 도성에서 3000리 떨어진 곳으로 유배 보내고 자자刺字하는 죄를 내려야 합니다."

—『성종실록』 11권, 성종 2년(1471년) 7월 16일

조선시대에는 소의 도살을 금지한 우금령牛禁令을 어길 경우 혹독한 처벌을 받아야 했다. 목을 매달아 죽이는 교형에 처해지거나 때로는

먹물로 살갗에 죄명을 찍어 넣는 자자형이 떨어졌다. 농업사회인 조선에선 농사짓는 데 소가 반드시 필요했기에 우금령은 그만큼 엄격하게 적용됐다.

하지만 실제 법 집행을 살펴보면 계층에 따라 차별이 심했다. 하층민에게는 법에 따른 철저한 집행이 이뤄졌지만 양반에게는 매우 느슨하게 적용되거나, 아예 벌을 받지 않은 경우도 많았다. 양반은 우금령이라는 법령의 바깥에 놓인 특별한 존재였다. 자기들끼리 소고기를 선물로 자주 주고받았으며, 심지어 옥에 갇힌 사대부가 소고기 반찬으로 식사를 하기도 했다.

이러한 이중잣대는 정치판에서도 쉽게 찾아볼 수 있었다. 임금에게는 경연과 상소를 통해 왕도사상에 따른 수신을 강조하면서도 정작 사림은 정쟁을 일삼고 자기수양을 등한시했다.

16세기 전반기 사림과 훈구의 권력다툼에서도 이중잣대가 동원됐다. 당시 사림은 훈구파를 이익과 명성을 좇는 소인배로 몰아붙였는데, 이럴 경우 자신들은 덕德과 인仁을 실천하는 군자의 자리에 서게 된다. 하지만 실상을 보면 사림파도 정치도덕에 있어서 그리 떳떳하지 못했다. 관리 등용제도인 현량과賢良科 합격자의 출신 성분이 이를 증명한다. 조광조를 위시한 사림이 시행한 현량과는 기존의 문란한 인재 등용제도를 일신하기 위해 인재를 천거하고 이들을 심사해 관리로 등용하는 제도였다. 하지만 현량과 합격자 28명 중 대부분이 조광조가 이끄는 사림 세력의 일원이었다. 더구나 사림에 우호적인 대신의 아들 셋이 모두 현량과에 급제했는데, 이는 당시에 이미 사림이 당파성에

젖어 있었음을 드러내준다.[4] 이처럼 사림은 '군자와 소인'이라는 도덕 잣대를 자신들과 훈구파에 서로 달리 적용했다. 사림이 말하는 도덕은 어떤 경우에는 정적 음해의 수단이었고, 어떤 때는 악행을 덮고 명분을 높이는 정치 도구가 됐다.

❖진짜 사림과 가짜 사림

이이는 진짜 선비眞儒와 속된 선비俗儒를 엄격히 구분했다. 진짜 선비란 정치에 나아가면 한 시대의 도道를 행하여 온 백성이 태평을 누리게 하고, 관직에서 물러나면 내내 교화를 베풀어 배우는 이들을 각성시키는 사람이라 했다. 또한 진짜 선비는 의義를 좋아하고 속된 선비는 이利를 좇는 무리라 보았다. 오늘날에도 선비라고 하면 수신과 학식, 청빈과 예의, 의리와 지조, 원칙과 순수 같은 말을 흔히 떠올린다.

그런데, 이런 선비의 이미지에 충실한 사림이 과연 몇이나 되었을까? 오히려 대부분의 사림은 이익과 권력을 추구하는 속된 선비가 아니었나? 도리와 의리보다 탐욕과 수탈을 자행하고, 나라와 백성보다는 혈연과 가문을 앞세우고, 끊임없이 지배의 정당성을 확보하며 자기들만의 세상을 만들어나가던 그들은 속된 선비, 곧 가짜 선비에 지나지 않았다.

또한 사림은 윤리적으로 심각한 불균형에 빠져 있었다. 자신들이 선택한 가치와 이념을 지키려는 신념윤리에는 철저했지만, 이로 인한 그

롯된 행위와 결과를 보듬어 안는 책임윤리에는 무디었다. 향촌에 거주하며 학연과 혈연, 지연으로 중앙정치를 좌우한 조선 중·후기의 산림정치山林政治 형태가 그러했다. 산림은 고결하고 순수한 이미지로 권력을 누리면서도 그에 따르는 책임은 피할 수 있었다. 수많은 백성이 죽고 절반이 넘는 경작지가 파괴된 임진전쟁에 대해서도 사림은 책임 있는 행적을 보이지 않았다. 오히려 전쟁을 천하의 의義를 지키기 위한 불가피한 전쟁으로 미화했다. 명나라로 진출하려는 일본군의 진격을 지연시킴으로써 천명을 받은 명나라 황제에게 충성을 다했으니 대의를 실천했다는 것이다.

하지만, 사림은 끝내 '참된 천하대의'에는 가닿지 못했다. 사림은 신의信義, 도의道義, 충의忠義, 절의節義를 올바르고 마땅한 의로 드높이며, 이를 따르는 언행을 극구 칭송했다. 하지만 그 의義 너머에 있는 천하대의인 온 백성을 위한 의리는 외면했다. "나라는 백성에 의지하고, 왕은 백성을 하늘로 삼아야 한다"며 그토록 백성을 외쳤으면서도 두 발은 자신의 이익과 욕망에 영합하는 가짜 선비의 길을 걸었다. 극히 소수의 진짜 사림에 기대어 긍정의 시선을 두더라도, 조선의 사림은 겨우 양반 지배질서 유지를 위해 삼강오륜의 의를 지향했을 뿐이다. 이들 또한 백성 편에 선 참된 군자와는 거리가 있었다.

사림에게 백성은 지배질서 유지에 필요한 인력에 지나지 않았다. 백성이 일하지 않으면 사림은 굶어야 하고, 백성이 생산하는 물자 없이는 사회를 지탱할 수 없었다. 그래서 사림이 원하는 나라에는 일하는 백성, 말 잘 듣는 백성이 필요했고, 그런 한에서만 백성이 나라의 근본이었다. 백성을 하늘로 삼아야 한다는 다소 거창한 수식어를 걷어내면 백성은 사림의 나라를 지탱하는 인력이었다. "백성이 오직 나라의 근본이니, 근본이 튼튼해야 나라가 평안하다"는 『서경書經』의 구절 또한 이런 사실을 잘 알고 있었던 지배층의 속내를 다소 모호하게 처리한 선전문구에 지나지 않았다. 이것이 조선 사림이 그토록 외쳤던 '민본사상'의 적나라한 실체다.

그런데도 오래도록 조선의 사림에 대한 초상은 은근한 빛남으로 가득했다. 공론정치와 대동사회, 예치와 교화로 왕도를 지향하는 나라, 인의예지의 삶과 인간관계, 절개와 의리를 내면화한 군자. 이는 조선 지배층의 정치 이념을 채우는 속살이자 지배의 명분을 빛내는 이미지였다. 하지만, 그 엄숙하고 찬란한 빛 아래 조선의 현실은 어둡게 흘러갔다.

그리고 오늘 우리에게 조선은, 조선의 지배층은 무엇으로 남아 있는가? 물질에 초연하고, 철저한 자기수양으로 인과 덕을 갖추고, 의리와 충절로 언제든 목숨을 버릴 수 있고, 대의를 위해 자신을 온전히 내모는 인간. 그런 선비의 이미지와 같은 엄숙하고 찬란한 빛만이 오늘 우리의 시선을 채우는 것은 아닌가? 만일 그러하다면 조선의 지배층은 또 한 번 역사의 승자이리라. 권력투쟁에서 승리한 '500년 지배자'를 뛰어넘어, 그 지배가 가져온 참상을 자신들의 후예에게도 이토록 오래도록 숨겨온 당당한 '역사의 지배자'로서 말이다.

2부
그들은 어떻게 500년 최장기 지배자가 되었나?

|에피소드|

❖선물과 연줄

미암 유희춘은 16세기 중후반에 고위 관직을 지낸 문인관료다. 대사성
과 전라도관찰사를 거쳐 예조참판과 공조참판을 지냈고, 이조참판을
끝으로 관직생활을 그만두고 낙향했다. 유희춘은 고위 관직에 오르기
전인 1547년(명종 2년)에 정파 싸움에 휘말려 제주도와 함경도 종성을
오가며 20년에 걸친 유배생활을 해야 했다. 1567년 선조가 즉위하면
서 귀양살이에서 풀려났고, 이후에는 관료와 학자로서 탄탄대로의 삶
을 살았다.

　유희춘은 관직에 복귀하던 1567년부터 사망하던 해인 1577년까지
의 생활과 사회정치상을 기록한 『미암일기』를 남겼다. 고향인 전라도
해남과 처가가 있는 담양에 경제적 기반을 가지고 있었던 유희춘은 이
두 지역과 한양을 오가며 생활했는데, 『미암일기』도 담양과 해남, 한양

을 공간 축으로 기록됐다. 일기는 부부생활과 집수리, 혼례 풍습, 집안 잔치 등의 일상생활에서부터 왕실과 정국의 동향, 사신 접대, 관직 복무에 이르기까지 매우 폭넓은 내용을 담고 있다. 그중에서도 당시 양반가의 수입원을 알려주는 기록이 남아 있어 눈길을 끈다.

> 담양의 향리 전억명이 부인의 편지를 가지고 왔다. 감사가 벼 20섬을 보내주었는데, 송순이 장흥 조희문에게 알려 능성까지 운반해주고 능성현감 소해가 담양까지 운반해주었다고 한다. 또 송순이 쌀 10말을 보내준 덕택에 집안 형편이 조금 풀렸다고 한다.
>
> —유희춘, 『미암일기』(1569. 6. 28)

담양의 관리와 지인이 본처가 있는 담양의 본가에 식량을 보냈다는 기록이다. 심지어 해남의 관리는 유희춘의 첩에게도 식량과 물자를 보내주었다.

> 해남의 관노비가 첩의 편지를 가지고 왔다. 병사 변협이 새 집 짓는 데 필요한 못을 보내고, 쌀과 콩도 1섬씩 보내줬다고 한다.
>
> —유희춘, 『미암일기』(1568. 10. 5)

지방관리가 보낸 식량과 물자는 조선시대 고위관료의 주된 수입원 중 하나였다. 이런 물품을 '사람이 먹고 살 수 있는 온갖 것'이란 뜻의 식물食物이라 했으며, '인정人情과 예의에 따라 주고받는 물건'이라 해 선물膳物이라 규정하기도 한다. 이 선물은 당시 양반관료의 생활을 유지하게 하는 물질적 기반 중 하나였다.

지방관이 보내는 물자는 지방관 개인의 재산이 아니라 관아에서 세금으로 거둬들인 공적 재원이었다. 지방관은 이를 친분이 있는 사람에게 생활물자로 제공했으며, 때로는 자신과 가족의 생활에 필요한 물자로 사용했다. 족보나 가문의 문집 편찬 같은 사적인 일에도 공적 재원을 활용했다. 이를 위해 비공식적인 세금을 추가해 수취하기도 했다.

조선시대의 선물 행위는 양반관료층에 넓게 퍼진 일종의 관행이었다. 『미암일기』에 기록된 사례를 보면, 유희춘은 지방관과 동료 관인, 지인, 친인척으로부터 약 10년 동안 모두 2855회에 걸쳐 선물을 받았다. 이는 생계는 물론 재산 증식까지도 가능한 규모였다. 영향력을 가진 관료의 경우 거의 예외 없이 이런 선물에 기대 살림을 꾸려나갔다. 심지어 유배지에서 선물을 받는 경우도 있었다. 16세기 전반기에 사간원 정언과 승정원 승지를 지낸 이문건李文楗(1494~1567)은 을사사화에 연루돼 경상도 성주에 유배됐는데, 이곳에서 사용하고 남은 선물을 본가에 보내기도 했다. 유배에서 풀려나 조정에 등용될 경우를 대비해 지방의 관리와 지인들이 보낸 물품이었다.

조선시대의 이런 선물은 외형상으론 자발적인 형태를 취했지만 실상은 이해관계를 바탕으로 이루어지는 철저한 거래였다. 선물을 주는 사람에게는 나중에 되돌려 받을 경우를 상정한 투자 행위에 가까웠다. 이들은 당장 청탁할 일이 없더라도 평소 기회 있을 때마다 선물을 매개로 유력자와 관계를 유지해 곤란할 경우를 대비했다. 받는 사람에게는 기한과 그 양이 명확하게 정해지지 않았을 뿐, 물품이든 관직생활의 편의로든, 어떻게든 갚아야 할 빚이었다.

이러한 '선물 주고받음'은 양반사회의 학맥·혼맥·지연 등의 연줄과 관직 관계망을 통해 이뤄졌다. 실제로 양반관료층은 여러 연줄을 통해 폭넓은 관계망을 형성하고 있었다. 유희춘의 경우 관료이자 학자인 김인후金麟厚(1510~1560)와 사돈 관계였다. 이기론理氣論을 두고 이황과 10여 년에 걸쳐 논쟁을 벌인 기대승奇大升(1527~1572)과는 같은 관서에 근무하며 학문을 토론하는 사이였으며, 담양의 본처에게 곡식을 보낸 사실에서도 드러나듯 시가문학의 대가인 송순宋純(1493~1583)과도 가까운 사이였다. 이밖에도 학문과 정치에서 일가를 이루고 한 시대를 풍미한 이이(1536~1584), 허준許浚(1539~1615), 정철鄭澈(1536~1593) 등과도 교유 관계를 맺고 있었다.

선물 행위는 이런 연줄을 더욱 강화하는 계기가 됐다. 경제적 호혜 관계를 통해 양반들 간의 관계가 한층 돈독하게 유지됐으며, 이에 따라 지배층의 결속이 훨씬 단단해졌다. 이런 경제 관계에서 벗어난다는 것은 지배계층에서 탈락되는 것이나 마찬가지였다. 선물 행위는 지배층의 관계망을 유지하게 하는 일종의 비공식적 제도로 자리 잡고 있었던 셈이다. 양반 지배체제가 형성되면서 관계망을 유지하고 확장하기 위해 선물이라는 이름으로 물품을 주고받는 일은 관행으로 자리 잡아 갔다.

❖연대와 유교화

개인 차원을 넘어 제도적 차원에서도 양반은 강력한 관계망을 가졌다. 수령을 보좌하는 자문기관이자 향촌자치기구인 유향소, 풍속 교정과 향촌질서의 안정을 도모하는 향약, 교육과 선현제향先賢祭享을 담당한 서원 등을 통해 양반층의 사회적 결집을 이루었다. 다른 계층은 자신들의 커뮤니티에서 철저히 배제했으며, 그들을 가르치고 이끌어주어야 할 불완전한 존재로 격하시켰다. 신분에 사농공상士農工商이라는 직분을 연결해 여타 계층의 예속과 불평등을 선천적으로 확보하고, 자신들은 사회 전반에 걸쳐 온갖 특권과 특혜를 누렸다.

무엇보다 양반은 유학이라는 사상과 가치를 공유하는 하나의 문화 공동체를 형성했다. 양반들은 계층 내에서 보면 서로 경쟁자이지만 사회 전체라는 맥락에서 보면 같은 목적과 이익을 추구하는 동반자였다. 이런 배경에서 양반은 관직이나 가문, 지역을 떠나 서로를 예우했으며 서로의 이익을 보호하고 지켜주었다. 양반층의 관심과 이익을 뒷받침하는 유학이라는 이념을 기치로 자신들만의 사회문화적 연대를 유지하며 견고한 지배체제를 쌓아올렸다.

양반층은 지배체제가 위협을 받을 경우에는 더욱 강한 결집력을 보였다. 지배층에 도전하는 세력은 철저히 탄압하고 제거했다. 양반층은 국운이 쇠하던 19세기에 왕조의 민란 제압을 지원했으며 1894년에 일어난 동학농민항쟁에도 진압군으로 참가해 전과를 올렸다. 뒷날 조선을 위해 이토 히로부미를 암살한 안중근도 그의 부친과 함께 동학농민군 진압에 나섰다.

지난 날(1894년) 청일전쟁을 보더라도, 그 전쟁은 그때 조선국의 서절배
鼠竊輩(좀도둑) 동학당東學黨이 소요를 일으킴으로 인해서 청·일 양국이
함께 병력을 동원해 건너와서 무단히 싸움을 일으키고 서로 충돌한 전
쟁이었다.

—안중근, 「동양평화론」

안중근은 동학농민군을 '조선의 좀도둑'이라 표현하며 폭도로 규정
했다. 양반이자 부유층에 속했던 그에겐 백성의 고통을 줄이고 불합리
한 사회제도를 개혁하는 일보다 기득권을 보장하는 왕조체제 유지가
우선이었던 것이다.

심지어 조선의 양반은 영속적 지배를 위해 외세의 힘도 마다하지 않
았다. 동학농민항쟁 후반기에 이들은 일본군과 협력해 농민군을 죽이
고 저항을 억누른다. 양반에게 기존 지배질서 유지는 그 무엇에도 우
선하는 목표였던 것이다.

동학농민군 자체가 지배층이 확산시킨 유교 이념과 가치에서 전적
으로 벗어나지 못했다. 동학농민항쟁을 기존 체제를 무너뜨리고 새로
운 사회를 건설하려 한 투쟁으로 보기도 하지만 대부분의 농민군은 과
세와 토지제도의 개혁, 부패한 관리의 처벌을 요구했지 지배질서를 완
전히 뒤엎고 왕조체제를 타도하는 데 목표를 두지 않았다. 어찌 보면,
유학자들이 이상으로 내세운 이념과 가치의 참된 실행에 뜻을 두었는

지도 모른다. 그토록 오랜 기간 억눌리고 수탈당해왔으면서도 지배질서를 전면적으로 부정하지 못한 것은 바로 조선 지배층이 수백 년 걸쳐 행한 '조선사회 유교화'의 성과였다. 이념과 제도에 기반을 둔 양반 지배층의 강력한 결속과 연대, 이로써 견고해진 유교질서체제. 이는 조선왕조의 장기 존속을 가능케 한 핵심적 요인이었다.

조선 지배층은 나라 운영을 위한 장치로서 이데올로기를 생산하고 합법적 제도와 통치기구를 갖추었다. 또한 지배질서 존속을 위해 정치권력의 제도적 토대와 상징적 토대를 견고하게 다져갔다. 지식과 신분제도, 물질적 부를 지배의 자원으로 제때 제자리에 동원하는 데도 탁월한 능력을 보였다. 이러한 통치 아래 조선은 안정과 파열, 협력과 다툼, 특권과 배제, 존엄과 멸시, 베풂과 수탈, 예의와 잔혹, 합리와 모순, 의리와 위선이라는 극단을 내재시키며 영욕이 함께한 500년 시간을 달음질쳤다.

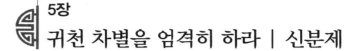

5장
귀천 차별을 엄격히 하라 | 신분제

❖조선의 양반, 아주 특별한 존재

즉위 5년째인 1780년, 정조는 가신 홍국영을 실각시키고 참신한 인물
을 중심으로 한 친정체제를 구축해가고 있었다. 정치세력의 추이를 살
피며 권력 기반을 다지고, 민생과 사회기강 확립에도 한층 관심을 기
울였다. 이즈음 한성부를 중심으로 절도와 사기, 조세범죄와 같은 경
제사범이 증가하고 있었다. 특히 위조사건이 크게 늘어나는 추세였다.

형조에서 아뢰었다. "어보御寶와 관인官印, 공명첩空名帖을 위조한 혐의를
가진 박성량, 이춘웅, 팽천수 등을 포도청에서 이송했습니다. 그리고 이
들을 심문해 범죄 사실을 자백받았습니다." 임금이 답했다. "위조한 공
문서 매매가 어지러울 정도로 횡행하는데, 그 행적을 따져보면 일시적인
가난 때문에 한 짓이 아니다. 이는 여러 해를 두고 몰래 쌓아놓고서 가

업으로 삼은 것이니 매우 흉악한 짓이다."

―『일성록日省錄』, 정조 4년(1780) 9월 14일

관공서 도장과 공문서 위조를 가업으로 삼는 사람들이 있을 정도로 위조 범죄가 기승을 부렸다. 특히 과거 합격증서인 홍패紅牌와 백패白牌, 죽은 사람에게 관직을 내리는 추증첩追贈帖과 같은 공문서 위조가 많았다. 재물을 납부하는 자에게 관직을 내려 신분을 상승시켜주는 납속책과 관련된 공명첩 위조도 늘어났다. 족보를 전문적으로 위조하는 장사꾼도 등장했다. 이 무렵 한성부 지역에서 발생한 경제범죄 중 거의 절반이 위조 범죄에 해당할 정도로 사태는 심각했다.

위조 범죄는 대체로 신분과 관련된 공문서에 집중되었다. 위조문서 수요자는 대부분 신분 상승을 꾀하는 이들이었다. 조선 후기 들어 납속책을 통한 신분 상승의 길이 열리자 재산을 가진 양인과 천민이 한편으론 위조문서를 이용해 양반이 되고자 했던 것이다. 당장 양반 계층으로 진입하지 못하더라도 과거 합격증이나 관직 임명장을 앞세워 국역을 면제받아 이로 인한 경제 부담을 줄일 수 있었으며 신분 상승의 바탕을 다질 수 있었다. 양반이 되고자 하는 욕망이 경제적 이익을 노린 위조 범죄와 만나 조선사회의 지배질서인 신분제를 흔들고 있었다. 백성 모두가 양반이 되고자 하는 열망의 표출, 이른바 '양반 되기' 열풍이 조선사회를 휩쓸고 있었다.

이 시기의 이런 욕망은 『흥부전』에서도 드러난다. 제비를 살려준 보상으로 흥부는 집과 세간, 오곡과 금은보화 같은 온갖 재물을 얻게 되는데, 그중엔 흥부를 모실 종과 첩도 들어 있었다. 마음씨 착한 흥부에 대한 보상으로 주어진 이 종과 첩은 조선 양반의 신분을 상징하는 존재였다. 당시 권세 있는 양반은 누구나 종과 첩을 거느렸으며, 이는 양반 신분의 특권으로 당연시되고 있었다. 누구나 양반이 되고 싶어했고, 양반 신분만큼 양반은 특별한 존재였다. 조선 후기엔 양반가의 분뇨까지 비싼 가격에 거래되었다고 한다. 잘 먹으니 분뇨에도 영양분이 많을 것이고, 귀한 몸이니 그 배설물 또한 좋을 것이란 짐작에서였다.

신분제 상하질서와 지배층으로서의 양반의 특권은 조선이 멸망할 때까지 변함없이 계속됐다.

조선은 귀족과 미천한 집안의 구분이 오늘날에 이르기까지 여전히 매우 엄격하다. 이른바 '양반'이라는 자들이 나라의 정치·사회·생계상의 세력을 모두 농단했다. 양반이 아니면 관리가 될 수 없고, 양반이 아니면 학업에 종사할 수 없으며, 양반이 아니면 사유재산도 안전하게 지킬 수 없다. 사실상 조선국 내에서 자유의지를 가진 자, 독립 인격을 가진 자는 오직 양반뿐이다. 그러니 양반은 모든 악의 근원이다. 저 양반이라는 자들은 모두 높이 받들어지고 넉넉한 곳에 처하며, 교만하고 방탕하여 일하지 않고, 오직 벼슬하는 것을 유일한 직업으로 삼았다. 다른 나라에서 관리를 두는 것은 국사를 다스리기 위함인데, 조선에서 관리를 두는 것은 오직 직업 없는 사람들을 봉양하기 위함이다.

—량치차오, 『량치차오, 조선의 망국을 기록하다』

양반은 관직 진출을 독점했다. 특히 최상층 관료인 당상관 이상의 관직은 대부분 소수의 권세 가문이 차지했으며, 갈수록 세습화 추세가 심했다. 관료 선발제도인 과거제는 양인에게도 개방돼 있었지만 문무 관료 진출 경로인 문과文科의 경우 실질적으로 양반이 거의 독점했다. 더구나 공을 세우거나 고관을 역임한 관료의 후손에게 벼슬을 주는 문음제도門蔭制度까지 존속시켰다.

양반은 지주제를 성립시켜 경제를 좌우했다. 공전公田인 과전科田과 군전軍田을 사전私田으로 만들고, 공신전과 별사전 등의 사전 확보를 통해 대규모 토지 소유자가 됐다. 군역을 공공연히 면제받았으며 나라에 노동력을 제공하는 요역徭役에서도 제외됐다. 이들은 형벌에서도 특권을 누렸다. 양반관료의 범죄를 다루는 의금부를 따로 두었으며, 형량 또한 신분에 따라 차등을 두었다. 양반은 반역죄 외에는 극형에 처해지는 경우가 드물었고, 일반 범죄의 경우 체형體刑을 받는 대신 속전贖錢을 내거나 노비로 대신할 수 있었다.

양반은 교육과 이념의 수혜자이자 창출자였다. 고등교육기관인 성균관 입학 자격을 제한하고 사학을 발전시켜 사실상 교육을 독점했다. 양반 신분질서를 정당화하는 유교 이념을 체계화하고 효율적인 통치를 위한 사상과 지식을 발전시켰다.

이런 양반층은 대체로 전체 인구의 10퍼센트 정도로 파악되며, 조선 후기 들어서도 인구의 15퍼센트를 넘지 않은 것으로 추정한다. 이 중에서도 큰 위세를 가진 핵심 세력은 5퍼센트 정도로 보고 있다. 1789년 프랑스대혁명 당시의 기득권 세력이 전체 인구의 2퍼센트였다는 점을 감안하면 조선 지배층의 규모와 이에 따른 지배체제의 안정성이 매우 높았다는 사실을 알 수 있다.

조선 후기에 양반이 급증해 인구의 60~70퍼센트에 달했다는 주장도 있지만 이는 호적에 등재된 유학幼學을 모두 양반으로 본 수치에 지나지 않는다. 관직을 갖지 않은 유생을 이르는 이 '유학'에는 서얼과 중인층을 비롯해 납속을 통해 직역을 개칭한 자와 족보 위조를 통해 양반 행세를 하는 자가 포함됐다. 자신을 유학이라 속이는 부유한 양인 농민도 이 범주에 들었다.

사회경제적 변화와 함께 양반층에 들어갈 수 있는 문이 넓어지고 양반 행세를 하는 사람이 이전에 비해 늘어난 것은 사실이었다. 하지만 사회 지배층으로서 권세를 가진 양반의 규모는 거의 변함이 없었다. 양반은 법적 개념이라기보다 일종의 합의된 사회의식이어서 타인의 '양반 인정'이 선행돼야 진짜 양반으로 행세할 수 있었다. 또한 양반은 개인이나 한 가정을 단위로 한 신분 개념이 아니라 가문이나 문중, 나아가 동족집단 차원의 신분 개념이었기 때문에 양반으로 행세하기 위해서는 상당한 사회 기반과 신분적 전통을 필요로 했다. 조선 전기에는 부父와 조祖, 외조外祖, 증조曾祖의 4조 안에 9품 이상의 관리를 배출해야만 양반으로 인정하는 풍조가 받아들여졌다. 양반 가문과의 혼인을 통한 사회관계망도 중시됐다. 조선 후기에 들어서는 학식이나 덕망이 높은 산림처사를 배출한 집안도 양반으로 대접받았다. 경제력은 양반이 되기 위한 기본 요건은 아니었지만 양반 지위를 유지하기 위해서는 반드시 필요했다. 상업행위와 축재를 도덕적으로 경시하는 유학사상에 따른 태도이지만, 한편으론 양반의 위세를 뒷받침하는 가장 든든한 받침대였다.

조선은 토지에 기반을 둔 양반이 지배하는 유교적 농업사회였다. 신분에 따른 차별과 억압이 정상으로 통용되던 위계적 사회였다. 직업과 제도, 문자생활에서 의식주 일상생활에 이르기까지 사회의 거의 모든 분야에 차별이 일상화돼 있었다. 양반이 될 수 있는 자원인 관직·과거제도·교육·토지·이념·도덕 등이 사실상 독점된, 세습적 성격이 짙고 배타성이 강한 신분제 사회였다.

상위계층은 사회적 의무의 부조리에 마비되어 있으며 아무런 일도 하지 않으며 일생을 보낸다. 중간계층에게는 출세의 길이 열려 있지 않다. 중간계층의 에너지를 전환시킬 수 있는 전문 직업은 존재하지 않는다. 하위계층의 사람들은 매우 충분한 이유들로 인해 '늑대가 대문 안으로 들어오는 것을 막을 수 있을 정도' 이상으로 열심히 일하지 않는다.

—이사벨라 버드 비숍, 『조선과 그 이웃나라들』

지배신분으로서의 양반층은 15세기와 16세기를 거치면서 확고하게 자리 잡은 것으로 보인다. 조선 초기에 크게 양인과 천민으로 구분된 양천제良賤制 신분제도가 지배층인 양반과 피지배층인 상민常民 간의 차별을 강화하는 반상제班常制로 변모했다. 상위계층인 양반을 정점으로 그 아래에 양반관료를 보좌하는 중인층, 세금을 내고 국역을 담당하는 일반 백성인 상민, 노비·광대·백정 등 최하층인 천민으로 이뤄지는 계층적 신분제가 성립됐다. 법제적으론 여전히 양천제가 유지됐지만 실제론 양반과 비양반 간의 지배와 피지배가 강화되고 영속화되는 반상제 사회로 변화해갔다.

조선사회는 신분상의 귀천이 혈통과 가문에 따라 크게 좌우되는 세습적 신분사회 성격이 강했다. 하지만 신라의 골품제도나 인도의 카스트처럼 혈통에 따라 신분이 고착되는 고정불변의 신분사회는 아니었다. 생득적인 신분으로 지배층을 형성한 일본의 무사에 비해서도 혈통에 의한 세습성은 약한 편이었다. 하지만 중국의 지배층인 사대부 계층과 비교하면 조선 양반이 좀더 폐쇄적이고 세습적인 성격이 강했다. 중국에서는 상인층에서 문과 급제자가 종종 나왔다. 조선과 달리 과거를 통한 하층민의 신분 상승 통로가 언제나 열려 있었던 것이다. 또한 중국 사대부의 지위는 기본적으로 본인에 한정되며 자손에게 세습할 수 없었다.[1] 이에 비해 조선은 최소한 증손자 대까지 그 신분을 유지했다. 후기 들어서는 세습성이 더 강화돼 조상 중에 고위관료나 학자적 명성을 쌓은 인물이 있으면 그 아래 후손은 대대로 양반 행세를 할 수 있었다.

법제화하지 않았지만 현실에서는 구속력이 강한 조선의 반상제는 500년 지배질서의 영속을 가능하게 한 주된 요인이었다. 양반을 법제적 신분으로 명확하게 규정하지 않고 중인과 상민에게 신분 상승의 가능성을 남겨둠으로써 신분 차별에 의한 갈등과 저항을 누그러뜨렸다. 그럼에도 실제로 신분 상승의 가능성은 극히 낮았기에 조선사회는 신분질서의 큰 흔들림 없이 지속될 수 있었다. 또한 지배신분의 세습을 법으로 정해놓지 않았기에 양반도 지배계층에서 탈락할 수 있다는 위기의식이 조성되어 지배층의 반체제화를 사전에 차단하는 효과를 거두었다. 법적으로는 양천제라는 신분제를 두어 다수가 평등하다는 명분을 얻는 한편, 관행적으로는 반상제를 통용시켜 양반 지배질서를 유지하고 강화하는 이중전략, 이것이 바로 조선 지배층이 밀어붙인 신분정책의 근간이었다. 같은 시기 세계 어느 나라보다 치밀하고 세련되며 효율적인 지배체제 유지 전략이었다 할 수 있다.

조선 후기에 몰아친 '양반되기 열풍'은 신분 상승의 가능성을 높여주었다. 그렇지만 누구나 양반이 될 수는 없었다. 조선 후기 실학자 정약용丁若鏞(1762~1836)은 모두 양반이 되면 신분에 의한 특권과 차별이 사라질 것이라 보았지만 한편으론 노비제도는 존속되어야 한다고 했다. 양반이 되고자 한 평민이든 양반지배층의 지식인이든 신분 특권을 없애고 상민과 천민계층의 권리를 확보하려는 사회 변혁운동에는 나서지 않았다. 대개가 양반층에 편승하거나 신분적 특권의 외연을 좀더 넓혀보려는 욕망에 충실했을 뿐이다. 그들이 꿈꾼 사회는 나만 양반이 되면 그만인 사회였다. 그렇지만, 양반이 지배하는 그 존엄과 품위의 사회는 멸시와 차별, 착취와 배제가 있어야 비로소 가능한 사회였다.

❖노비를 통제하라

대사헌 양성지梁誠之가 임금에게 글을 올렸다. "무릇 대가세족大家世族이

다시 대가세족이 되는 것은 노비를 소유했기 때문입니다. 이로써 내외와 상하의 분별이 있고 예의와 염치가 길러집니다. 기력氣力이 이루어지고, 우러러 따르는 명성과 덕망이 나타나는 것입니다."

—『세조실록』43권, 세조 13년(1467년) 8월 6일

사신史臣은 논한다. "이 나라가 개국한 뒤, 사천私賤의 소생으로서 사대부의 자녀가 아니면 몸값을 치르고 양민이 되는 것을 허용하지 않는 법을 제정했다. 이는 천인이 양민이 되는 길을 막은 것이니, 그 뜻이 어찌 없다고 하겠는가. 이 나라가 유지되고 귀천의 질서가 문란하지 않은 것은 이 자그마한 명분名分 때문이다."

—『명종실록』12권, 명종 6년(1551년) 9월 28일

조선의 노비는 유교 가치를 지키고 양반 지배질서를 유지하기 위한 초석이었다. 노비는 토지와 함께 농업사회에서 노동력을 제공하는 생산의 기반이었다. 매일 글을 읽고 수양에 힘쓰고, 예로서 사람을 맞고 조상을 기리고, 가족을 돌보고 치국을 논할 수 있는 시간적 여유와 경제적 기반은 노비가 있기에 가능했다. 가사와 일상 노동이 모두 노비의 몫이었고, 양반이 출타할 경우에도 노비를 대동해 체면을 세웠다. 노비 없는 양반은 존재할 수 없었다. 지배층의 사회적 권위와 예와 명분의 양반문화는 노비제도 없이는 존속 불가능했다.

노비는 관에 소속된 공노비와 개인에게 예속된 사노비로 나뉜다. 사노비 중에는 주인의 집이나 가까운 곳에 거주하면서 농사와 가사노동

에 동원되는 노비가 있었고, 다른 지역에 거주하면서 일정량의 생산물을 바치는 노비가 있었다.

양반 지주에게 노비의 숫자는 생산력, 곧 부의 축적 정도를 의미했다. 15세기 후반 홍문관 부제학을 지낸 이맹현李孟賢(1436~1487) 집안의 경우 750여 명의 노비를 보유했다. 이들 노비는 한양과 경기도뿐 아니라 함경도와 전라도 등 전국의 군현에 거주했다. 퇴계 이황(1501~1570)의 장남은 360여 명의 노비를 거느렸고, 문신이자 시인인 윤선도尹善道(1587~1671) 집안에는 700여 명의 노비가 있었다. 15세기에서 17세기에 고위관료를 지낸 양반의 경우 대체로 500~600명의 노비를 보유했으며, 중앙의 하급관직 이력을 가진 양반도 최소한 200~300명의 노비를 둘 정도였다.[2] 16, 17세기에 지방에 거주하는 양반의 경우는 적어도 60~80명의 노비를 두어야 유력 양반으로 행세할 수 있었다. 왕족의 경우는 양반 가문보다 더 큰 규모의 노비를 보유했다. 세종世宗(재위 1418~1450)의 아들 영응대군은 무려 1만여 명의 노비를 두었다고 하며, 선조의 맏아들인 임해군은 전국에 걸쳐 수천 명의 노비를 거느렸다고 한다.

17세기 중엽에 제주도에 표류했다가 13년 동안 조선에 억류됐던 하멜Hendrik Hamel(1630~1692)은 조선의 풍속을 소개하면서 노비에 대한 기록을 남겼다.

대관大官들은 그들의 경지와 노비로부터 수입을 얻습니다. 우리는 2000~3000명의 노비를 소유한 대관을 본 적이 있습니다.

노비 전체 규모는 시기에 따라 차이가 있지만 15세기에서 17세기 무렵엔 인구의 30~40퍼센트에까지 달했다. 1467년에 이뤄진 인구조사에 의하면 전국의 공사노비는 모두 350만 명으로 추정된다. 이는 전체 인구 900만 명의 39퍼센트에 이르는 수치다.[3] 일부 지역에서는 이를 상회하기도 했는데, 17세기 한양 북부의 성 밖 지역에는 노비가구가 마을 전체의 절반을 넘기도 했다.

노비는 14세기 중반부터 규모가 늘어나기 시작했다. 13세기 말에서 14세기 초의 노비는 인구의 10퍼센트에 조금 못 미쳤는데, 15세기를 지나면서 급속히 증가해 이후 최고조에 이른다. 이러한 노비 증가 추세는 공노비 조사에서도 드러난다. 1392년에 8만 명이던 공노비는 1467년 인구조사 때는 45만 명에 이를 정도로 크게 증가했다.

15세기 조선시대에 들어 노비 규모가 크게 늘어난 까닭은 무엇일까? 노비 증가의 가장 큰 요인은 부모가 노비이면 그 자식도 노비가 된다는 노비세습제에 있었다. 이는 조선 지배층이 그토록 떠받들던 중국 사회에는 없던 제도다. 중국은 노비 신분을 당대로 제한했으며, 명나라 때에는 일종의 머슴제도로 전환하는 정책을 펴기까지 했다.

하지만 조선은 이전부터 시행돼온 노비세습제를 그대로 받아들이고 한편으론 강화하기까지 했다. 고려 전기의 노비신분 세습은 부계와는 관계없이 모계 신분을 따른다는 천자수모법賤子隨母法이었다. 그런데 고려 후기에 부모 중 한쪽이 노비이면 그 자식은 무조건 노비가 된다는 일천즉천一賤則賤 원칙이 통용되면서 노비 인구가 증가하기 시작했다. 조선은 이러한 노비세전법을 그대로 받아들여 『경국대전』에 법으로 명시했다. 여기에 고려시대에는 금지됐던 양인과 천인의 결혼까지 실질적으로 허용해 노비 증가를 가속화시켰다. 16세기에는 양인과 천인이 결혼하는 양천교혼 비율이 50퍼센트에 달했으며 한때는 80퍼센트 가까이 이르기도 했다. 더구나 자기 소유의 노비를 양인과 결혼하도록 강요하고 자식을 많이 낳는 노비에게는 상까지 수여하기도 했다. 조선 지배층의 노비 증식 방안은 매우 적극적이고 치밀했던 것이다.

이밖에 범죄를 저질러 노비가 되는 경우도 있었다. 모반죄와 강도죄를 범한 자의 가족은 주로 관노비나 고관대작의 노비로 삼았다. 고리대를 갚지 못하는 채무불이행이나 경제적 파탄으로 노비로 전락하는 자도 있었다. 가혹한 세금과 군역을 피하기 위해 양반 집의 노비가 되거나 노비와 결혼하는 양인도 적지 않았다.

여러 경로로 노비가 증가한 결과, 16세기에는 한때 양인보다 노비가 많아지는 기현상이 일어나기도 했다. 노비 소유주에게는 이런 상황이 이득이었지만 국가 전체로 보면 재정 위기를 초래하고 국가 운영 자체를 불안하게 하는 사태였다. 양인이 감소하고 노비가 늘어난다는 것은 군역을 비롯한 국역 의무자가 줄어들고 세금을 거둘 수세원이 줄어든다는 사실을 뜻하기 때문이다. 과도한 노비 증가는 국가와 사회의 존립 자체를 위협했다.

아침 경연에서 지사知事 신용개申用漑가 아뢰었다. "함경도의 군사 시설과

장비가 매우 허술하고 양곡 또한 모자라니 만일 갑작스런 변고가 있으면 무엇으로 방비하겠습니까? 대체로 보아 공사천公私賤의 남녀가 혼인하여 낳은 자식은 모두 천인이 되니, 이로 인하여 양민이 점점 적어집니다. 지금부터라도 아비를 따르든가 어미를 따르든가 일정한 법을 제정해 양인 남녀의 자식은 모두 천인이 되지 않도록 함이 어떻겠습니까?"

—『중종실록』21권, 중종 10년(1515년) 2월 12일

노비 증가와 양인 감소가 한계치에 이르자 조선의 지배층은 양인 증가정책을 시도했다. 아버지가 노비일 경우에만 노비 신분을 세습하게 하자는 종부법從父法을 잠시 시행하기도 하고, 양인과 노비가 결혼하는 것을 일시 금지하기도 했지만 현실에서는 제대로 지켜지지 않았다. 이처럼 양인 증가정책과 노비 증가정책을 수차례 번복하다 영조 대인 1731년에 종모법從母法으로 귀착됐다. 이 시기엔 양인 여자와 천인 남자가 결혼하는 경우가 많았는데, 어머니를 따라 그 자녀도 양인이 되도록 해 양인 규모를 확대하려 한 것이다.

조선의 노비정책은 양인을 적정 규모로 늘려 국가 재정을 튼튼히 하려는 왕권과 개인 소유의 노비를 늘려 사적 영향력을 키우려는 신권의 대결이기도 했다. 지배질서를 유지하고 기존 체제가 지속 가능할 정도로 양인과 노비의 규모를 맞추는 것, 그것이 조선사회 신분정책의 최대 관건이었다. 조선의 양반층은 왕권을 견제하고, 때로는 왕과 협력해 이 균형추를 맞추어나갔고 그 토대 위에서 조선의 지배와 신분질서는 수백 년 동안 지속될 수 있었다.

조선 지배층은 노비에 대한 통제 또한 강화해나갔다. 세종 초인 1422년에 노비가 그 주인을 고소할 수 없다는 법을 제정했다. 반역이나 역모 외의 사안에 대해 노비가 주인을 고소하면 교수형에 처하도록 했다. 노비의 배우자가 대신 신고해도 곤장 100대에 처하거나 유배형을 내릴 수 있었다. 주인이 바뀌어도 이전의 주인을 고소할 수 없도록 했으며, 노비의 범법 행위는 더 가혹하게 처벌할 정도로 철저한 노비 통제정책을 폈다. 노비의 주인이 사실상 노비의 생사여탈권을 장악했으며 노비의 권리는 없는 것이나 마찬가지였다. 이러한 상황에서 노비에 대한 사사로운 처벌이 당연시되었고 주인의 자의적 형벌이 증가했다. 18세기 후반, 자신에게 욕을 한 노비를 사사로이 죽인 이서구의 행위는 이런 풍조와 체제 아래에서 가능했던 것이다.

조선의 지배층은 고려와 달리 노비의 매매를 허용했다. 고려시대에 노비 매매가 불법으로 금지된 것은 노비가 주로 왕실이나 관공서, 사원에 속했기 때문이기도 했다. 하지만 조선시대 들어서는 사노비가 늘어난 까닭에 노비의 매매를 허용할 수밖에 없는 상태였다. 15세기 후반에 편찬된 『경국대전』에 따르면 16~50세에 이르는 노비의 매매가격은 쌀 20석이나 무명 40필 정도였다. 당시 말 1필의 가격이 무명 30~40필이었다. 하지만 노비의 실제 거래가격은 법정가격보다 대체로 낮았으며, 조선 후기로 갈수록 노비의 몸값이 떨어진 것으로 보인다.

노비 이름에서도 변화를 찾아볼 수 있다. 고려시대의 노비 이름에는 만적萬積, 덕적德積 등의 불교식 이름이 보이지만 조선시대에 노비 이름은 강아지江阿只, 개동介同과 같은 동물, 오물의 이름을 빌린 형태로 변한다.[4] 삼월三月이나 오월五月처럼 태어난 시기를 빌리는 경우도 흔했다. 이처럼 사람으로서의 기본 품격을 손상하는 것으로 이름을 삼은 경우가 많았는데, 이런 경향은 노비에 대한 천시가 심해진 사회 정서가 반영된 것으로 여겨진다.

특이한 점은 조선의 노비는 이름 외에 복장이나 머리모양에서는 상민과 차별이 없었다는 사실이다. 천시하는 이름, 일반인과 구별되는 복장과 두발 형태, 문신 등으로 천민의 낙인을 찍는 '노예 상징'이 조선 노비에게는 그리 강하지 않았던 것이다. 11세기에서 16세기에 이르는 시기의 일본 게닌下人은 천민 신분의 상징으로서 머리에 검은 두건을 써야 했는데, 이에 비하면 조선 노비는 예속 정도가 약했다고 볼 수 있다. 조선의 노비는 상민의 생활공간이나 공동체에서도 소외되지 않았다. 노비는 상민과 같은 지역에 거주하며, 논밭에서 함께 일하고 상민의 노동제에도 참여할 수 있었다. 이처럼 조선사회에서는 노예 상징이나 상민과의 신분분리정책이 비교적 느슨했는데, 이는 적절한 노비 규모를 유지하려는 양천교혼정책이 낳은 결과로 보인다.

조선시대에 노비는 고려시대에 비해 한층 안정된 형태의 가족을 구성했다. 고려의 노비는 주인의 처분에 따라 부모와 자식이 떨어지는 경우가 일상적이었지만, 조선의 경우 15세기와 16세기 무렵엔 대체로 절반 정도의 노비가 가족을 이루어 생활했다. 이러한 변화 역시 조선시대 노비 증가의 한 요인으로 작용했다.

조선의 노비제도는 강한 세습성을 가졌다. 같은 땅에서 태어나 같은 말을 쓰는 사람들을 대를 이어 노비로 만들었다. 그러면서도 재산을 모아 노비 신분에서 벗어날 수 있는 신분 상승의 길을 차단하지는 않았다. 가혹한 형벌을 적용해 사사로이 노비를 죽이기도 했지만, 한편으론 충직한 노비에게 상을 내리는 아량을 보이기도 했다. 이름조차 동물에 빗대어 천하게 부르면서도 서양의 노예와 달리 다른 신분의 사람과 결혼할 수 있었다. 혼란스러워 보이기조차 하는 이러한 조선의 노비정책은 적절한 규모의 노비를 유지해 양반층의 사사로운 이익을 채우면서도 국가를 운영하고 사회체제를 지속시키려는 지배 전략의 산물이었다.

❖정당한 지배 | 지식의 지배도구화

때는 16세기 중반 명종 시기, 강원도 원주에 사는 원영사元永思라는 양반이 여종인 충개䗚介를 첩으로 삼아 수년간 함께 살고 있었다. 그러던 차에 원영사는 후처를 얻게 되고 이내 충개를 멀리한다. 그러자 충개는 원영사의 노비인 복수福守에게 시집을 가버린다. 남의 처가 된 충개를 미워한 원영사는 앙심을 품고 충개 부부에게 신공身貢을 과다하게 징수한다. 이에 충개 부부는 복수를 결심하고, 가내 일을 돕는 여인을 원영사의 집에 소개한다. 원영사의 동태를 살필 첩자를 심어놓은 것이다. 두 달 뒤, 일을 돕는 여인으로부터 '지금이 기회'라는 연락이 왔다. 충개와 복수는 곧바로 원영사의 집으로 향했다. 그리고 처절한 피의 복수극을 펼친다.

사간원에서 아뢰었다. "복수와 충개가 원영사가 취한 틈을 타 무리를 이끌고 원영사의 집으로 들이닥쳤습니다. 이어 원영사와 그의 처자 등 다섯 사람을 살해했습니다. 매우 참혹하게 죽였는데 심지어 사지를 자르기까지 했습니다. 피살된 원영사의 처는 임신 중이었는데, 잉태한 아이가 밖으로 드러났다고 합니다. 이는 지난 시기에는 없었던 큰 변고입니다."

—『명종실록』 20권, 명종 11년(1556년) 4월 10일

충개 부부와 살해에 가담한 무리는 체포돼 참형에 처해졌다. 그런데 체포와 수감, 심문을 제때 행하지 않았다며 사건을 담당한 관리도 큰 문책을 당해야 했다. 옥사를 빨리 처리하지 않고 사건을 일반 옥사와 같이 다루었다는 죄목 외에 죄인에게 면회를 허용했다는 죄까지 추가됐다. 조선사회는 이처럼 노비의 주인 살해를 가장 엄격한 형벌로 다스렸지만 모든 노비를 완벽하게 통제하는 데는 한계가 있었다.

노비제도에 기초한 신분제 사회를 근간으로 하는 조선사회에서 노비 통제는 가장 중요시되는 국가정책이었다. 노비를 노비 상태로 묶어두기 위해서는 여러 가지 통치 전략이 필요했다. 우선 노비가 주인에게 대항하지 못하도록 하는 법률을 만들고, 이 법을 어길 경우에 집행할 형벌을 제도화했다. 이로써 물리력으로 신체를 구속할 수 있는 국가권력이 주인의 편임을 노비에게 인지시켰다. 사회 풍속과 제도에 차별을 두어 노비는 노비 외의 계층과는 다를 수밖에 없는 존재라는 인식을 널리 퍼트려야 했다.

무엇보다 노비가 '자신은 주인에게 복종해야 하는 종속된 존재'라는 의식을 가질 때에 주인이 노비를 가장 손쉽게 다룰 수 있다. 몸뿐 아니라 마음까지 스스로 예속될 때 노비는 완전한 소유물이 될 수 있을 터였다.

금동金同은 강녕부정江寧副正인 기祺의 종이다. 폐주廢主(연산군) 때 흥청興淸에 소속된 세은가이世隱加伊가 왕의 지극한 총애를 받았다. 그의 아비가 이런 권세를 믿고 기의 집을 빼앗고도 부족해 소실小室까지 취하려 했다. 이를 목적으로 기가 능욕을 했다고 거짓말로 고소하니, 폐주가 크게 노하여 기와 금동을 잡아 가두고 죽이려고 하였다. 이때 금동이 나서서 이렇게 진술했다. "그 일은 종이 한 짓이요, 주인은 알지 못하는 일입니다." 금동은 여섯 차례나 고문을 받았으나 끝내 그 의지가 조금도 변함이 없었다. 금동은 스스로 극형을 당하고 주인의 죽음을 면하게 했다.

—『중종실록』 5권, 중종 3년(1508년) 4월 5일

나라에서는 금동을 의로운 노비라 부르며 표창을 하고 금동 가족의 요역徭役을 면제해주었다. 3년 뒤에는 금동의 행적을 기리는 정문旌門을 세우고 주인에 대한 금동의 충의를 후세에까지 널리 알리도록 했다.

조선 지배층은 노비의 복종을 이끌어내기 위해 형벌과 포상이라는 양면정책을 구사했다. 가혹한 노비 관련법을 집행하면서 한편으론 충직하고 말 잘 듣는 노비를 선정해 기념하거나 면천이라는 파격적인 상

을 내렸다. 조선 중기의 민담집인 『어우야담於于野談』은 남편의 목숨으로 노비에서 벗어난 어느 가족의 일화를 이렇게 전한다.

양반 권가술은 노비인 수석永石을 데리고 배를 타고 길을 나섰는데 갑자기 난파를 당했다. 권가술과 수석은 판자 하나에 매달려 죽음을 면하긴 했지만 판자가 좁아 계속 함께 매달리다가는 둘 다 목숨을 잃을 지경이었다. 바람이 한층 거세지고 사태는 더욱 위태로워졌다. 그러자 수석은 주인 권가술에게 하직인사를 하고 판자에서 손을 뗐다. 혼자 남은 권가술은 이 판자에 의지해 목숨을 건질 수 있었다. 죽음으로 주인을 모신 이 노비의 이야기는 널리 퍼져나갔고, 마침내 조정에서는 수석의 부인을 면천시켜주었다.

주인을 위해 목숨을 바친 노비의 행위는 모두가 본받아야 할 윤리적 결단으로 널리 선전되었다. 조선의 지배층은 노비와 주인의 관계를 삼강三綱의 하나인 군위신강君爲臣綱에 준하는 관계로서 규정했다. 신하가 임금을 섬김이 당연하듯이 노비가 주인을 모심이 당연한 이치라는 논리였다. 그래서 조선의 지배층은 "주인과 노비 사이는 군신의 분별과 같다"거나, "주인과 노비 사이는 군신의 의와 같다"는 당위를 피지배층에게 주입시켰다.

사헌부에서 아뢰었다. "무릇 주인과 노비의 분계는 바로 군신의 의리와 같습니다. 이 분계가 없으면 의리가 없어지고 삼강도 없어지게 되는데,

나라에 삼강이 없으면 무엇으로 나라를 다스리겠습니까?"

—『광해군일기』 148권, 광해군 12년(1620년) 1월 11일

조선의 지배층은 강압과 예속을 기본 성격으로 하는 힘의 관계인 주인과 노비 관계를 인륜과 도리의 차원으로 옮겨놓았다. 이는 노비의 자발적 복종을 유도하고 주인과 노비 관계의 근본 성격인 지배와 피지배라는 측면을 감추기 위한 고도의 통치 전략이었다. 주인과 노비 관계가 강상 차원에서 다루어지면서 둘 사이의 위계와 차별은 당연한 것으로 받아들여졌다.

조선 유학자들은 각각의 신분에 맞는 규범을 따르라고 외치면서 사회적 위계의 정당화를 꾀했다. '하늘과 땅' '부모와 자식'같이 결코 뒤바뀔 수 없는 자연의 원리가 인간사회에도 동일하게 작용하고 있다고 했다.[5] 우주 자연에 하늘과 땅이라는 위아래가 있듯이 인간사회에도 위아래가 있으며, 우주에 낮과 밤이 있고 이것이 번갈아 나타나 질서를 이루듯이 인간사회에도 낮과 같은 양陽의 성격을 가진 것과 밤과 같은 음陰의 성격을 가진 것이 있고 이들이 서로 관계해 질서를 이룬다고 보는 것이다. 유학자들은 이런 방식으로 정립한 사회질서와 위계를 '신분이나 직분에 따라 마땅히 지켜야 할 도리나 규범'이라는 뜻의 명분名分이라 칭하고, 이를 도덕적 질서의 차원으로 옮겨놓았다. 그리고 이 명분과 질서를 따르는 것이 올바른 삶이라 했다. 이렇게 해서 상하와 귀천을 나누는 명분과 도덕질서는 우주 자연의 섭리가 된다. 인간 사이의 위계를 정하는 삼강과 오륜이 변하지 않는 우주 자연의 이치인 천

리天理가 되는 것이다.

하지만 이는 종속 관계를 유지하려는 지배자의 논리에 불과하다. 실제로, 자연적으로 확립되는 권위는 존재하지 않으며, 자연적으로 획득될 수 있는 복종이란 없다.[6] 자연적이라 말해지는 인간사회의 현상과 실재는 '사회의 자연화'라는 사고의 터널을 거친 뒤의 가공되고 구성된 현실이다. 그런데 유학자는 인간이 만들어낸 일종의 구성물인 규범을 자연의 이법과 동일하게 파악하려 한다. 자연의 법칙과 사회의 법칙을 동일시하는 사고방식이다. 이러한 논리 구조는 사회에서 일어나는 현상을 객관적 자연현상에 빗대어 이해하려는 원초적 사고방식에 그 뿌리가 닿아 있다. 신화 연구가 조지프 캠벨Joseph Campbell(1904~1987)은 선사시대 사람들은 삶의 시간 주기를 우주의 순환과 일치시키려는 사고 특성을 지녔다고 말했다. 인간사회의 일을 우주 자연의 이치로 파악하고 양자를 상응시키려는 것이다. 이런 측면에서 보면 유학자의 신분관이 내세우는 논리는 신화적 사고의 조금 세련된 표현에 지나지 않는다. 물론 신화적 사유는 혼돈의 자연을 나름의 기준으로 규정해 사물들 간의 관계를 구축하게 하고 불안한 현실에 인위적 질서를 부여해 세계를 인간의 삶에 유리하게 이해하고 수용하도록 한다. 한편으론 이러한 신화적 사유는 인간사회가 자연의 질서와 같이 이치에 근거를 두고 형성되었다는 점을 그 사회의 구성원에게 깊이 각인시킨다. 지금의 사회질서와 윤리가 부정할 수 없는 이치이자 올바름이라고 표명하게 한다. 이런 점에서 보면, 신화 또한 당대의 지배질서와 세계 이해의 논리를 당연한 것으로 여기게 하는 통치 이데올로기인 것이다.

유학자들은 양반 우위의 신분사회를 인간의 도덕적 자질로써 정당화하기도 했다. 이들은 신분에 관계없이 모든 사람이 본연의 도덕적 본성을 지니지만, 이를 발현시키는 도덕적 능력에는 차이가 있다고 보았다. 이런 도덕 역량과 수양의 차이에 따라 상하와 귀천의 분별이 정해지는데, 사士 계층이야말로 도덕 이치를 깨닫고 그 가치를 실현할 수 있는 역량을 가졌다고 내세운다. 이렇게 해서, 사 계층이 중심이 된 양반 우위의 신분제 사회는 도덕 능력에 의한 당연한 사회라는 결론이 도출된다. 이 논리에는 가치 판단에 관계된 '도덕적 자질과 우위'를 일종의 사회적 구성물에 해당하는 '신분의 특권과 우위'로 치환하는 무시할 수 없는 비약이 보인다. 조선 지배층의 도덕 자질론은 잘못된 전제 위에 성립된 오류이자 성격과 범주가 다른 '도덕'과 '위계'와 '신분'을 두리뭉실하게 연관 지은 독선에 가까운 주장이다. 이는 양반 중심의 신분제를 지켜내기 위한 지식의 폭압과 다름이 없다.

조선의 지배층은 지배의 과정을 도덕규범으로 포장해 정당화하는 데 탁월한 솜씨를 보였다. 지식을 권력으로 전화轉化시키고, 지식과 권력을 자기존속을 위한 지배의 장치로 활용하는 데 매우 능숙했다. 그들은 진정 지식권력자였으며, 니체적 의미의 권력을 증명한 지배자였다. 19세기 독일의 철학자 니체는 생명체의 근원적인 현상이 권력 추구이며, 가장 근본적인 욕망은 권력에의 충동이라 설파했다. 니체는 생명 현상을 이해할 수 있는 적절한 도구로 욕망과 투쟁, 지배와 위계질서 같은 개념을 들었는데, 사림이 지배한 조선사회는 니체가 던진 그 서글픈 명제를 적확하게 확인시켜준다. 생명체를 지배와 복종의 복합체로 보고, 세계에는 우월하고 지배하는 힘과 열등하고 지배받는 힘이 있다고 한 니체의 그 적나라한 언명 또한 받아들이지 않을 수 없다. '그러하기 때문에 앞으로도 그러해야 한다'는 당위가 아니라 '인간은 그러할 수 있지만 또 그러하지 않을 수도 있다'는 각성의 경고로서 말이다.

❖지배-피지배의 완충지대를 확보하라

탈놀이인 고성오광대固城五廣大 둘째 마당, 마부인 말뚝이가 재치 있는 입담으로 양반을 조롱한다.

말뚝이 날이 뜨뜨부리하니 양반의 자식들이 빈터에 강아지새끼 모인 듯이, 물꺼에 숭어리 모인 듯이 연당蓮塘 못에 줄나무싱이 모인 듯이 모두 모여, 제 의붓아비 부르듯이 말뚝아 말뚝아 부르니 듣기 잔해 앳곱아 못 듣겠소.

양반 (크게 성내어) 이놈 의붓아비라니.

(…)

말뚝이 예, 소인은 상놈이라 이놈 저놈 할지라도 내 근본 들어보소. 우리 칠대 팔대 구대조께옵서는 벼슬이 일품一品이라 병조판서 이조판서도 더럽다고 아니하고, 육대 오대 사대조께옵서는 좌우승지를 지내시니 그 근본이 어떠하오.

양반   이놈, 네 근본 제쳐두고 내 근본을 들어보아라. 기생이 여덟이
　　　　요, 계집종이 열 둘이요, 마호군이 스물이요, 농노군이 서른이
　　　　라, 그 근본은 어떠하뇨?

말뚝이 허허허허…… 그 근본 지아니 좋소.

양반사회의 위선을 풍자하는 탈놀이는 그동안 조선시대 평민이 주
도한 민속놀이로 알려져왔다. 하지만 조선 후기에 형성된 탈놀이의 주
체는 평민인 농민이 아니라 중인층이었다. 아전衙前과 향리鄕吏, 서리胥
吏로 불리며 지방관청에서 실무를 보던 하급관리들이 관아 마당에서
탈춤을 공연했다.[7] 그런데 조선왕조 멸망과 함께 이들 실무직이 폐지
되면서 이들의 탈춤 공연도 이어지지 못했고 농민과 광대가 이를 대신
하게 되었다. 이 과정에서 조선시대 탈놀이의 주체가 일반 백성이라
잘못 알려졌던 것이다.

향리들이 주도한 탈춤판은 조선사회의 억압과 수탈의 주역이 자신
들이 아니라 양반임을 알리려는 폭로의 마당이었다. 풍자극이라는 우
회적 방법으로 양반의 위세와 비인간적인 행위를 드러내 보임으로써
사회에 만연한 부정부패의 주동자가 실은 양반 계층임을 알리려 한 것
이다.

조선 지배층은 자신들이 기획하고 저지른 가혹한 수탈의 책임을 향
리와 아전 같은 하급 실무자들에게 전가했다. 사림의 지배가 확고해진
16세기 중반 이후, 양반은 농민을 수탈하고 뇌물로 부정부패를 저지르
는 향리에 대한 부정적인 이미지를 끊임없이 확산시키고 이를 백성에

게 주입했다.

조식이 상소했다. "지금처럼 '서리胥吏가 나라를 마음대로 재단한다'는 말은 들어보지 못했습니다. 정권이 대부에게 있어도 안 될 것인데 더구나 서리에게 있단 말입니까. (…) 군민軍民의 여러 행정업무와 국가정책의 기본적인 지침이 모두 도필리刀筆吏(서리, 아전)의 손에서 나오니 아무리 작은 일이라도 이들에게 뇌물을 주지 않으면 일이 진행되지 않습니다. 이들 도필리는 안으로는 재물을 모으고 밖으로는 백성을 흩어지게 합니다."

—『선조실록』 2권, 선조 1년(1568년) 5월 26일

아전들은 녹봉도 없이 일만 하므로 뇌물로써 생계를 삼는다.

—이익李瀷, 「생재生財」 『성호사설星湖僿說』

아전은 백성의 껍질을 벗기고 골수를 긁어내는 것을 농사짓는 일로 여기고, 머릿수를 모으고 마구 거두어들이는 것으로써 수확하는 일로 삼는다. 이런 습성이 계속돼 당연한 일로 여기게 되었으니, 아전을 단속하지 않고서 백성을 다스릴 수 있는 자는 없을 것이다.

—정약용, 「이전吏典」 『목민심서牧民心書』

향리가 백성에게 세금을 거두고 업무를 처리하면서 백성을 수탈한 사실은 틀림없겠지만 이는 국가 행정체계라는 공적 영역에서 일어나

는 일이었다. 조정에서는 지방관에게 세금을 거두라 명하고, 지방관은 향리에게 백성들로부터 세금을 거두라 독촉한다. 구조적이고 조직적인 수탈이었고, 그 원인 제공자와 책임자는 당연히 양반 지배층이었다. 일에 대한 대가인 녹봉을 주지 않으면서 나라 운영에 필요한 온갖 실무와 잡무를 시키는 것은 부정부패를 저지르라는 것이나 다름없다. 이런 상황에서 향리가 챙기는 뇌물은 일종의 생존 방책이었다. 그런데도, 행정 현장에서 실무를 직접 수행하는 향리가 백성의 원망을 우선적으로 살 수밖에 없었다.

> 사람들이 향리를 말할 때 반드시 간악하다는 것과 연관지어 "간악한 아전이다. 아전은 간악하다"라고 말한다.
>
> —『관성록管城錄』

간사하고 악독한 향리를 앞에 내세워 억압과 착취를 저지르고 이로써 이득을 채우면서도 양반들은 근엄한 도덕군자의 얼굴로 남아 있고자 했다. 양반 지배층이 입안하고 실행한 제도의 모순으로 비롯된 부정부패의 책임을 향리와 같은 중간신분에 떠넘기고자 한 것이다. 1900년을 전후한 시기에 조선에서 교육자와 선교사로 일한 헐버트 Homer Bezaleel Hulbert(1863~1949)는 제도 운용에 희생된 이러한 향리 계층의 역할을 새로운 시각으로 바라보았다.

> 아전(향리)은 모든 사람들이 저지르는 과오에 대한 속죄양이며, 기관실

의 폭발을 막아주는 안전판 구실을 한다. (…) 그들의 일상생활은 백성을 억압하는 것이 아니라 백성과 방백수령 사이의 완충제 역할을 하는 것이다. 그들은 한편으론 방백수령의 탐욕을 억제해야 하고 다른 한편으로는 백성의 분노를 어루만져야만 한다.

—호머 베잘렐 헐버트, 『대한제국사서설』

향리를 비롯한 조선사회의 중간신분층은 지배권력의 정책과 행정을 수행하는 현장대리인이자 최상층인 양반 계층을 보호하는 완충지대였다. 착취하는 양반과 착취당하는 백성의 중간에 위치해 양자의 직접 충돌을 막았다. 이 과정에서 양반층은 자신들의 뜻대로 중간신분층을 다스리기 위해 이들에게 어느 정도의 부정부패를 은근슬쩍 허용했다. 중간신분층은 이렇게 주어진 권세에 자신들의 욕망을 더해 나름의 세력 기반을 확보하고 이익을 추구해나갔다. 양반과 중간신분의 이러한 협력지배로 조선은 수백 년 동안 비교적 안정된 사회를 이어나갈 수 있었다.

이들 중간신분층은 향리와 서리 등 관청에서 실무를 보는 하급관리, 외국어·의학·천문지리·법률과 같은 실용업무에 종사하는 기술관, 양반 첩의 자손인 서자 등으로 구성됐다. 흔히 중인中人으로 부르는 이 신분이 형성된 시기는 16세기 무렵으로 보인다. 하지만 이들을 양반관료와 격을 달리하는 부류로 인식하고 제도적 차별을 두기 시작한 때는 조선 건국을 전후한 시기였다. 조선시대에 들어 차별이 강화되어가는 가운데, 1415년에 서얼에게는 9품 이상의 문무관직을 금한다는 규제가 성문화되었다. 1445년엔 향리의 외역전外役田을 몰수하고 녹봉 지급을 중단했다. 향리와 서리에게 삿갓 모양의 방갓을 씌우거나 푸른 옷을 입혀 외양부터 양반관료와 차별을 두었다. 관직을 제한하고 승진에 한계를 두는 등 15세기 후반에는 중인의 상층부에 해당하는 기술관까지 차별했다. 이후 중간신분층은 양반 계층과는 분명하게 구분되는 신분으로 확고하게 자리를 잡게 되고, 기술관과 하급실무관리는 대체로 이들 중간신분층 집안에서 대를 이어 세습하게 된다.

중간신분층 차별화 정책은 양반층 확대를 억제하려는 철저한 신분 유지 전략이었다. 양반층으로부터의 도태를 통해 중간신분층을 만들어내고, 이와 함께 이들의 신분 상승 통로를 차단해 양반만이 상위 지배층으로서의 특권과 혜택을 누리고자 했다. 중간신분층은 양반층에서 밀려나는 이들을 흡수했을 뿐 아니라, 신분 상승을 꾀하는 평민층의 계급의식을 무력화시키는 방파제 역할을 맡기도 했다.

조선사회 신분제의 가장 큰 모순 중 하나는 축첩과 서얼 문제였다. 고성오광대 다섯째 마당은 처와 첩의 갈등, 그들 자식의 가족 내 지위에 따른 문제를 제기하고 양반가족제도의 모순을 고발한다. 양반이 첩과 놀아나다 아이를 낳았는데, 본처와 첩이 아이를 서로 끌어안으려다 아이가 본처의 손에서 떨어져 죽는다.

첩 (어이없이 한참 내려다보다 아이를 들어 올려 조심스레 본다. 잠시 뒤 아이를 내려놓으며 땅을 친다.) 내 자식 죽었다. 아이구 아이구! (벌떡 일어나 양팔을 걷어 올리며 본처에게 달려들어 싸우다가 오른발로 본처의 복부를 찬다.) 이년아 이년아, 애를 와 죽이노. 세상에 이년아.

양반 (본처와 처의 가운데서 양쪽의 손과 어깨를 잡는다.) 이 사람들아 와 이라노. 이게 무슨 짓이고. 어이 이 사람들아.

본처 (첩에게 맞고 반듯하게 넘어진다. 발을 올렸다 내렸다 하다가 쭉 뻗는다. 벌벌 떨던 다리를 이내 멈추고 죽는다.)

양반 (죽은 본처 위에 엎드려 본처의 볼에다 자신의 볼을 댄다.) 전주떠기야 와 이라노. 정신 차리게. 와 이라노 와 이래. 아이구 전주떠기야. 동네 사람들아 이 사람들아, 사람이 죽었다. 마당쇠야 사람이 죽 었다.

남편의 아내와 어머니가 첩을 선택하는 경우도 흔히 있다. 첩은 남편의 위치의 정당한 부속물이어서 우리가 마차나 집사를 고르는 것처럼 아내 들은 아무렇지도 않게 생각한다. 그러나 첩의 자식들은 심각한 사회적 오점으로 낙인찍히며 최근까지도 바람직한 위치에 오르지 못했다.

—이사벨라 버드 비숍, 『조선과 그 이웃나라들』

처첩 갈등은 당대에 끝나지 않았으며 자식을 통해 더 큰 갈등과 모 순을 낳았으니, 지배층은 서얼을 둘러싼 신분정책에 특별한 관심을 쏟 지 않을 수 없었다. 서얼정책의 기본 방향도 양반층 확대를 억제하는 데 초점이 맞춰져 있었다. 양인 첩의 소생은 서자라 하고 천민 첩의 소 생은 얼자라 해 첩의 자식 간에도 신분에 따른 차별을 두었다. 이들은 족보에 이름을 올릴 때조차 서얼 표기를 해 차별을 받았으며, 재산 상속에서도 불이익을 받거나 제외되었다. 관료로 진출할 수 있는 문과에 응시할 자격을 **빼앗아** 관직 진출에도 제한을 두었다. 더구나 이러한 서얼 신분은 당대에 한하지 않고 그들의 자손에게도 세습되었다.

조선시대에 일부일처제가 확립되면서 처와 첩을 구분하고 그에 따라 적자와 서자에 대한 차별이 뒤따랐다. 이는 신분 간 구분을 명확히 하고 여기에 맞춰 사회적 지위를 정하려는 신분제 질서의 기본 방침에 부합하는 제도였다. 조선 중기 이후 적장자에 대한 위상이 확고해지면서 적서 차별은 더 심해지고 엄격해졌다. 이 적서 차별은 사회를 존비와 귀천으로 이분하는 조선 성리학의 경향과도 일치하는 정책이었다. 조선 최고의 유학자이자 선비인 이황은 적자와 서자의 구분은 나라와 가정을 유지하는 근본이라 했다.

상호군上護軍 이황이 아뢰었다. "이른바 예법이란 적서의 명분과 귀천의 질서를 말하는 것입니다. 국가와 가정이 공고히 유지되고 비천이 감히 존귀를 능멸하지 못하는 것은 바로 이 예법이 있기 때문인데, 만일 이 예법이 한번 허물어지면 서얼이 적자를 핍박하고 비천이 존귀를 능멸할 것이니 어찌 이를 경솔히 개정할 수 있겠습니까? 하물며 지금은 인심이 어지럽고 세상 풍습이 완악해 예법이 있는데도 오히려 서천庶賤이 적존嫡尊을 능멸하고 분수를 뛰어넘어 유교를 더럽히는 일들이 속출하고 있습니다. 만일 이와 같은 때에 국가에서 먼저 예법을 없애서 폐단을 유도한다면 종말에 가서는 그 폐해가 어떠하겠습니까?"

—『명종실록』 15권, 명종 8년(1553년) 10월 7일

적서 차별에 대한 서자들의 저항은 조선시대 내내 이어졌다. 수천 명의 서자가 연대해 관직 임용의 제한을 풀어달라는 청원운동을 벌이기도 했다. 이른바 서얼허통운동이었는데, 어느 정도 효과를 거두기도 했지만 제한의 벽은 견고했고 서얼에 대한 사회적 차별의식은 좀처럼 없어지지 않았다. 1823년엔 서얼 1만 명이 상소해 차별철폐를 요구하자 성균관 유생이 이에 반발해 동맹휴학인 권당捲堂을 벌이기도 했다.

일부나마 서얼허통을 용인한 것도 부조리한 신분제 철폐라는 도덕적 동기에서 나온 조치가 아니라 지배층의 필요와 이익에 따른 정략적 선택의 결과였다. 예컨대 임진전쟁 때 일정량의 곡식을 나라에 바치거나 전쟁터에 나가 공을 세우면 문과에 응시할 자격을 주었다. 정쟁을 일삼던 당파가 정치적 지원을 얻기 위해 서얼허통에 긍정적 태도를 보일 때도 있었다. 사림 지배층의 권력을 견제하려 한 영조와 정조 같은 왕들이 서자 일부를 관직에 등용하기도 했다. 이런 상황에서 서얼 차별에 대한 완전한 철폐는 요원했고, 수천 명이 연대한 서얼허통 요구는 1850년대까지도 계속됐다.

서얼 차별은 조선 지배층의 욕망 충족 방식과 그로 인한 폐해를 상징적으로 보여준다. 축첩을 했다면 그에 따른 결과도 마땅히 받아들여야 했다. 그러나 지배층은 이를 거부하고 그 결과를 차별과 배제라는 틀에 가두어 자신들의 행위에 대한 사회적 정당화를 꾀했다. 몸의 욕망을 한껏 만족시키면서도 가부장적 일부일처제가 주는 편리는 한 올도 흩트리지 않겠다는 또 다른 이익의 추구. 그것은 지배층에 유리한 제도와 관습만을 유지하려는 집요한 권력욕이기도 했다. 조선 지배층은 이 모두를 성취했고, 그렇게 첩과 서얼은 몸과 권력이라는 욕망 충족의 부산물로 만들어졌던 것이다.

서얼 차별과 중간신분층 형성은 조선 지배층의 권력 유지 방식을 드러내준다. 소수 지배층에 철저하게 권력을 집중시키고 여타 계층의 접근을 제한하는 한편, 피지배층의 반발과 저항을 무디게 할 중간 권력층이라는 완충지대를 창출해 이를 통제하고 관리할 것. 조선 지배층의 이러한 전략은 지금 이 시대에도 여전히 교묘하게 작동하는, 권력 재창출과 지배계급 재생산을 위한 사회적 특권 장치의 실상을 자성하게 한다. 계층과 집단, 세대 간에 이질감을 심고 경쟁과 적대 관계를 조성해 모순의 본질을 은폐하고 지배층에 대한 저항심을 희석시키는 분리-적대 정책이 그것이다.

6장
생산과 부를 통제하고 아량을 베풀어라
| 토지와 경제

❖토지를 양반에게 집중시켜라

유희춘은 전라도 해남과 담양에 토지를 가진 지주 관료였다. 담양의
농장은 논이 9마지기(두락斗落)에 콩밭이 18마지기였고, 해남의 농장은
1년에 대략 벼 83섬, 보리 23섬을 생산할 정도였다.[1] 대지주는 아니더
라도 제법 규모를 갖춘 지주층에 속했다. 담양의 논밭은 유희춘의 아
내가 직접 관리했고 해남의 농장은 누이 부부에게 관리를 맡겼다. 고
위관리로 한양에 거주한 유희춘은 농사에 직접 관여하지는 않지만
자신의 농지와 농사일에 상당한 관심을 가지고 있었다. 한 해 농사의
수확물과 토지 변동에 대해 일기에 꼼꼼한 기록을 남겼을 정도다.

유희춘은 부모로부터 물려받은 상속분을 토대로 주로 매입을 통해
토지를 증식했다. 토지 매입은 유희춘이 유배에서 풀려나 관직생활을
시작한 1567년 이후에 이뤄졌는데, 참판에 오른 1575년 들어 크게 늘

어났다.

이밖에 관둔전官屯田을 통해서도 수년간 농산물을 거두고 있었다. 이 관둔전은 관청에서 경비를 조달하기 위해 마련한 토지였지만 유희춘 집안에서 사사로이 전용하고 있었다. 고위관료가 관권을 등에 업고 관둔전을 개인 재산으로 전용하는 일이 드문 일이 아니었지만 이는 분명 불법행위였다.

사헌부에서 아뢰었다. "정묘년(1567년) 이후에 사대부들이 분수에 지나치게 차지한 간석지와 관둔전을 모두 관에서 몰수하도록 하소서." 이에 임금이 몰수를 윤허했다.

—『선조실록』 8권, 선조 7년(1574년) 3월 8일

관둔전은 유희춘 집안의 살림에 꽤 보탬을 주는 토지로 관청에 되돌려주기에는 아쉬운 점이 한두 가지가 아니었다. 하지만 관둔전 전용의 실태를 파악하기 위해 관원이 파견되자 유희춘은 어떻게든 결단을 내려야 했다. 유희춘은 관둔전을 자기 소유의 비교적 값싼 토지와 바꾸는 편법을 써서 관둔전을 계속 보유한다.

토지 증식과 관리는 조선 지배층의 가장 큰 관심사 중 하나였다. 선비는 재물에 초연하다는 이미지가 강하게 형성돼 있지만 실제로 조선의 지배층 대부분은 재산관리에 자신의 지위와 권력을 한껏 이용해 안정된 생활 기반을 마련했다. 조선사회의 물질적 생산 대부분이 농업에 기반을 두고 있었기에 당시 토지는 가장 중요한 생산 수단이자 지배층

의 존립을 가능하게 하는 경제적 토대였다. 토지 규모가 그대로 한 집안의 부의 수준을 나타냈으며, 그런 토지에 기대어 양반은 지배층으로서의 권위와 신분지위를 제대로 행사할 수 있었다. 조선사회에서 재산은 대부분 토지와 노비였는데 16세기 후반 이후로는 토지의 비중이 점차 높아져갔다.

양반 지배층은 대체로 자신의 본거지나 처가 쪽에 토지를 두고 있었지만 대토지 소유자는 전답이 전국에 산재한 경우가 많았다. 16세기 중반, 봉화 지역에 근거지를 둔 권벌權橃 가문은 2300여 두락의 토지를 보유했으며, 이황의 아들인 이준李寯 집안의 경우 16세기 말에 3000여 두락의 토지를 보유했다.[2] 안동 지역의 고성 이씨固城李氏 집안은 17세기 초에 1600여 두락의 토지를 가졌고, 18세기 중반까지 거의 비슷한 규모를 유지했다. 15~18세기 동안 안동·영주·고령 등 경상좌도 지역에 거주한 사족 집안의 재산 규모를 조사한 결과, 다수의 집안이 300~500두락의 토지를 가졌던 것으로 파악됐다. 토지 단위의 크기는 시기와 지역, 가문에 따라 조금씩 차이가 나는데, 1두락을 약 100평에서 110평으로 환산한 결과다. 이 기준으로 보면 유희춘 집안은 대략 330두락의 토지를 가졌던 것으로 추산된다.

이 토지에 가문의 보존과 번성이 달려 있다고 해도 과언이 아니었다. 양반 집안은 여러 방식으로 토지를 지키고 늘려나갔다. 혼인과 상속에 의해 선대의 토지를 물려받았는데, 17세기 전반 무렵까지는 자녀를 차별하지 않는 균분상속제가 일반적이어서 혼처 물색 과정에서 경제력을 살피는 게 당연시될 정도였다.

개간으로 토지를 늘려나가기도 했다. 15~17세기 사이에 경지 면적이 크게 늘어났는데, 이는 개간에 의한 전답 증가로 보인다. 안동 지역에서는 16~17세기에 경지 면적이 1.5배나 증가한 것으로 나타났다.[3] 특히 16세기에는 대부분의 양반 가문이 개간에 뛰어들어 이 시기를 '개발의 시대'라 부르기도 한다. 산간 평지 지역 외에도 해안 지역에서 간척에 의한 농지 개발이 이뤄지기도 했다. 유희춘의 처조카와 사돈 집안이 대표적인 경우로, 이들은 해안 갯벌을 막아 농지를 조성했다. 이 과정에서 유희춘의 힘으로 관의 노동력과 재원을 동원했다. 지방관을 움직여 군인을 동원하고 물자를 지원받을 수 있어야 대규모 개간사업이 가능했으니, 개간은 상층 양반의 특권이었던 셈이다. 관직이 부를 창출하는 요인이 되고 이 부는 다음 세대의 후손이 관직에 나갈 수 있는 밑바탕이 되니, 토지와 관직은 서로 맞물려 지배신분 재생산의 사회적 기제로 작용하고 있었던 것이다.

남의 토지를 매입해 땅을 늘리는 경우도 있었다. 조선 중기까지는 가능하면 혈족집단 내에서만 토지를 매매하도록 했다. 조상 대대로 내려온 재산을 남의 가문에 넘겨줄 수 없다는 의식이 반영된 관행이었다. 이를 손외여타금지孫外與他禁止라 했는데, 이러한 관행은 17세기 이후에는 효력을 잃게 된다. 토지 사유권이 더욱 강화되고 토지 거래가 좀더 빈번해지면서 나타난 현상이었다.

합법적인 외양을 갖지만 강제나 탈취에 준하는 방식으로 토지를 취득하는 경우도 있었다. 부유한 양반층은 고리대를 이용해 헐값에 토지를 매입했다.

사간司諫인 이이만李頤晚이 아뢰었다. "토호들이 평민들에게 끼치는 폐해는 이루 말할 수가 없습니다. 부유한 사람들은 대부분 돈과 곡식을 가난한 사람들에게 빌려주고 논밭문서를 전당잡는 이자놀이를 합니다. 그러다 이자가 날로 불어나 갚을 수 없게 되면 그 전당잡은 토지를 그대로 매매한 토지로 만들어 논밭을 빼앗아버립니다. 또한 조금 세력이 있는 사람은 유민遊民을 유혹해 끌어들여 비호해주며 부역을 면하게 해준 뒤, 이들을 함부로 부립니다. 심지어는 소를 도살하여 이익을 남기는 짓을 하고, 논밭에 물리는 세금을 숨기어 부역을 피하는 짓까지 저지릅니다."

—『숙종실록』 47권, 숙종 35년(1709년) 7월 5일

18세기 중기 이후엔 채무를 진 농민이나 가난한 농민의 토지를 매입하는 방식이 재산 증식의 보편적인 현상으로 자리 잡는다.

사직司直 윤면동尹冕東이 상소했다. "흉년이 든 해엔 향촌의 부호들이 이 시기를 틈타 이익을 챙기기 위해 논밭을 헐값에 강제로 사들입니다. 이로 인해 민간에 남아 있던 약간의 논밭마저 모두 이들이 소유하게 되었습니다. 이는 겸병兼幷하여 이익을 독점하는 폐해인데, 그 해가 평민에게 미치게 된 것입니다."

—『정조실록』 6권, 정조 2년(1778년) 7월 20일

18세기엔 양반층뿐 아니라 부유한 상인이나 농민이 매매를 통해 토지를 소유하는 경우도 부쩍 증가했다. 이는 조선시대 상민이 토지 소

유에 있어서는 양반과 법적으로 동등한 지위를 가졌기에 가능한 일이 었다. 물론 양반은 농민보다 더 많은 토지를 보유했고, 토지 증식과 세습에 필요한 자원 동원에 있어서는 비교할 수 없을 정도로 훨씬 유리했다. 그럼에도 법적으로는 양반이라는 신분이 토지 소유를 결정하거나 토지 소유 자체가 신분을 결정하지 않았다. 이 점이 토지 소유와 신분이 밀접하게 연관된 전근대 일본이나 중세 유럽의 신분제와 큰 차이점이다. 유럽의 영주는 그 신분만으로도 당연히 토지를 소유했으며, 일본의 경우 쇼군과 다이묘 등 영주를 제외한 계층의 토지 소유가 일체 금지되었다. 영주가 직접 농토를 장악해 농민의 이동도 규제했다. 주군이 주는 봉록에만 의지하는 일본 무사는 봉록 외에는 물질 기반이 전혀 없었기 때문에 주군인 영주에게 복종할 수밖에 없는 처지였다. 이에 비해 산림처사로 불리는 조선의 일부 양반은 주군에 해당하는 임금의 부름을 거부하기도 했는데, 이는 토지라는 자신만의 경제적 토대가 있었기에 가능한 일이었다.

고려시대의 토지 소유관계는 기본적으로 '모든 토지는 국왕의 소유'라는 왕토사상에 입각해 있었다. 백성은 왕으로부터 토지를 빌려 경작하는 존재였으며, 농장도 국가가 분급한 조세 징수권인 수조권에 기초해 성립했다. 특별한 사유에 한해 민간의 토지 매매를 허가할 뿐 매매 금지가 일반적이었다. 국가에 의해 토지 매매가 공인된 것은 조선시대 세종 때인 1420년대였다. 15세기엔 군인이 이사할 때 토지를 함부로 매매할 수 없도록 하거나 매매에 국가의 공적 인증제도를 두는 등의 규제가 있었는데, 16세기엔 이마저도 흐지부지되고 자유로운 매매가 이뤄지게 된다. 이에 따라 늦어도 조선 후기에 접어들 즈음에는 토지에 대한 사실상의 배타적 소유권이 확립된다.

가난한 자들의 토지는 마침내 부유한 자들의 손에 들어가고 부유한 자들은 그 토지를 가난한 농민들에게 나누어주어 병작並作하게 하고 세稅를 받아낸다.

—『승정원일기承政院日記』, 효종 7년(1656년) 7월 11일

조선시대 농업 경영은 크게 두 가지 방식으로 이뤄졌다. 15세기와 16세기에는 토지 주인이 노비를 부려 농사를 짓는 농장형 지주제가 주류를 이루었다. 다른 한 방식은 토지 주인이 농민에게 전답을 빌려주어 농사짓게 하고 그 생산량을 나누는 병작제並作制였다. 병작제는 15세기에 성립돼 17세기 이후에는 지주제의 주된 형태로 자리 잡는다. 16세기 후반에 이미 전체 지주가 보유한 토지 가운데 약 70퍼센트가 병작제에 의해 운영됐다는 연구도 있어 병작제 성행 시기를 좀더 이르게 추정하기도 한다. 농사를 직접 경영하는 양반이 줄어들고 집약적인 벼농사 기술이 확립되면서 농업의 경영 단위도 변화했다. 병작제 방식이든 자작농이든 직계가족에 의한 소규모 영농체가 경영의 단위로 자리를 잡아갔다.

병작제의 확산은 토지 소유의 양극화를 의미했다. 한편에선 양반 지주층이 토지를 계속 늘려나갔으며, 다른 한편에선 토지를 상실하고 소작농으로 생계를 이어가는 하층 농민이 증가했다. 토지 소유의 불균등

은 부의 양극화를 의미했으며, 이는 양반 지배층의 특권과 장기 존속을 보장하는 물질적 토대로 작용했다.

토지의 사적 소유의 증가와 토지 매매의 확장은 왕권에 대한 신권의 강화와도 관련된다. 조선시대 토지제도는 크게 보아 왕토사상과 개인이 토지를 소유하는 토지사유제라는 이중구조에 기초해 있었다. 국가가 관료에게 수조권을 부여한 여말선초의 과전법은 국왕이 토지를 관료에게 나누어준다는 일종의 왕토사상에 입각해 있었다. 하지만 분급할 토지가 줄어들면서 1466년(세조 12년)엔 현직 관리에게만 수조권을 부여하는 직전법職田法으로 바뀐다. 그리고 몇 년 뒤에는 나라에서 농민에게 토지세를 받아낸 뒤에 관료에게 해당액을 지급하는 관수관급제官收官給制를 실시했다. 16세기에 접어들면 이런 과전법 체제마저 와해되면서 실질적인 토지사유제가 자리를 잡는다. 이제 왕토사상에 입각한 공전제公田制(국유제)나 국왕이 토지를 백성에게 골고루 나누어주어 경작하게 한다는 균전제均田制는 조세를 거둬들이는 명분에 머물 뿐이었다. 실제로는 양반층이 토지를 사적으로 소유해 이 토지를 계급과 권력 재생산의 물적 기반으로 삼았다. 관직에 따르는 물질적 보상이 크게 줄어든 연산군燕山君(재위 1494~1506) 시기에 왕과 신하의 마찰이 잦고 심했던 데에는 이런 사회경제적 배경도 한몫을 했다. 16세기 중반의 관수관급제 폐지는 수조권에 의한 국가의 토지 지배가 소멸되고 양반관료층의 사적 토지 소유에 의한 지주제가 우위를 선언하는 사건이기도 했다. 군주와 관료의 토지전쟁에서 관료가 승리를 거둔 것이다. 이는 군주에 대한 관료의 우위, 곧 왕권에 대한 신권의 강화이자 그 승리를 뜻하기도 했다. 왕은 토지에 대한 실질적인 영향력을 점차 잃어갔으며, 권력 기반의 한 축인 경제력이 축소되자 왕권 또한 약화될 수밖에 없었다.

토지 사유를 공인한 이후 토지 소유의 불균등은 점차 심화돼갔다. 양반층은 강점·탈취·강매·개간 등의 수단을 적극적으로 동원해 더 많은 토지를 얻고자 했고, 임진전쟁 이후에는 사유 토지가 크게 늘어났다. 국가기관과 연관된 지배층의 토지 사유화 외에도 권세가와 토호가 대규모 논밭을 겸병하며 토지를 집적해갔다. 이런 과정을 거쳐 17세기 후반에 이르면 국가권력에 의한 토지 지배는 사실상 끝을 맞는다.

하지만, 왕의 지배권과 농부의 경작권 결합이라는 왕토사상은 조선의 마지막 날까지 사라지지 않았다. 왕토사상은 양반 지배층의 과도한 토지 소유로 부의 양극화가 심해질 땐 이를 보완할 토지제도 개혁안을 이념적으로 뒷받침해주었고, 다른 한편으로는 지배질서 정당화와 계급 재생산의 이데올로기 구실을 하기도 했다. 백성에게 세금을 거둘 때 자발적 협력을 이끌어내는 기능을 여전히 맡았으며, 조선사회의 양극화된 토지 소유관계가 마치 '권력자와 생산자의 공생관계에 기초해 성립됐다'는 착시효과를 주었다. 토지 공유제와 사유제의 이중구조와 그에 입각한 토지정책상의 이 같은 이중전략은 양반 지배질서 유지와 조선 장기존속의 한 요인이 됐다.

❖조세 특권을 유지하라

영국 출신의 여행가인 아널드 새비지랜도어Arnold H. Savage-Landor(1865~
1924)는 1890년 말에 조선을 찾았다. 화가이기도 했던 그는 궁궐에 초
대돼 서양인으로서는 처음으로 고종의 어진을 그렸다. 하지만 새비지
랜도어는 조선의 상류층보다는 물장수·마부·걸인·죄수·승려·농
부 등 하층민의 생활에 더 큰 관심을 가졌다. 그는 몇 달에 걸쳐 한양
과 인근 지역을 여행하면서 힘겹게 살아가는 이들 하층민을 만났다.
그의 표현을 빌리면, 조선의 하층민들은 대체로 게으르고 무기력했다.

> 언제인가 어느 조선 사람이 "죽도록 일해서 돈 벌어봤자 뭐합니까?"라
> 고 내게 푸념을 늘어놓았다. 그는 이어서 내 얼굴을 진지하게 쳐다보면
> 서 "고되게 일을 해서 돈을 벌어봤자 관리가 그것을 뜯어갑니다. (…) 자,
> 당신 같으면 나와 같은 상황에서 일할 맛이 나겠습니까?"라고 덧붙였다.
> "할 수만 있으면 차라리 목을 매겠소"라는 것이 그의 말에 찬동한다는
> 의미에서 내가 최선을 다해서 애써 조선말로 짜낸 표현이었다.
>   ―아널드 새비지랜도어, 『고요한 아침의 나라 조선』

19세기 말에서 20세기 초에 조선을 방문한 서양인들 중에는 조선
사람의 성향을 평가하면서 '게으름'을 꼽는 사람이 한둘이 아니다. 그
런데 이 '게으름'은 '관리의 수탈'이나 '가난'이라는 말과 함께 나타나는
경우가 대부분이다.

거의 모든 관리들이 약탈을 일삼아 수탈이 이 나라의 법칙처럼 되었기에 조선인들은 노력할 유인을 느끼지 않는다. 가난은 억압에 맞설 수 있는 확실한 보장이다.

—어니스트 해치, 『극동의 인상: 일본·코리아·중국』

여행자들은 조선 사람들이 게으르다는 인상을 많이 받았으나 러시아와 만주에 이주한 조선 사람들의 활력과 인내를 보고, 그들이 집을 치장하거나 그들의 번영한 모습을 보고 난 후에 나는 조선 사람의 게으름을 기질의 문제로 여기는 것이 잘못되었다는 생각을 갖게 되었다. 조선에 있는 모든 남자들은 가난이 최고의 보신책이며 가족과 자신을 위한 음식과 옷을 필요 이상으로 소유한다면 탐욕적이고 타락한 관리에게 노출된다는 것을 잘 알고 있었다.

—이사벨라 버드 비숍, 『조선과 그 이웃나라들』

최소한의 생계선을 넘어선 생산물이나 재산은 관리들의 수탈 대상이 되는 사회, 살기 위해 가난을 방패막이로 삼을 수밖에 없는 사회. 관리의 가렴주구가 어느 지경이기에 조선의 백성들은 차라리 **빼앗길** 여지를 없애버릴 정도의 가난을 선택한 것일까?

조선 평민의 가난과 피지배층 수탈은 조선 말기 한두 해의 문제가 아니었다. 18세기 말에 경기도 포천에서 현령을 지낸 실학자 박제가朴齊家(1750~1805)는 당시 농민의 극심한 가난과 그 원인을 이렇게 전한다.

그들은 화전을 일구고 나무를 하느라 열 손가락 모두 뭉툭하게 못이 박혀 있었지만, 입고 있는 옷이라고 해야 십 년 묵은 해진 솜옷에 불과했고, 집이라고 해봐야 허리를 구부리고 들어가는 움막에 지나지 않았다. 먹는 것이라고는 깨진 주발에 담긴 밥과 간도 하지 않은 나물뿐이었고, 부엌에는 나무젓가락만 달랑 놓여 있고, 아궁이에는 질항아리 하나가 놓여 있을 뿐이었다. 그 이유는 간단했다. 무쇠솥과 놋수저는 이정里正이 이미 몇 차례 빼앗아갔고, 군포軍布 대신에 동전 2.5~2.6냥씩을 해마다 납부해야만 했기 때문이다.

—박제가, 『북학의北學議』

조선사회는 어느 시대든 가난에서 자유롭지 못했다. 특히 16세기 이후엔 조세제도의 폐단이 본격적인 사회문제로 떠올랐다. 조세를 부과할 때만이 아니라 조세를 징수할 때도 비리가 일상화되어 대부분의 양인 농민은 생활에 곤란을 겪었다. 조세 부담을 이기지 못한 농민은 유랑민으로 전락하거나 양반가의 노비로 들어가 생계를 이어갔다. 양인 농민층의 몰락은 국가재정 손실로 이어졌고, 국가에서는 이를 보충하기 위해 다시 과도한 세금을 거둘 수밖에 없는 악순환이 거듭됐다.

조세는 국가재정의 밑바탕이었다. 이를 통해 왕실은 물론 중앙관청에서 지방관서에 이르는 행정과 경제를 운영했으며, 사회정책과 국방도 국가재정 없이는 불가능했다. 이런 까닭에 국가 통치행위의 중심점은 실제로는 조세 수취에 맞춰졌고 국가의 통치 구조 또한 사실상 조세를 효율적으로 거둘 수 있는 방향으로 성립되고 운영되었다. 이런 측면에서 본다면, 1880년대 중반에 미국의 한 외교관이 조선 정부와 관리에 대해 내린 가혹한 평가가 터무니없이 과장된 것만은 아닐 것이다. 군무관인 조지 클레이턴 포크George Clayton Foulk는 약 3개월에 걸쳐 조선 중부와 남부 지역을 여행한 뒤 일기 형식의 기록을 남겼다.

> 관리들은 조세 수취로 백성들을 쥐어짜낸다. (…) 정부는 하나의 거대한 강도가 됐다.
>
> ─조지 클레이턴 포크, 「일기」(1884. 11. 13~11. 14)

국가재정은 크게 보아 백성과 토지에 대해 조용조租庸調라는 세 가지 세를 부과하고, 이를 기준으로 거둬들인 세금을 관서에 배분함으로써 운영됐다. 조租는 토지에 대한 세금으로 전세田稅라 했으며, 용庸은 인정人丁에 대한 세금으로 노동력 징발을 통해 이뤄졌다. 특산물을 바치는 조庸는 가호家戶에 대한 세금이었다.

조세는 거둬들인 수입에 맞춰서 지출하는 양입위출量入爲出의 재정 정책에 따라 운용됐다. 문제는 조세 수취 과정에서 발생하는 형평성의 부재였다. 지배층은 호적과 양안, 군적 같은 과세대장 작성 과정에서 영향력을 행사해 과세표준을 낮추거나 아예 세금을 면제받았다. 이에 비해 평민층의 그것은 실제 이상으로 부풀려져 더 많은 세금을 내기 일쑤였다. 가구당 부과하는 가호세와 인두세의 경우에도 평민층은 양반 지배층에 비해 상대적으로 더 많은 세금을 부담해야 했다. 평민층은 대가족으로 구성된 양반층에 비해 가구 구성에서 그 규모가 작기 마련이지만 호적에는 두 계층 모두 하나의 개별 가족으로 인정돼 동일하게 세금이 부과됐던 것이다.

조선시대의 기본적인 세금 부과 단위는 개인이나 개별 가구가 아니라 지방 행정조직 단위였다. 군현이나 면, 리에 미리 정해진 총액을 수취하도록 했는데, 조선 전기에는 리와 면 단위로 조세 분배가 이뤄졌고 17세기 이후에는 군현 단위의 부과가 가능해졌다. 고을 단위로 세액을 정하는 과정에서 해당 고을 출신 관료가 개입해 세액을 줄여주기도 했으며, 그렇지 못한 고을에서는 과중한 액수를 할당받아 더 큰 부담을 떠안기도 했다. 또한, 한 가구가 세금을 적게 내거나 내지 못할 경우엔 세액 부과 단위의 구성원들이 어떻게든 책임을 져야 했다. 할당된 액수를 채워야 하는 일종의 강제적 연대보증제도인 셈이다. 강요된 이 책임제도는 조선 후기 유랑민 양산의 한 요인이 됐다.

자연재해로 흉년이 들 경우에는 세금을 감면해주었는데, 이 과정에서도 양반과 권세가가 혜택을 가로채고 이득을 취했다. 관리와 결탁해 흉작을 부풀리거나 흉년이 아닌데도 흉년이 들었다고 보고했다. 이렇게 불법적인 방법으로 혜택을 받은 논밭을 계속해서 면세지로 묶어두는 악행을 저지르기도 했다. 관리를 움직일 수 없는 평민층은 지배층이 누린 이득만큼 곤란을 떠안아야 했다. 농사의 풍흉에 따라 아홉 등급으로 나누어 세금을 차등 징수하도록 한 연분구등법年分九等法과 토지 비옥도에 따라 여섯 등급으로 세율을 조정한 전분육등법田分六等法은 실정에 맞는 조세 형평을 목적으로 실시됐지만 그 실상은 양반관료층의 탈세와 농민층 착취로 귀결되었다.

관리들도 세금을 가로챘다. 감면받은 세금을 착복했으며, 정액보다 많은 세금을 걷어 배를 불렸다. 보관과 운반 비용으로 세곡稅穀을 더 받아내기도 했다.

16세기 이후에는 토지세인 전세는 낮아지고 대신 지방의 특산물을 현물로 내는 공납貢納과 진상이 늘어났다. 전세가 낮아진다는 것은 토지를 많이 차지한 양반층이 혜택을 받는다는 뜻이며, 모두가 내야 하는 공물과 진상 부담이 늘어난다는 것은 평민층의 부담이 상대적으로 증가한다는 의미다. 세금을 적게 내는 계층이 있으면 다른 계층이 그 부족분을 채워야 했다. 이 공물과 진상은 농민층을 파탄으로 몰아넣은 주범이었다. 그 종류가 많았으며, 해당 지방에서 생산되지 않는 물품을 납부해야 할 때도 있었다. 왕실에 바치는 별공別貢은 부과 시기가 일정하지 않았다. 세액이 형평성에 맞지 않은 경우도 있었다. 큰 고을과 작은 고을에 같은 액수의 공물을 부과하기도 했다. 가장 큰 폐단은 방납防納 과정에서 일어났다. 공물은 심사 과정을 거치는데, 이때 담당 관리가 공물을 대납하는 방납업자와 결탁해 농민이 가져온 공물을 퇴짜 놓는 일이 비일비재했다. 이러니 농민은 방납업자가 준비한 비싼 물품을 사서 납부할 수밖에 없는 처지가 되고, 이 과정에서 방납업자는 물품값을 웃도는 중간 수수료를 챙겼다.

이런 공납의 폐단을 없애기 위해 제정된 조세제도가 대동법大同法이었다. 1608년 경기도에 한해 처음 실시된 대동법은 조세 부과 기준을 가호가 아니라 전세처럼 토지에 두고, 토지 소유 규모에 따라 공납액을 정했다. 가난한 농민들은 환영했지만 토지를 많이 가진 지배층에겐

반가울 리 없는 정책이었다. 공납 물품은 여러 가지 잡다한 특산물 대신 쌀이나 베로 통일해 내게 했다. 결과적으로 액수가 이전보다 줄어들어 양인 농민층은 부담을 덜게 되었고, 조선사회는 한층 안정적인 재생산 기반을 다질 수 있는 여력을 갖게 됐다. 공물 수취에 따른 제반 비용을 줄였으며, 법률에 규정되지 않은 부당한 부담도 금지시켰다.

그러나 대동법은 민생 차원에서만 추진된 제도는 아니었다. 세금을 많이 내야 하는 양반층의 집요한 반대로, 대동법이 전국에 실시되기까지는 100년이란 시간이 걸렸다. 16세기 초에 처음 공납 개혁이 논의되었다는 사실을 감안한다며 그 전체 과정에는 거의 200년이 소요된 셈이다. 그마저도 공납 비리와 폐단으로 조세를 부담하는 평민층이 와해되고 그에 따라 기존 사회질서까지 무너질지 모른다는 위기감에 따른 최소한의 조정이었다. 대동법을 추진한 지배층의 주된 의도는 한계에 이른 방납제의 폐단을 고쳐 지배질서를 유지하는 데 있었지 백성의 삶을 풍요롭게 하는 혁신에는 미치지 못했다. '민생을 염려하는 사람'이라는 수식에 걸맞은 활동으로 대동법을 꼽으며 이를 은근히 치켜세우기도 하는데, 오히려 대동법 실시과정은 지배층의 기득권 지키기가 얼마나 견고한지를 말해주는 사례다.

실시 과정에서 불거진 결함과 비리가 한둘이 아니었다. 일반적인 소비 품목은 현물로 징수하도록 했으며, 관찰사가 진귀한 물품을 거둘 수 있는 예외 조항을 두었다. 양반관료층이 소유한 면세전에서는 대동세를 걷지 않음으로써 특권층을 보호했다. 조세 수취의 기반을 토지로 전환했음에도 조세액을 공정하게 부과하는 데 필수적인 경작지 조사는 제대로 이루어지지 않았다. 대동법을 둘러싼 비리가 계속되면서 애초의 취지는 무색해졌고, 지배층은 하나 둘 조세 그물망에서 빠져나갔다. 그 빈 공간을 채운 것은 농민들의 고된 노동과 극심한 가난의 고통이었다.

❖ 군역을 조세화하고 평민에게 짐 지우라

18세기 중후반의 문신인 홍양호洪良浩(1724~1802)는 정조 시기에 사헌부 대사헌과 이조판서, 대제학 등 고위 관직을 두루 역임했다. 일본에서 벚나무 묘목을 들여와 서울 우이동에 심어 뒷날 이곳이 경승지가 되도록 한 인물로도 알려져 있다. 홍양호는 지방행정과 민생에 큰 관심을 가져 지방관의 지침서인『목민대방牧民大方』을 저술했다. 젊은 시절부터 가난한 농민의 삶에 마음을 썼던 그는 하층민의 삶을 형상화한 작품까지 남겼다.

스무 살 무렵의 초겨울, 홍양호는 충청도 해안 지역을 여행하다 한 무리의 유랑민을 만난다. 하루 종일 오가는 사람들 태반이 유민일 정도로 떠도는 사람이 많았다. 홍양호는 한 유랑민 남자와 대화를 나누었다. 그러다, 얼마 전까지만 해도 내포 지역에서 삼대가 함께 기거하며 농부로 살았다는 이 남자의 한탄 섞인 사연을 듣는다.

(전략)

젖먹이 어각난 아이마저도 한정開丁(군적)에 올려졌더라오

집에 무엇이 남았나, 외양간의 누런 송아지 한 마리뿐이었소

그 놈 팔아 관가에 돈 바치고 나니 또 포흠이 남아 있더라오

베틀로 베 몇 필 만들어 모두 겨울군복 명목으로 주었으니

어이 한 자 한 치 베인들 남겨 내 아랫도린들 가릴 수 있었겠소

입고 먹을 것도 없으니 어떻게 이 한 해 보낼는지

찬바람에 살갗은 얼어 터지고 어린아이 보채는 소리 차마 들을 수 없
다오

(…)

이 신세 원님도 알지 못하거늘 나라님이야 어찌 아시겠소

소문에 듣자하니 조정에서는 종이며 첩년까지 쌀밥이며 비단옷에 신물
을 내고

소슬대문 집에선 큰 솥 줄줄이 벌려놓고 노래와 풍악소리 날마다 울려
댄다지요

(후략)

—홍양호, 「유민원流民怨」

　　유랑민 남자는 관리의 수탈을 견디지 못해 집을 버리고 떠도는 농부
였다. 홍양호는 유랑민으로 전락한 이 농부의 한탄을 통해 관리의 수
탈에 신음하는 조선 후기 평민의 고통을 전하고자 했다. 홍양호가 지
은 글에도 나타나듯 군포를 바치는 군역軍役에서 관리의 가렴주구가 특

히 심했다.

국가의 노동력 징발은 군대에 복무하는 군역과 일시적으로 노동을 제공하는 요역으로 나뉘었다. 요역은 국가의 토목공사나 세곡 수송, 진상물 조달 시에 가구를 단위로 부과됐다. 군역은 16세에서 60세에 이르는 양인층 남자에게 부과됐다. 정군正軍은 현역병으로 근무하고, 보인保人은 정군의 재정을 부담하는 형태로 운영됐다. 이후 다른 사람을 병사로 내세우는 대립제代立制나 군 복무 대신에 포를 납부하게 하는 방군수포제放軍收布制가 시행되기도 했다.

조선 초기에는 양반층을 포함한 모든 양인이 군역의 의무를 졌지만 16세기 이후 양반층은 군역에서 점차 제외돼갔다. 군역에 대한 보상으로 부여하던 관직 진출권이 없어진 것도 이 무렵이었다. 16세기 중반엔 전국 15만 군호軍戶 가운데 양반층은 거의 속해 있지 않았다. 양반층은 유학 공부를 업으로 삼는다는 업유業儒와 학생 신분을 유지하는 방법으로 군역을 피했으며, 군역 면제 자체가 지배층 신분의 지위를 드러내는 상징적인 표지가 돼갔다. 한 나라의 지배층으로서 온갖 혜택을 누리면서 정작 그 나라를 지키는 의무는 회피하는 불합리한 특권이 신분 상징으로 자리 잡은 것이다. 이와 함께 군역은 하층 상민에게 전가되어 더욱 가혹한 부담을 지웠다.

포를 납부하는 군역은 16세기에 이미 일반 양민이 부담하는 사실상의 조세로 그 성격이 바뀌었다. 군사력 확보보다는 재정을 마련하기 위한 수단으로 변질된 것이다. 군역을 지는 계층이 줄어들면서 농민층이 부담해야 할 군포는 갈수록 늘어났으며, 과중한 부담은 이들의 생존 기반을 무너뜨렸다. 몰락한 농민은 유랑민이 되거나 부유한 양반가에 노비로 들어가 생존을 꾀했다. 조세를 부담할 양인 계층이 줄어들고 이에 따라 국가재정이 위축되는 악순환 구조가 자리를 잡은 것이다. 거기다 대동법 실시 이후 줄어든 재정을 보충하기 위해 군포를 관청의 재원으로 활용하면서 농민층의 부담은 더욱 가중됐다. 양인 농민층은 군포 2필의 부담 외에 몰락한 양인들의 군포 부담까지 떠안아야 했다.

경상도 재상경차관災傷敬差官 여필용呂必容이 예천군에서 돌아와 민폐를 진달하고 세금을 줄여달라고 청하며, 한 사연을 아뢰었다. "안동에 시어머니와 며느리가 길쌈을 하여 4부자父子의 신포身布를 바쳐온 집이 있습니다. 그런데 금년에 시어머니가 죽었습니다. 그러자 며느리는 '시어머니와 힘을 합쳐도 신포 장만이 어려워 걱정했는데, 이제 시어머니가 돌아가고 거기다 목화 농사까지 재해를 입었으니, 내가 어떻게 살아갈 것인가' 하며 한탄하다 스스로 목을 매어 죽었습니다. 함께 사는 부자의 신포 장만이 어려워 근심하다 이렇게 원통함을 품고 귀신이 된 사람이 있을 정도인데, 더구나 도망한 이웃이나 친족의 군포까지 떠안아야 하니 어찌 이를 감당할 수 있겠습니까? 청하옵건대, 도망한 사람을 대신하는 군포는 우선은 징수하지 말도록 하소서." 어필용의 상소를 조정에 내렸지만 이를 허락하지 않았다.

—『숙종실록』31권, 숙종 23년(1697년) 11월 3일

군포 부담은 이미 한계를 넘어서고 있었다. 17세기 중반 이후엔 군역을 부담해야 하는 양인층의 몰락이 눈에 띄게 늘어났다. 신분제 존속과 기득권 유지를 위해서라도 더 이상 방치할 수 없는 상황이었다. 지배층은 1750년 들어 양인 장정 1인당 군포 1필을 원칙으로 하는 균역법均役法을 실시한다. 균역법은 지금까지의 군역 부담을 반으로 줄였지만 군역 문제를 근본적으로 해결할 수 있는 개혁은 되지 못했다. 감소분은 어염세와 선박세 같은 다른 재원으로 보충했으며, 양반은 군역 의무에서 여전히 제외돼 있었다.

이전부터 양반에게도 군포를 징수해 농민층의 부담을 덜어주자는 호포제戶布制가 제기됐지만 양반층 다수의 반대로 시행되지 못했다. 국가 방위와 안전의 기초인 군역 체계가 와해되고 있었지만 양반층은 군역 면제라는 특권을 포기하지 않았고, 군역 담당자를 늘리기 위한 노비의 양민화에도 적극적으로 나서지 않았다. 노비 또한 그들의 재산이니, 실질적인 노비 양민화 정책은 지배층이 기꺼이 재산 손실을 감수할 때 가능했다. 하지만 지배층은 군제 개혁에 눈감음으로써 기득권을 유지하고자 했다. 지배층의 이런 특권이 없어지지 않는 한, 군역의 폐단을 근본적으로 끊어낼 수 없었다.

19세기 초, 전라도 강진에서 귀양살이를 하던 정약용은 감당하기 힘든 군역 부담으로 해체돼가는 한 농부 가정의 비참한 현실을 목도한다. 그리고 군포 부담에 대한 억울함과 분노를 안고 절양絶陽, 곧 자신의 생식기를 스스로 자른 농부의 처참한 운명을 기록한다.

이 글은 계해년(1803년) 가을에 강진에 있으면서 지었다. 당시 갈밭 마을에 사는 한 부부가 아이를 낳았는데 사흘 만에 군적에 편입되었다. 리理의 책임자인 이정理正이 이 아이에게 부과된 군포를 강요했으나 바칠 것이 없자 소를 빼앗아갔다. 그러자 아이의 아버지가 칼을 뽑아 자신의 생식기를 베면서 "내가 이것 때문에 재앙이 겹친 이런 불운을 겪는다"라고 외쳤다. 그의 아내가 생식기를 들고 관청으로 달려가는데 피가 뚝뚝 떨어졌다. 울기도 하고 하소연하기도 했으나 문지기가 관청에 들어가지 못하게 막아버렸다. 내가 이런 사연을 듣고 이 시를 지었다.

—정약용, 「첨정簽丁」 『목민심서』

(전략)

시아버지 삼년상 지났고, 갓 낳은 아이의 배냇물도 안 말랐는데
이 집 삼대 이름 군적에 모두 실렸네
억울한 하소연 하려 해도 관가 문지기는 호랑이 같고
이정은 으르렁대며 외양간 소마저 끌고 갔다네
舅喪已縞兒未澡 三代名簽在軍保
薄言往愬虎守閽 里正咆哮牛去皁

남편이 칼 들고 들어가더니 피가 방에 홍건하네
스스로 부르짖기를, "아이 낳은 죄로구나!"
누에치던 방에서 불알 까는 형벌도 억울한데
민나라 자식의 거세도 진실로 또한 슬픈 것이거늘

磨刀入房血滿席 自恨生兒遭窘厄

蠶室淫刑豈有辜 閩囝去勢良亦慽

(후략)

—정약용, 「애절양哀絶陽」

19세기를 거치면서 군역을 둘러싼 비리와 부정부패는 더욱 가속화되고 군정은 한층 더 문란해졌다. 양반지주 집안에 투탁하는 몰락 농민이 늘어나 군역을 맡을 가구가 줄어들고 관리들의 횡포와 협잡도 더해갔다. 이 군정 문란은 전정의 폐해, 환곡의 비리와 함께 삼정문란으로 불리며 19세기 민란 발생의 요인이 된다.

결국 대원군 집권기인 1870년 들어 양반 지배층은 군역 의무를 공식적으로 받아들인다. 하지만 이마저도 순탄하지는 않았다. 마침내 양반도 나라에 군포를 납부하는 호포제가 실시됐지만 노비의 이름으로 납부한다는 조건을 단 의무수행이었다. 결국 양반은 자신의 이름으로는 조선이 멸망할 때까지 군역의 의무를 다하지 않았다. 양반의 군역 수행이 신분 차등의 엄격함을 훼손하고 마침내는 유교적 사회질서까지 붕괴시키는 길을 열 수 있다고 본 것이다. 조선의 지배층에겐 어떤 경우에든 양반 중심의 신분질서 유지가 최우선 가치였다. 한 나라의 건국에서 멸망에 이르기까지 줄기차게 군역 면제의 정당성을 외치고 실제로 군역을 회피해온 역사가 이를 증명한다.

❖아량을 베풀고 복종을 유도하라

오로지 수탈과 억압만으로 유지될 수 있는 지배층은 없다. 한계 없는 억압은 한 사회의 질서를 흔들고 결국은 그 사회마저 와해시켜버린다. 사회질서를 유지하고 이로써 한 사회의 존속을 가능하게 하는 토대마저 없애버리기 때문이다. 역사의 기록을 넘기면서 가렴주구와 강압의 장면 한편에서 베풂과 아량의 일화를 어렵지 않게 찾아볼 수 있는 것은 이 때문이다. 신분제 질서를 와해시키지 않을 정도의 한계선에서 수탈과 베풂을 적절히 조절하는 것, 약탈과 재분배의 적절한 균형 잡기, 이것이 조선사회를 경영한 관료들의 정책적 난제였다. 이 난제를 제대로 풀어나갔을 때 조선은 지속될 수 있었고, 이 난제를 제대로 다루지 못했을 때 조선은 쇠퇴했고 멸망했다.

조선사회는 민생 위기와 재난에 대비해 구휼제도를 마련해두고 있었다. 의창과 상평창, 환곡, 진휼청 같은 제도와 기구가 그것이다.

이동명李東溟이 안동 부사府使로, 권희權曦가 인동 부사로 있을 때, 이들이 특별히 구휼에 쓰일 곡물을 비축했다는 이유로 정3품 벼슬을 내리라는 어명이 있었다. 이조에서 이동명은 이미 정3품을 역임했고 권희는 진주 영장營將으로 제수되어 막 당상관으로 승진했다고 아뢰자, 임금이 이동명의 품계를 올려 주고 권희에게는 말馬을 하사했다.

　　　　　　—『현종실록』 17권, 현종 10년(1669년) 8월 1일

그런데 이동명에게 내린 어명은 얼마 지나지 않아 취소되기에 이른다. 이동명이 관아 물품을 사사로이 가져다 쓰고, 그가 마련했다는 구휼곡도 사실은 관아에 비축돼 있던 곡물임이 밝혀졌기 때문이다. 권희가 마련한 구휼곡은 매우 요긴하게 사용된다. 이듬해인 1670년, 냉해와 가뭄에 홍수까지 덮친 재해가 전국을 뒤덮고 역병까지 돌아 조선은 굶주림과 질병에 시달린다. 전쟁보다 더 참혹했다는 대기근이었다. 조정에서는 유랑민을 모아 둔전을 개간하게 했으며, 심지어 죄수를 풀어주는 선정까지 베풀며 기근에 맞섰다. 세금을 낮추었고, 구휼미를 나눠주고 환곡還穀을 탕감하는 구민정책을 펼쳤다.

중화中和에서 침몰한 조운선에 실린 쌀과 콩 530석, 양덕陽德 지역에서 받아들이지 못한 환곡인 쌀과 콩 160석을 모두 탕감하도록 명하였다. 이는 감사의 보고에 따른 조치였다.

—『현종실록』 18권, 현종 11년(1670년) 4월 3일

환곡제도는 조선시대의 대표적인 진휼정책이었다. 춘궁기에 농민에게 곡물을 대여하고 추수 후에 이를 회수해 비축해두는 방식으로 운영됐다. 재난 대비나 국방을 위해 비축해놓은 곡물을 해마다 새 곡물로 바꾼다는 실리적인 목적도 있었다. 회수 시에는 보관과 이송 과정에서의 손실분을 감안해 1할 정도의 이자를 덧붙여 받았다.

환곡제도는 무엇보다 가난한 농민을 구제하기 위한 민생정책으로, 임금이 백성의 생계를 직접 보살핀다는 군주정치의 이념을 담고 있었

다. 환곡제도는 기근에 대비한 곡물 저장 기능 외에 농업진흥정책의 일환으로도 운영됐다. 농사에 필요한 종자와 식량을 지급했으며 때로는 농우農牛까지 마련해주었다. 당시의 중국에 비해 1인당 곡물 저장량이 5배 정도 많아 규모와 운영 면에서도 상당히 안정적이었다.

조선의 환곡은 개인이 감당하기 힘든 재난이나 난관에 대처하는 사회안전망이자 국가가 주도하는 공동체적 재분배정책이기도 했다. 농민의 생활을 안정시킨다는 목적으로 곡물 생산량이 적은 지역으로 환곡을 옮겼으며, 곡물 이동이 적은 내륙 산간 지역에 곡물을 더 많이 비축했다. 재해가 발생한 지역에 곡식이 모자라면 다른 곳에 저장해놓은 곡식으로 보충했다. 큰 재해가 발생할 경우엔 상환 의무가 없는 진휼곡으로 분배하기도 했다. 이러한 환곡 운영은 농민의 생계와 함께 농업재생산을 보장하는 제도적 장치였다.

이는 피지배층인 농민의 사회적 불만과 신분제에 대한 저항을 누그러뜨리는 완충제 역할을 했다. 19세기 중반에 일어난 민란의 주된 원인이 환곡 운영의 폐단이었다는 사실은 환곡이 피지배층의 복종을 이끌어내기 위한 수단으로 작용했음을 보여준다.[4] 농민층이 생존의 한계선 너머로 내몰리지 않도록 적절한 시기에 곡물을 배분함으로써, 살아남기 위해 일으킬 수도 있는 집단 저항과 투쟁을 사전에 방지하는 기능을 수행했던 것이다.

향촌 양반의 전략적 재산 운용도 농민층의 반발을 완화하거나 복종을 이끌어내는 기제로 작용했다. 흉년에 곳간을 풀거나, 잔치나 의례를 빌어 양식을 나누거나, 수리시설 같은 공공시설 조성에 물력을 더하는 방식이었다. 거기다 향촌 양반은 농촌이라는 공간에서 농민과 함께 거주해 신분 차이에서 오는 이질감을 줄일 수 있었고, 불만의 원인이나 저항의 움직임을 좀더 일찍 파악할 수 있는 위치에 있었다.

그런데 양반 지배가 세기를 거듭하면서 환곡제도 역시 지배층의 수탈제도로 변해갔다. 환곡을 돌려받을 때의 증액분인 모곡耗穀을 국가재정으로 활용하게 되면서 환곡은 농민을 보호하는 구휼 기능보다는 이 모곡을 늘리는 대부 기능에 초점이 맞춰졌다. 임진전쟁과 병자전쟁 이후 재정난이 심해지면서 이러한 변질이 가속화됐으며, 18세기에는 거의 대부분의 관아에서 높은 이자를 붙여 비축된 곡식을 대여했다. 이자가 빌린 곡식의 절반에 이르거나 심할 경우엔 배가 될 정도였다. 환곡이 나라에서 운영하는 강제적인 영리사업으로 변한 것이다. 이는 공공연히 자행되는 고리대나 다름없었다. 온갖 비리와 부정부패가 동원됐으며, 이 과정에서 고위 관리에서 하급 서리에 이르는 거의 모든 관리자가 이익을 챙겼다.

호남 이정사釐正使 이성중李成中이 임금의 명으로 일을 마치고 그 결과를 문서로 보고했다. "동복同福 고을과 옥과玉果 고을은 민호民戶가 겨우 1, 2천인데 환곡은 2만 석이 넘으니 한 집에서 받아낸 곡식이 거의 수십 석에 달합니다. 고을 사람들이 이 때문에 시름하고 원망하여 고향을 떠나 흩어집니다."

―『영조실록』 81권, 영조 30년(1754년) 4월 29일

총융사摠戎使 정민시鄭民始가 아뢰었다. "북한산성의 환곡 폐단은 그 정도가 매우 심합니다. 봄에 대여한 환곡을 가을에 거둬들이지 않고 해마다 그에 대한 이자만을 받아들이는 일(와환臥還), 환곡을 빼내어 유용하고 허위 문서를 꾸미는 일(반질反秩), 사사로이 나눠주는 일(사분私分), 따로따로 나누지 않고 한데 합쳐서 받아가는 일(도수都受), 남의 환곡을 대신 바치고 그 대가代價를 불려 받는 일(방납防納), 다른 사람에게 옮겨서 주는 일(이시移施), 남을 시켜 대신 받는 일(대점代點), 허위 장부를 꾸며 횡령하는 일(허포虛逋) 등 모든 폐단이 자행되고 있습니다."

—『정조실록』 39권, 정조 18년(1794년) 1월 9일

대동법에 이어 균역법이 실시되면서 환곡은 관청 재정의 주요 수입원이 된다. 줄어든 조세수입을 환곡을 통해 보충하려 한 것이다. 1807년 무렵엔 환곡 이자로 확보하는 세입이 72만7000여 석에 달해 전세田稅 수입의 3배에서 4배에 이를 정도였다. 구휼제도가 결국 백성을 쥐어짜 나랏돈을 마련하는 조세제도로 변질된 것이다.

19세기 중반에 이르면 환곡은 구휼 기능을 상실하고 국가에 의해 수행되는 착취제도로 완전히 자리를 잡는다. 조선 지배층이 애써 지켜왔던 '수탈과 베풂'의 최저 한계균형이 깨져버린 것이다. 베풂과 아량은 사라지고 가렴주구와 강압만이 역사의 결을 아프게 채워나갔다. 농민들은 인仁과 예禮의 왕도王道에 대한 기대 속에서 그토록 넘어서기를 미적거렸던 저항과 투쟁의 선을 마침내 넘어섰다. 농민봉기가 이어지고 외세가 침투하고, 지배층이 흔들리고 유교질서가 무너지고⋯⋯. 정

치가 난맥하고 사회 혼란이 거듭되면서 조선사회는 왕조의 마지막 날을 향했다.

❖상공업을 억제하고 백성을 가난하게 하라

19세기 후반 조선을 찾은 서양인들은 국적과 직업이 다양함에도 몇 가지 공통된 인상을 남겼다. 낮은 여성 지위, 게으름, 관리의 수탈 등이 그것인데, 다수의 여행자는 조선 사람들의 식사량에 대해서도 놀라움을 표시했다.

> 나는 한 조선 사람이 평균 유럽인 3인분에 해당하는 점심을 먹는 것을 본 적이 있다. (…) 그들은 어릴 때부터 음식을 많이 먹도록 훈련받기 때문에 먹을 수 있을 만큼 흔쾌히 모두 먹는다. 나는 어린아이들이 밥을 너무 많이 먹는 바람에 조그만 배가 한없이 불러 거의 걷지도 못하고 숨조차 제대로 쉬지 못하는 경우를 본 적이 있다. 나는 이런 상태에 있는 자식을 보면서 흐뭇한 미소를 짓고 있는 한 어머니에게 "배가 터질까 걱정되지 않습니까?"라고 한번 물어 보았다. "아녜요! 보세요!" 하면서 그녀는 아이에게 서너 숟가락의 밥을 더 떠 넣었다. 그후로 나는 내가 조선의 어린이로 태어나지 않았다는 사실에 감사하게 되었다.
> ―아널드 새비지랜도어, 『고요한 아침의 나라 조선』

새비지랜도어는 음식을 차려낸 집주인에 대한 예의 때문에 이런 식탐을 보인다고 덧붙여 기록해놓았다. 차려진 음식을 다 먹지 않으면 큰 결례라는 설명도 잊지 않았다. 아마도 그는 한양의 어느 부잣집에 잠시 들른 가난한 모자나, 밥이나 축내는 문객門客을 만난 모양이다.

1883년에 조선을 방문한 미국인 퍼시벌 로웰Percival Lowell(1855~1916)은 조선을 '고요한 아침의 나라'라고 처음 표현한 장본인인데, 그는 조선인의 식탐에 대해 새비지랜도어와는 조금 다른 평가를 내놓았다. 로웰은 조선인의 만족할 줄 모르는 식욕을 지적하고, 다시 먹을 기회가 있다는 확신을 갖지 못한 탓에 먹을 기회가 주어지면 폭식을 한다고 나름의 이유를 들었다.

폭식의 이유가 무엇이든 간에, 당시 조선의 사회 현실에 비춰 보면 이들이 목격한 폭식하는 사람들은 그래도 행복한 편에 속했다. 한 끼라도 배불리 먹기는커녕 굶어 죽어가는 빈민층 사람이 많았기 때문이다.

> 너무 곤궁해지자 서해안 주민들은 중국의 밀수업자들에게 자신들의 어린 딸들을 한 사람당 쌀 한 말에 팔았다. 북쪽 국경의 숲을 지나 요동으로 온 몇몇 조선인들은 선교사들에게 처참한 국내 상태를 묘사하면서, 길마다 시체들이 널려 있다고 말했다.
>
> ─샤를 달레, 『한국천주교회사』

프랑스 출신의 천주교 신부인 달레Claude Charles Dallet(1829~1878)가 1870년대 초에 조선에 닥친 기근을 소개하면서 전하는 비참한 이야기다. 19세기 후반의 조선은 너무도 가난했다.

산업과 수출입으로 판단할 때 조선은 가장 가난한 나라 중 하나다. 경작 가능한 토지의 20퍼센트도 경작하지 않는다. 외부 시장을 장악할 만한 제조업이 하나도 없고, 광물자원은 풍부하지만 조금 개발하고 있는 자원조차 가장 조악하고 비경제적인 방식으로 개발하고 있다.

—윌리엄 길모어, 『서양인 교사 윌리엄 길모어 서울을 걷다』

금속화폐의 사용과 난전상인의 성장, 시장의 발달 등을 들어 흔히 조선 후기에 상공업이 발전했다고 말하지만 그건 이전 시기와 비교한 자족적 평가에 지나지 않는다. 서양은 제외하더라도 당시의 중국이나 일본과 비교해보아도 조선의 경제력은 현저히 뒤떨어져 있었다. 교역량은 비교할 수조차 없을 정도로 미미했고 산업 구조에서는 여전히 농업이 절대적이었다. 상업과 유통 분야에서도 획기적인 면을 찾기 어려웠다. 인구 1만 명 규모의 상업도시가 대거 출현하지도 않았다. 상인층은 부유해도 관료가 될 자격을 여전히 얻지 못했으며 관료 계층에 대적할 만한 사회적 힘 또한 갖추지 못했다. 엄밀히 말해 19세기 조선은 여전히 생계형 경제에 기초한 자급자족적 농촌공동체 사회에 머물러 있었다.

조선은 왜 그토록 가난했던 것일까? 어째서 상공업을 일으켜 세우지 못한 것일까? 19세기 후반에 조선사회를 면밀히 관찰했던 몇몇 서양인은 당시 조선의 상공업이 뒤처진 이유를 지배계층의 경제관에서 찾았다.

그러나 서울의 정부는 중국이나 일본에서 식량을 사들이는 것을 허락하기보다는 차라리 백성의 절반을 죽게 내버려둘 것이다. (…) 어떠한 이해나 인정의 고려도 흥선대원군으로 하여금 쇄국을 포기하게는 하지 못할 것이다.

— 샤를 달레, 『한국천주교회사』

달레 신부가 파악하기에는, 조선은 기근으로 백성이 죽어나가는데도 곡물 교역을 더 이상 확대할 의사가 없어 보였다. 이런 믿기 어려운 정책이 나오게 된 것은 조선 지배층이 나라의 안전을 위해 쇄국이 필요하다고 여기기 때문이라고 보았다. 달레 신부는 유교적 신분질서에 입각해 쌓아올린 조선사회의 존속을 위해서는 외국과의 교역을 엄격히 제한해야 한다는 믿음이 조선 지배층에게 매우 확고하다는 점을 간파했던 것이다. 실제로 조선 지배층은 오직 조선이 중화문명을 계승했다는 자기기만적 이념에 사로잡혀 청나라와 일본을 오랑캐로 취급했다. 이들 나라와의 적극적인 문화 교류는 물론 경제교역에도 큰 관심을 보이지 않았다.

국내 경제에선 새로운 부를 창출해내기보다 주어진 재화를 분배하는 데 골몰했다. 국가재정이 부족해 나라 살림이 흔들리거나 빈민층이 과도하게 양산돼 사회 혼란이 가중될 때조차 기존의 것을 나누는 데 관심을 치중했다. 물론 이는 지배층은 늘 충분한 재화를 갖는다는 전제가 충족된 뒤의 고려였다. 대동법과 균역법이 이런 경제관에서 나온 정책이었다. 지배층의 이 같은 경제관과 실제 정책 추진 방향을 감안하면 조선에서 상공업이 발전하지 못했다는 사실이 그리 놀라운 일은 아니다.

미국 출신의 교육자이자 목사인 윌리엄 그리피스William Elliott Griffis(1843~1903)는 조선에서 상업 발전이 더딘 원인을 '지배층의 계급 유지 전략' 측면에서 분석했다.

> 조선의 관리 계층은 상인이 장사를 해서 돈을 벌게 되면 이들이 손쉽게 계급 상승을 할지 모른다는 두려움을 가졌다. 관리 계층의 이러한 질시가 상업의 발전을 가로막았다.
>
> —윌리엄 그리피스, 『밖과 안에서 본 코리아』

만약 조선에서 상공업이 융성하면 이에 종사하는 이들이 막대한 재화를 소유할 것이고, 나아가 사회 전체에 부의 이동을 촉진시킬 것이다. 이에 따라 중인층이나 농민층에서도 큰 재산을 가진 다수의 자산가가 나오고, 이들이 가진 경제력과 그에 따른 사회적 권세는 얼마 지나지 않아 정치적 힘으로 전환될 것이다. 그러면 이들은 직접 정치에 뛰어들거나, 아니면 정치권력에 영향력을 행사하고 견제하는 세력이 될 수 있다. 재산을 가진 상공인과 평민이 기존 지배계층의 권력을 좌우할 수 있게 되면, 그때에도 사士 중심의 유교적 사회질서가 가능할 것인가? 조선이라는 나라를 세우면서부터 상공업을 억제하는 경제정책을 줄기차게 펼친 조선의 지배층들, 그들이 두려워한 것은 바로 자본의 권력화였다.

그래서 조선의 지배층은 상공업을 국가 통제 아래 묶어두기 위해 가능한 모든 방안을 강구했다. 사농공상이라는 위계적 신분제도를 마치 자연의 이치인 양 내세우고 상공업 천시 풍조를 널리 퍼트렸다. 부의 축적은 삶의 목적이 될 수 없으며, 심지어 이윤 추구는 사악하다고 규정했다. 상공인의 과거 응시를 불허해 정치권에 연결되는 관직을 독점하고 상공업에 기반을 둔 정치엘리트 등장을 저지했다. 상인과 기술자는 경멸의 대상이 되었다. 사무역을 허락하지 않았으며, 국가 외부에서 이뤄지는 상업자본의 축적과 상인조직 형성을 방해했다. 화폐유통도 끝내 제한했다. 상공업 발전과 맞물린 도시화 정책에도 등을 돌렸다.

흔히 18세기 영조와 정조 때에 상공업 진흥이 이루어졌다고 한다. 특히 정조는 일부 상인에게 허용한 독점판매권을 허물고 다수의 상인에게 판매권을 부여해 시장을 활성화시키고 상공업에 활기를 가져왔다는 평가를 받는다. 하지만 이 시기의 상공업 활성화 정책은 많은 한계를 가진 정책이었다. 국가 수요품을 조달하던 육의전六矣廛은 여전히 독점판매권을 가졌으며, 당시 시행한 상공업정책으로 조선사회의 경제 규모나 체질이 획기적으로 변하지도 않았다. 더구나 두 군주는 상인층과 손을 잡고 정책을 추진하거나 이들 상인세력을 키울 생각은 없었던 것으로 보인다. '조선의 르네상스'라고 다소 과장되게 수식되는 이 시기에도 두 왕과 지배층 다수는 여전히 농업 중심의 성리학적 사회라는 견고한 벽 속에 머물러 있었다.

조선의 상공업 억제는 폐쇄적인 생계형 경제체제를 유지하고 자급자족적인 농촌 중심의 사회체제를 유지하려는 국가 전략이었다. 농업 위주의 경제를 구축해 토지에 기반을 둔 지식엘리트가 권력을 장악할 수 있도록 했다. 그럴 때만이 사士 중심의 사회질서가, 양반관료 위주의 정치질서가 오래도록 가능하기 때문이다. 농촌사회는 변화를 싫어하고 새로운 것에 강한 거부감을 보이는 사회체제이며, 그 문화 또한 기존의 것을 고수하려는 경향이 강하다. 이런 체제를 유지하며 조선의 지배층은 기존 질서의 영속을 꿈꾸었다.

또한 조선의 지배층은 과도한 부가 넘치는 사회는 언제나 경계해야 한다고 했다. 피지배층이 충분한 재화를 소유하도록 허용하지 않았으며, 오히려 적당한 가난을 유지하도록 했다. 가난은 사람을 기존 질서에 쉽게 길들이며, 비판정신과 저항의식을 희석시켜 기존 질서에 순응하도록 이끈다. 이를 위해서도 백성에게 부를 가져다 줄 수 있는 상공업은 억제되어야 했다. 이런 현실 아래, 농민의 삶의 목표는 생존에 맞추어졌고 이들은 기근이 들거나 탐관오리가 전횡을 휘두를 때면 아사를 면하는 것에 만족해야 했다.

맹자는 "항산恒産이 있는 사람에게 항심恒心이 있다"고 했다. 생업이 보장되고 경제적 기반이 안정된 뒤에야 예법도 도덕도 가능하다는 상식의 선언이었다. 그러나 유학과 맹자를 존숭한 조선의 지배층은 백성의 생계 위협을 감수하면서까지 상공업을 과도하게 억눌렀다. 그것은 양반 중심의 신분질서 존속을 위한, 근엄하지만 탐욕이 가득한 지배 전략이었다.

7장
관직을 독점하라 | 관료제도

❖ 사림관료가 다스리는 나라

때는 연산군 3년인 1497년, 사림이 해를 입은 최초의 사화인 무오사화
戊午士禍가 일어나기 1년 전이었다. 감찰과 간쟁 임무를 맡은 대간臺諫의
관원들이 어전회의에서 한 대신을 신랄하게 성토하고 있었다. 이들은
사헌부와 사간원의 종5품과 정6품 벼슬을 가진 관리였다. 상대는 거물
급 훈신으로 호조판서에 우의정과 좌의정을 역임한 일흔한 살의 노사
신盧思愼(1427~1498)이었다.

사헌부 지평持平인 손번孫蕃이 아뢰었다. "전하께서 즉위하신 뒤로 노사
신이 번번이 대간을 해치려 하니, 이는 언로言路를 막아 전하의 총명을
가리려는 짓입니다. 청컨대 노사신의 언행과 그 사정에 대해 국문하옵
소서." 사간원의 정언正言인 조순趙舜 또한 아뢰었다. "지금 신 등에게 '대

신을 경멸한다' 하는데, 신 등이 어찌 대신을 경멸하겠습니까? 노사신이
대간의 논박을 당했으면 처벌을 기다려야 마땅합니다. 그런데 도리어 '대
간이 고자질을 해서 강직하다는 이름을 얻으려고 하는 짓이다'라고 목
소리를 높입니다. 이는 전하께서 대간의 말을 듣지 않으시고 자기 말만
을 믿게 하기 위해 가슴에 숨겨두었던 계략을 감히 드러낸 것입니다. 역
사의 법에 비추어보면 노사신의 죄는 극형에 처해도 도리어 부족하옵니
다. 신 등은 그의 살덩이를 씹고 싶습니다. 이를 다스리지 않는다면 신하
로서 임금 앞에 직언을 할 자가 누가 있겠습니까?"

―『연산군일기』 25권, 연산군 3년(1497년) 7월 21일

대간의 관원이 "노사신이 사사로운 감정으로 수령을 추천했다"고
논박하면서 시작된 다툼이 걷잡을 수 없이 커지고 있었다. 대간의 강
직함에 노회한 대신이 조금씩 밀리는 판세였다. 그런데 논쟁의 초점이
애초의 사안보다 조순(1467~1529)이 노사신의 죄를 물으며 내뱉은 거
친 표현에 맞춰지면서 대신 측에서 반격을 가했다. "그의 살덩이를 씹
고 싶다"는 말이 문제가 된 것이다. 노사신 측 관료들은 이 점을 들어
조순을 파직해야 한다고 나섰고, 대간의 다른 관리들은 조순을 두둔하
고 나섰다. 연이은 논란 끝에 조순은 결국 파직을 당한다.

언행을 함부로 하지 않는다는 유교 예의범절이 무색할 정도로 대신
과 대간은 그 관계가 악화돼 있었다. 달리 보면 사헌부와 사간원, 홍문
관으로 이뤄진 삼사三司의 권세가 그만큼 커지고 있었다. 이에 국왕과
대신들은 삼사의 활동을 정치적 폐단이라 규정하고 이들에 대한 대대

적인 탄압에 나선다. 조순과 노사신이 충돌한 1년 뒤에 일어난 무오사화를 시작으로 명종 즉위년인 1545년에 발생한 을사사화乙巳士禍에 이르기까지 모두 네 번의 사화로 조선 정국은 요동치게 된다. 그런데 이 시기를 거치면서 삼사는 오히려 감찰과 간쟁 활동에 대한 정당성을 더욱 확고히 하고 자신들의 권력 기반을 넓혀나갔다. 신진 사림을 중심으로 한 관료층이 빠르게 힘을 얻으면서 이들의 지배력도 강화됐다. 삼사는 국왕, 대신과 함께 정치권력의 한 축을 담당하게 된다. 이렇게 해서 조선은 견제와 균형의 구도 아래 비판을 허용하며 국왕이 조정력을 행사하는 유교 정치체계를 정립시켰다.[1]

16세기 전반기, 과거제도 정비와 경국대전이라는 법전 편찬에 이어 삼사의 위상이 확보되면서 조선의 관료제는 그 제도적 정비를 일단락 지었다. 조선의 관료제도는 사림 세력이 지향한 유교 문치주의의 제도적 구현이었다.[2] 사림은 관료제에 기초해 왕도정치와 유교 이념을 명분으로 내세운 정치를 펼쳐나갈 수 있었다.

조선의 관료체계는 조선 초에 국가 통치 전반을 담당하는 조직기구가 성립되면서 자리를 잡는다. 국왕이 최고 주권자로 규정되고 그 아래 관원이 관료기구를 운영했다. 의정부와 육조가 최고위관료층을 이루었고 육조 아래 중앙의 각 관서와 8도의 지방관서가 연결됐다. 지방관서에는 서리와 향리가 있어 이들이 피지배자인 민民을 대하며 실무를 처리했다. 왕에서 관리, 백성에 이르는 위계를 갖춘 전국적인 관료조직이 구축된 것이다.

사림은 자신들을 정치의 주체로 적극 규정하며 관료통치의 이론적 근거를 마련했다. 도덕 자질의 차이를 들어 양반 중심의 신분제 사회를 정당화했듯이,[3] 자연과 인간의 존재 원리를 인식할 수 있고, 거기에 도덕 자질까지 갖춘 지식인만이 정치를 펼칠 수 있다고 주장했다. 다시 말해 '지식 구비'와 '도덕 품성'을 통치와 지배의 전제조건으로 상정하고, 사림 계층만이 이러한 요건을 갖출 수 있고, 또한 갖추었다고 공언했다. 하지만 이러한 주장은 특정한 계층이 지배를 독점해야 한다는 계급정치를 표명한 것이나 다름없었다. 이들이 비록 위임된 지배의 정당성을 판단하는 기준으로 민의民意를 상정하고 나아가 백성 교화와 민생 안정을 정치의 목표로 상정했지만 그것 또한 구호에 그칠 때가 많았음에랴.

흔히 조선은 관료제에 기초한 중앙집권적 국가라 규정돼왔다. 하지만 엄밀히 말하면 조선의 중앙집권은 상당한 한계를 갖고 있었다. 조선 초에 전국 330개 고을에 지방관이 파견됐지만 각 고을에 보낸 지방관의 수는 겨우 1명에 불과했다. 이 지방관이 행정에서 사법과 군사, 교육 등에 걸친 광범위한 업무를 직접 처리한다는 것은 사실상 불가능했다. 이에 효율적인 향촌 지배를 위해 군현 아래 면리라는 하위 행정단위를 두었다. 다섯 집을 묶어 1통統으로 하고, 5통을 1리里로 삼았다. 몇몇 리로 면面을 구성하고 면에 권농관勸農官을 두었다. 기본적으로 연대책임에 의해 운용된 면리제와 오가작통제五家作統制는 호구 파악과 세금 징수, 부역 동원을 꾀할 때 매우 효과적이었다.

면리와 오가작통은 조선 관료체계의 말단에 위치해 향촌사회를 감시하고 통제하는 기능을 수행하기도 했다. 유랑민과 도적의 은닉을 방지하는 데 유리했으며, 19세기엔 통의 연대책임을 강화해 천주교도를 적발하는 데도 활용했다.

대왕대비가 명을 내렸다. "수령은 각기 관할 지역 내의 오가작통제를 철저히 정비하도록 하라. 만일 통 내에서 사학邪學(천주교)을 하는 무리가 있으면 통수統首가 관가에 고하도록 하고 수령은 이들을 징계하라. 이들 죄인에게 코를 베는 엄한 형벌을 내려 사학 무리를 모두 없애고 다시는 그 씨앗이 자라지 못하도록 하라."

—『순조실록』 2권, 순조 1년(1801년) 1월 10일

오가작통은 조직과 구성원, 책임자가 갖춰지면 지속적인 감시와 통제가 가능한 일종의 '권력의 시선'이었다. 그것은 서로가 서로를 감시하는 시선을 통해 사람들을 한 집단이 규정한 기준에 맞게 행위하도록 강요하는 지배권력의 통제 메커니즘이었다.

향촌사회의 마을 현장에까지 행정조직이 갖춰져 있었지만 중앙정부에서 향촌사회의 인적 자원과 물적 자원 모두를 직접 관리할 수는 없었다. 향촌세력과의 갈등과 불화도 있어 정부의 권력 행사에도 제약이 따를 수밖에 없었다. 이런 현실에서 조선의 관료제는 향촌 거주 사림 세력과 연합해 지방을 통치하는 전략을 받아들였다. 향촌사림에 의한 지방자치조직을 허용한 것이다. 풍속을 교정하고 향리를 규찰하기 위해 지방의 품관品官이 조직한 수령자문기관인 유향소留鄕所, 향촌사회 자치규약인 향약, 양반들로 구성된 지방자치조직인 향회鄕會 등이 그

것이다. 특히 향회는 향리의 임면과 부역체제 운영 등 지방행정에 간여하며 상당한 지배력을 행사했다. 사림 내부의 결속을 다지고 공통된 이해를 지키며, 수령의 권한을 견제하기도 했다.

이처럼 조선의 관료 지배는 공식 관료체계 외에 비공식적 영역과도 긴밀하게 연계돼 있었다. 이들은 때로는 갈등하고 반목하기도 했지만 기본적으로는 향촌 지배질서 유지와 이익 수호를 위해 힘을 합쳤다. 넓게 보면 관료와 향촌사림은 일종의 지배연합체를 구성했으며, 이는 중앙집권적 지배체제와 지방분권적 자치질서의 상호 공존에 의한 지방 지배 전략이었다. 조선사회는 관료체계라는 제도에 기초하면서도 한편으론 유교 이념을 공유하는 사림 계층 내의 인적 연결망으로 지배질서를 유지했다.

❖관료제도의 그늘 | 비리와 부정부패

사림은 관직을 얻어 관료체제 내에 편입되기를 원했다. 조선사회에서 관직은 지위와 부를 창출하는 최대의 요인이었다. 관원으로서의 지위가 지배층의 신분적 지위를 규정했으며, 이는 사회적 지배력을 유지하는 관건이기도 했다. 사림은 지배층 신분을 유지하기 위해 관직에 나갔고, 관직에 진출하면 여러 특권이 보장됐다. 이런 관직의 위상과 역할은 조선 말기까지 변함없이 이어졌다. 1890년대 중반부터 25년 동안 조선에 거주한 미국인 선교사 제이컵 로버트 무스Jakob Robert

Muth(1864~1928)는 양반사대부의 관료 지향성을 이렇게 기록했다.

요컨대 서구 세계의 대도시들과 달리 서울은 일손을 놓고 휴일을 보내
는 큰 도시의 모습이다. 거기에는 직업도 없고 어떤 종류의 일도 하지
않는 수천 명의 특별한 존재가 있다. 이들은 길을 거닐고, 긴 곰방대로
담배를 피우며, 옛 지혜의 심오함에 대해 대화를 나누는 선비 역할을
하는 것 외에는 하는 일이 없다. 이들이 바로 양반 혹은 사대부들이다.
그들은 여러 해 동안 한문 공부를 해서, 국왕 폐하께서 이런 무가치한
인간 벌레들에게 관직이라는 은총을 내리면 감읍하여 받아들일 존재들
이다.

　　　　　　　　　　　　　　—제이컵 로버트 무스, 『1900, 조선에 살다』

조선 말기의 조정과 관료제에 대한 비판은 더 혹독하다. 영국의 기
업가로 국회의원을 지낸 어니스트 해치Ernest F. G. Hatch(1859~1927)는
1901년 무렵에 조선과 일본, 중국을 방문한 뒤 남긴 『극동의 인상: 일
본·코리아·중국』이란 책에서 조선 관료제의 부정적인 측면을 신랄
하게 꼬집었다.

정부의 부패와 비효율은 오래 전부터 뛰어넘기가 불가능한 지점 이상에
도달했으며, 인민은 실정失政에 익숙해져서 그것을 자연법이라고 여길 뿐
그것에 반대해 싸우려고 하지 않는다. (…) 조선의 관료제는 이 나라의
심장부를 차지한 채 이 나라의 생피를 빨아 마시는 흡혈귀이다.

조선 후기를 지나면서 그 정도가 더 심해졌을 뿐, 관료제도는 조선 시대 내내 지배층의 특권을 보장하는 역할을 했다. 끊이지 않았던 관리의 부정부패도 조선의 관료제도가 가진 구조적 한계에 그 근본 원인이 있었다. 조선 후기의 실학자 정약용은 당시의 지방관을 아예 '공인된 도적'이라 규정하며 감사監司를 '큰 도둑大盜', 관청에 딸린 하급관리인 이서吏胥를 '작은 도둑小盜'이라 했다.

조선의 관료제는 체계 자체에 관료의 비리와 부정부패를 조장하는 측면이 있었다. 행정과 사법, 군사 등의 여러 권한이 분명하게 분담되기보다 통합돼 있는 경우가 많아 조선의 관료는 겉보기보다 더 큰 영향력을 행사할 수 있었다. 고위관료의 경우에는 권력 집중도가 훨씬 더 높았는데, 이는 권세에 기댄 비리가 빈번해질 수 있는 요인이 됐다.

태조太祖(재위 1392~1398)에서 세종(재위 1418~1450)까지 4대에 걸쳐 수십 년 동안 고위관직을 지낸 황희黃喜(1363~1452)는 조선시대의 가장 뛰어난 재상 중 한 명으로 평가받는다. 이와 함께 '조선의 청백리'로도 널리 알려졌는데, 의외로 『조선왕조실록』은 황희가 직권 남용과 뇌물 수수 사건으로 여러 차례 물의를 일으켰음을 전한다.

황희는 정권을 잡은 수년 동안 매관매직하고 형옥刑獄을 팔아 뇌물을 받았다. 그런데 그가 사람들과 더불어 일을 의논하거나 혹은 자문에 응할 때에는 언사가 온화하고 단아하며 의논하는 것이 다 사리에 맞아서 조금도 틀리거나 잘못됨이 없었다. 이로 인해 임금에게 진중한 사람으로 보인 것이다.

—『세종실록』 40권, 세종 10년(1428년) 6월 25일

임금이 안숭선에게 일렀다. "황희가 교하交河 수령인 박도朴禱에게 토지를 청하고, 그에 대한 대가로 박도의 아들을 행수行首로 들였다. 또한 태석균太石鈞을 관리로 임명하는 데 힘을 썼다. 이는 참으로 의롭지 못한 일이니 사간원에서 청원하는 것이 옳은 일이었다. 그러나 (황희는) 이미 의정 대신議政大臣이며, 또 태종께서 신임하시던 신하인데, 어찌 이런 일로써 파면하리오."

—『세종실록』 53권, 세종 13년(1431년) 9월 8일

뇌물비리가 당시 관료사회의 관행으로 자리 잡을 정도였기에, 황희를 이런 관행에 따른 현실적인 인물로 보려는 시각도 있다. 하지만 이러한 평가를 따르더라도 조선시대 고위관료에 의한 권력형 뇌물비리의 현실이 희석되는 것은 아니다.

법 자체에도 관료의 부정부패를 유인하는 측면이 있었다. 품관이나 향리, 백성은 지방관이 저지른 모반대역죄와 불법살인죄는 고소할 수 있지만 그 외의 사안에 대해서는 고소할 수 없다는 부민고소금지법部民告訴禁止法이 있었다. 이는 지방민에 대한 관료의 우위를 확보하고 국가 정책을 비판하는 여론을 용납하지 않겠다는 중앙정부의 의도를 밝힌 것이었다. 이 부민고소금지법은 지방관이 반발에 대한 부담 없이 손쉽

게 비리와 부정부패를 저지를 수 있는 환경을 조성했다. 수령을 조롱하거나 재물을 빼앗는 향리를 규제하는 원악향리처벌법元惡鄕吏處罰法도 결과적으로 지방관의 비리 조장에 힘을 보탰다.

관리에게 주어지는 대가도 문제였다. 관리에게 지급되던 과전科田은 16세기 후반에 없어졌으며 녹봉도 그 액수가 점차 줄어들었다. 전란 이후인 17세기 중반기에는 두 세기 전에 비해 10분의 1 수준으로 감소했으며, 이마저도 제대로 지급하지 못할 때가 있었다.[4] 서리와 향리에 대한 보수는 16세기 들어 이미 전무한 상태였다. 상황이 이러했기에 관리가 지위를 이용해 이익을 얻는 행위는 도가 지나치지만 않다면 대개 묵인되는 분위기가 조성됐다. 시간이 흐르면서, 관권을 통한 권익 추구는 당연한 관행으로 받아들여졌다. 지금의 기준으로 보면 부정부패에 해당할 사안도 생활에 필요한 자원을 확보하는 부끄럽지 않은 과정으로 용인하기에 이른다. 양반관료층 내에 광범위하게 형성된 선물경제나, 지방관을 통해 지인에게 물품을 전달하는 칭념稱念이 이에 해당한다. 양반관료가 임지에 부임하는 지방관에게 그 지역의 지인에게 마음을 전달해달라는 부탁을 하면 지방관은 관의 재원에서 물품을 마련해 전달했다. 칭념은 관료조직의 힘과 공공의 재물로 지배층 내의 결속 다지는 행위이기도 했다. 또한 관료기구의 불투명한 의사결정 방식과 도덕적 관료를 양성해내지 못하는 허울뿐인 유교 교육도 부정부패 양산에 한몫을 했다.

조선시대 관료의 부패는 어느 한 요인으로는 설명이 불가능하다. 여러 요인이 뒤섞여 부정부패를 조장했고, 부패한 관리들은 다시 부패

요인을 강화시켰다. 이런 악순환이 거듭되다 조선 말기에 이르면 관료
제는 본래의 기능보다 지배층의 권익 분배와 수탈에 더 충실한 착취제
도로 완전히 변질된다.

가렴주구의 형태 가운데는 강제 노역, 합법적인 세금의 양을 두세 배로
늘리거나, 강제로 대부금의 상환을 요구하거나 소송의 경우에 가혹한
뇌물을 요구하는 등의 방법이 있다. 가령 어느 사람이 조금만 돈을 모았
다고 알려지면 관리들이 그것을 빌려줄 것을 요구한다. 만약 그 요구를
받아들여 돈을 빌려주면 빌려준 사람은 원금이나 이자는 받을 수 없는
경우가 허다하고 만약 거절하면 체포되어 구금되며 당사자는 그의 친척
이 그 돈을 낼 때까지 구타한다. 이러한 정도로 가렴주구가 심하기 때문
에 겨울이면 추위가 심한 북쪽 지방의 농부들은 수확한 후에 현금이 생
기면 땅에 구멍을 파고 돈을 집어넣어 그 위에 물을 붓고 얼린 다음 그
위에 흙을 뿌린다. 그렇게 해야 관리들과 그 도적들로부터 벗어나 아주
안전하게 그 돈을 지킬 수 있다.

—이사벨라 버드 비숍, 『조선과 그 이웃나라들』

❖관직쟁탈전 │ 매관매직, 가문 경쟁, 당쟁

조선시대에는 재물을 나라에 바치고 관직을 얻는 제도가 마련돼 있었
다. 곡식이나 은 등을 납부하면 나라에서 관직 임명장을 발급했다. 이

를 고신첩告身帖이라 했다. 대체로 하급 무관직을 내렸으며, 그밖의 관직은 이름만 부여하는 것이지 실제 직책을 주지는 않았다. 명목상의 벼슬이었던 것이다. 임진전쟁 이후 나라 살림이 어려워지자 이 고신첩을 많이 발급했다. 나라에서 만든 제도로 공적 성격을 가진다는 점에서 이 고신첩 발급에 대한 직설적인 비판은 찾아보기 힘들지만, 국가라는 공권력이 돈을 받고 벼슬을 파는 행위, 곧 나라가 매관매직을 주도했다는 혐의를 부인할 순 없다.

사적인 경로로 은밀하게 이뤄지는 매관매직도 있었다. 불법이고 부도덕하며 몰래 이뤄지는 사안의 성격상 제대로 기록되지 않은 탓인지 18세기까지는 이런 매관매직에 대한 기록을 쉽게 찾아보기 힘들다. 그런데 효종의 사위인 정재륜鄭載崙(1648~1723)이 지은『공사견문록公私見聞錄』이란 책에 매관매직에 대한 일화가 전한다. 정재륜은 궁궐에 드나들면서 보고 들은 이야기를 책으로 엮었는데, 매관매직 이야기는 정재륜의 아내를 돌보던 상궁으로부터 들은 이야기였다.

때는 광해군 시절, 운산 군수雲山郡守를 임명해야 하는데 임금은 세 명의 유력한 후보를 두고 수개월 동안 머뭇거리고 있었다. 세 후보 모두 조정 신료를 통해 줄을 대고 있었기 때문이다. 결국 당시 임금의 지극한 총애를 받는 신하에게 뇌물을 바친 후보자가 군수로 임명되었다. 관직을 갖게 해준 그 뇌물은 후보자가 논을 팔아 장만한 것이었다.

매관매직이 늘어난 탓인지 19세기엔 이에 대한 기록이 상대적으로 증가한다. 이와 함께 지배층의 매관매직 작태를 비꼬는 이야기도 늘어났다. 심지어 개에게도 돈을 받고 벼슬을 내렸다는 웃지만은 못할 이야기도 전해온다. 구한말에 활동한 문신이자 애국지사인 윤효정尹孝定(1858~1939)이 지은 『풍운한말비사風雲韓末秘史』에 전하는 이야기다.

전라도 보성에 재산 많은 한 과부가 '황발이'라 부르는 개 한 마리와 살고 있었다. 그런데 어느 날 이 황발이에게 나라에서 감역관監役官이란 관직을 내렸다는 황당한 일이 벌어졌다. 감역관이 토목이나 건축 공사를 관리하는 종9품의 최하위직 벼슬이라고는 하지만, 어찌 개가 사람 일을 감독할 수 있단 말인가? 과부는 물론 매관매직을 주선한 거간꾼도 관직 임명장과 황발이를 번갈아 보며 난감한 표정을 지었다. 거간꾼도 황발이가 개인 줄 모르고 있었던 것이다. 거간꾼은 매관매직을 알선하며 돈을 벌던 작자였다. 잠시 뒤 거간꾼은 특유의 장사꾼 기질을 되찾으며 조금은 거만한 목소리로 어색한 분위기를 다잡았다.

"어쨌든 황발이에게 감역관 벼슬을 내린 대가로 상납금 5000냥과 중도금 500냥을 황발이 이름으로 바쳐야 합니다."

거간꾼이 황발이를 과붓집의 주인 이름으로 착각하고, 이를 확인도 하지 않은 채 일단 일을 추진한 것이었다. 그런데 저간의 사정을 알아차린 과부는 한술 더 떠서 웃음까지 보이며 차분히 대응했다.

"덕이 크신 임금님이 계셔서 하찮은 가축에게도 은혜를 베푸시니 내가 감역관 벼슬을 한 것보다 더 큰 영광입니다." 그러고는 돈 5500냥을 내주고 이후 자기 집 개를 황발이라 부르지 않고 정중히 '황감역'이라고 불렀다. 동네 사람들도 '황감역집'이라고 부르며 과부가 그 집 개에게 대신 벼슬을 시킨 모양이라며 우스갯소리로 이야기하곤 했다.

재물만 준다면 개에게도 벼슬을 내리는 시절이지만 관직이 없어 이 고을 저 고을을 떠도는 유랑지식인은 늘어만 갔다. 제대로 학문을 익히고 재량을 갖추었지만 가문이 약해서, 연줄을 잡지 못해서, 신분이 미천하다 해서 벼슬자리에 나가지 못하고 공부만 하는 유학幼學으로 평생을 보내는 이가 한둘이 아니었다. 이미 19세기 이전부터 고급관료가 되기 위해서는 집안이 능력에 우선하는 조건이었다.

조선 후기의 차좌일車佐一(1753~1809)은 이런 시대가 낳은 불행한 인물이었다. 차좌일은 당대의 지식인인 정약용, 홍양호 등과 함께 자리할 정도로 학문은 물론 문장에도 뛰어난 재능을 가진 인물이었다. 소외되고 뒤처진 삶을 살았기 때문일까? 차좌일은 당시 양반 지주의 횡포를 고발하는 시를 자주 지었다.

놀고먹는 양반이 무엇이길래
바람받이에 앉아 부채질만 하다가
이슬이 차가운 가을철이 되면
땀 흘려 가꾼 곡식을 몽땅 빼앗아 가는가
白手子誰子 臨風又錦扇
露寒天逈際 奪盡滿疇功

—차좌일, 「농부」

조선사회는 이 걸출한 지식인을 끝내 관료체제 내로 받아들이지 않았다. 권세와 특권이 판치는 양반사회에선 넘치는 재주가 오히려 삶의 굴레가 되었다. 그는 울분이 쌓이면 강변에 나가 배를 띄우고 노래를 불렀으며, 그래도 풀리지 않으면 그 처절한 울분을 외침으로 토해냈다고 한다.

영원토록 이 나라 사람이 되지 않겠다.
永永世世 不願爲本方人也

재능을 알아주지 않는 사회에서 그가 할 수 있었던 것은 절망에 이른 분노를 안으로 삭이는 일뿐이었다. 시인은 "몇 번이고 다시 태어나도 이 나라 사람으로 태어나고 싶지 않다"고 되뇜으로써 영락해가는 자신을 그나마 일으켜 세울 수 있었다. 이는 신분제 사회와 특권화된 관료제도에 대한 그 나름의 체제 부정 행위였다. 능력을 두루 갖춘 젊은이가 겨우 관료 세계에 발을 들여놓아도 가문이나 당파의 배경이 없으면 보잘것없는 자리를 떠돌아야 하는 서글픈 시대였다.

조선 관료체제에서 관직 수는 양반층의 관직 수요에 훨씬 못 미쳤다. 조선시대 관직 수는 경국대전 규정에 따르면 경외京外 · 문무文武 · 잡직雜織을 합한 정직正職이 5000~6000여 직이었다. 여기에 양반이 진출할 수 있는 관직은 2200여 직이었으며 이 중 핵심 요직은 300여 직이었다. 이 중에서 최고위관료층은 정3품 이상의 품계를 가진 당상관堂上官이었다. 이들 관료는 왕과 함께 국정을 논하고 핵심 관서의 책임자를 맡을 자격 요건을 갖춘 고급관료였다. 정승 · 판서 · 판윤 · 대사헌·대사간·대제학·승지·관찰사 등이 이들로서, 실질적인 권력 행사자였다. 당상관에 속하는 관직은 조선 전기에는 100직 정도였는데 이마저도 관료 1명이 여러 자리를 겸직하고 있었다. 성종 시기인 15세기 후반에 이미 당상관 자격을 갖춘 고위관료가 수백 명을 넘었다고 하니, 관직을 둘러싼 자리다툼은 갈수록 심해질 수밖에 없었다.

이런 상황에서 양반 가문은 고위관료 진출을 위해 치열한 경쟁을 치러야 했다. 관직 등용문인 과거시험 통과는 물론이고 고위층으로 진출하기 위한 발판 마련을 위해 가문의 전통과 인맥, 부와 재물 등 그야말로 한 가문의 사회적 자본과 물리적 자원을 총동원했다.

양반 지배층은 우선 신분적 특권을 행사했다. 기술관과 서얼 출신의 인물은 정3품 이상의 당상관에 오르지 못하도록 함으로써 신분에 따라 관직 진출에 분명한 한계를 두었다. 또한 공신이나 고위 관직자의 자손을 특별 채용하는 음서蔭敍를 존속시켰다. 이는 집안을 보고 벼슬을 주는 제도였다. 고위 관리가 인재를 추천하는 천거제도 또한 문벌과 파벌을 중심으로 운용되었다. 정직 외에 산직散職을 만들어 늘어나는 관직 수요를 맞추려 했다. 산직은 직임職任이 없는 명목상의 관직이었다. 주로 이전거관吏典去官, 군공상직軍功賞職, 백관가자百官加資 등과 아직 임명되지 않은 과거 급제자에게 산직을 부여했다. 하지만 이 산직은 보수가 없고 실질적인 권한도 없어 관직경쟁을 완화시키는 데에는 뚜렷한 한계가 있었다.

17세기 이후엔 과거 합격자가 증가했지만 소수 가문이 고위직을 독점하는 추세는 더 강해졌다. 최고 관직 중 다수를 20~30개 가문이 대를 이어 차지하는 세습 경향이 한층 뚜렷해졌다. 안동 김씨 · 동래 정씨 · 청주 한씨 · 여흥 민씨 · 전주 이씨 · 청송 심씨 · 파평 윤씨 등이 조선사회 전 기간에 걸쳐 최고위 관직을 차지했던 대표적인 세습 권세 가문이었다. 이제 권세가 약한 가문은 힘 있는 가문과 연결되지 않고서는 양반으로서의 영향력을 재생산하기가 힘들어졌다. 개별 가문의 노력을 넘어서는 집단 규모의 대응이 요청되고 있었다.

관직 경쟁은 당쟁 구도와 맞물려 돌아갔다. 당쟁은 정책 대립과 정치 지향성의 차이에서 오기도 했지만, 그 속내는 이익 쟁취를 위한 지배층 내의 정쟁이라는 성격이 더 강했다. 내세우는 정책의 이면에는 좀더 높은 관직을 많이 차지하고, 좀더 강한 권위와 사회적 위세를 갖추고, 좀더 많은 부와 재물을 안정적으로 차지하려는 욕망이 꿈틀댔다. 이렇게 해서 가문의 번영을 꿈꾸며 전국적 규모의 당파 구도가 형성됐다. 당쟁에는 현직 관료만이 아니라 모든 양반층이 발을 들여놓고 있었다. 양반은 학맥과 지연, 혼맥 등의 연줄에 따라 어딘가의 당파에 속했고, 이러한 파당은 대를 이어 지속됐다. 관직 경쟁은 더욱 심해졌고 당쟁은 갈수록 격화됐다.

19세기 세도정치기엔 고위 관직은 소수 가문의 독점물이 된다. 정치력을 행사할 수 있는 최고 관직은 10여 개의 유력 가문에서 모두 차지했고 향촌 양반은 고위 관직에서 배제됐다. 지방관도 경기 지역을 포함한 중앙의 양반들이 대부분 차지했다. 극소수의 권세가를 중심으로 관료제가 파행적으로 운영되고, 관료의 비리와 부정부패가 기승을 부렸다. 민생을 위한다는 제도가 백성을 옥죄었다. 조선의 관료제도가 삶을 억누르고 사회를 혼란으로 몰아넣었다.

❖관료사회에 젊은 피를 공급하라 | 과거제도

내년이면 나이 쉰 살, 벌써 여섯 번째 개명改名이었다. 영조 때인 1750년, 경상도 진주에 거주하는 유생 하명상河命祥(1702~1774)은 3년 동안 써오던 정황이란 이름 대신에 명상이란 이름을 쓰기로 했다.[5] 복되고 길한 일만 일어나라는 뜻을 담은 이름, 하명상은 이번이 마지막 개명이길 간절히 바랐다. 하명상의 원래 이름은 자륜이었다. 열아홉 살에 처음으로 이름을 바꾸어 세륜이라 했다. 스물두 살 때에는 대륜으로 바꾸었고, 서른네 살 때는 즙이라 했다. 마흔세 살 때는 인즙으로 개명했고, 3년 뒤인 마흔여섯 살 때는 정황으로 바꾸었다. 그리고 지금의 명상이었다. 이렇게 자주 이름을 바꾼 데에는 나름대로 절박한 이유가 있었다.

하명상은 십대 초반부터 과거시험을 준비하며 학업에 전념했다. 출발은 여느 양반가의 자제와 다름없었다. 대과인 문과에 합격해 고위 관직에 이르고 가문을 더욱 일으켜 세운다는 포부로 가득했다. 하지만 40대가 되어도 번번이 낙방이었다. 그 사이 몇 번 이름을 바꾸었고, 시간이 지나면서 이름이 불길한 탓에 과거에 합격하지 못한다는 믿음을 굳히게 되었다. 그렇게 해서 일곱 번째 이름인 하명상에 이른 것이다. 바꾼 이름 덕이었을까, 하명상은 얼마 뒤 과거에 합격한다. 수차례 이름을 바꾸어가며 근 40년을 공부한 끝에 이룬 결과였다. 주어진 일생의 거의 3분의 2를 과거에 바친 셈이다.

양반 가문 자제들은 삶의 1차 목표를 과거 합격에 두었다. 과거는 관료 세계로 나아가는 영예로운 대로大路였다. 고급관료를 꿈꾸는 대부분의 유생에겐 반드시 통과해야 할 관문이기도 했다. 음서와 천거도 공인된 관직 진출 경로였지만 과거에 비해 사회적 위상이 낮았고 승진에도 불리한 점이 있었다. 음서 출신자는 권력과 명예의 상징인 사헌부나 홍문관, 이조전랑 등 이른바 청요직淸要職 진출에 제약을 받았다. 이런 제한 때문에 음서 출신자들은 현직에 있으면서 과거에 응시하는 경우도 있었다.

조선사회에서는 중세 유럽이나 일본과 달리 관직이 세습되지 않았다. 다수의 지식인이 공정한 경쟁을 거쳐 관직을 취득한다는 공평과 개방의 원칙에 입각해 과거제도를 운영했다. 구성원이 언제든지 새로이 충원될 수 있다는 유동성을 특징으로 하는 관료제도를 갖춘 것이다. 원칙적으로는, 가문이나 재산이 조금 뒤처져도 능력을 갖추었다면 시험을 거쳐 관료사회로 진출할 수 있는 길이 열려 있었다.

결국 이번 회시에서도 나는 합격의 영광을 누리지 못하였다. 벌써 세 번째다. 내 머리 속에는 온통 어머님 생각뿐이었다. 집에서 내가 합격하였다는 소식만을 기다리실 어머님의 모습을 생각하니 나도 모르게 눈물이 절로 흘러 옷깃을 적셨다. 명색이 대장부라면 당당히 시험에 합격하여 어머님께 영광의 기쁨을 안겨드리고 기울어져가는 집안도 일으켜 세워야 했건만 이번에도 나는 그 꿈을 이루지 못하였다. (…) 아버지께서 글을 배우기 위해 홍매산(홍직필) 선생의 문인으로 들어갔지만, 학업도 제대로 마치지 못하고 또 과거에 합격도 하지 못한 채 세상을 떠나신 일을 생각하니 또 내 마음이 괴롭다.

—백봉수, 「연보年譜」『경야당유고經野堂遺稿』

백봉수白鳳洙(1841~1911)는 부친의 뜻을 받들어 스물한 살 때 처음 사마시司馬試에 응시했는데 결과는 낙방이었다.[6] 이후 계속 과거에 응시해 초시初試에는 합격했지만 2차 시험격인 회시會試에서는 번번이 고배를 마셨다. 결국 마흔 살이 넘어 도전한 일곱 번째 과거 응시에서 그 뜻을 이루었다. 21년 만의 성취였다. 살림 형편마저 어려워 신분 전락의 위기에 내몰리던 차에 이뤄낸 가문의 영예였다. 백봉수는 가족과 친지의 기대에 찬 시선을 받으며 곧 관직생활을 시작했다. 시험이 비리로 얼룩지고 유능한 인재 등용이라는 취지도 빛을 잃어가던 시대였지만 한미한 가문 입장에서 과거는 그래도 삶의 반전을 꾀할 수 있는 공인된 제도였다.

조선의 과거제도는 크게 보면 문과文科와 무과武科, 잡과雜科로 나뉘었다. 기술관을 뽑는 잡과는 중인층이 지원했으며, 양반층은 문과와 무과에 응시했다. 문과는 고급 문인관료로 진출할 수 있는 출세 통로였다. 문과 합격자는 급제와 동시에 주요 관서에 임용한다는 원칙을 두고 특별한 대우를 받았다. 이들은 처음부터 예문관과 교서관, 성균관, 승정원 등 핵심 부서에 배치돼 고위관직 진출에 유리했다. 이밖에 생원시生員試와 진사시進士試라는 소과小科를 두었다. 사마시라고도 하는 소과에 합격하면 성균관 입학 자격을 부여했다. 이 소과는 관리 임명보다 학자로서의 지위와 양반 신분을 공인하는 역할이 더 컸다. 관료로 진출하지 못해도 생원·진사라는 이름만으로도 향촌사회에서 특권을 보장받고 사회적 존경을 받았다. 소과 합격자의 증가는 양반층의 기반을 두텁게 해 지배질서 공고화에도 한몫을 했다.

군주 입장에서 보면, 능력을 가지고 공개적인 경쟁을 거치는 과거제도는 매우 효과적인 인재 선발제도였다. 군주는 과거시험을 거친 인력을 적재적소에 배치해 중앙집권적인 관료제도를 효율적으로 운용해나갈 수 있었다. 사림의 입장에서 과거는 관료 진출을 보장하는 제도적 통로였다. 군주의 자의나 선심에 의한 발탁이 아니라 모두가 인정하는 절차를 거쳐 관계에 진출함으로써 사림은 군주와 당당하게 마주할 수 있는 독자적 기반과 정당성을 확보할 수 있었다. 때문에 이들은 왕이나 극소수 권세가의 독단적 권력 행사에 비판적 시각을 보일 수 있었다. 이런 배경에 힘입어 과거제도를 통해 발탁된 관료층의 저변이 탄탄해져갔다. 과거제는 조선의 신권臣權이 강해질 수 있는 밑바탕이었으며, 사림 지배를 가능케 한 기반이었다.

이와 달리 중국의 경우는 과거제가 왕권을 강화하는 요인으로 작용했다. 군주는 과거를 통해 관직 후보자를 서로 경쟁시켰으며, 이들의 정치적 결합을 견제해 권력연합체의 가능성을 차단했다. 중국의 과거제는 신하들 간의 광범위한 연대 형성보다는 신하들을 경쟁시켜 이들을 분산시키는 데 더 많은 영향을 미쳤다.

조선과 중국은 과거를 시행하는 양상에서도 차이를 보였는데, 이를 통해서도 두 나라의 다른 권력구조를 엿볼 수 있다. 조선에서는 3년마다 정기적으로 실시되는 식년시式年試보다 수시로 시행하는 비정기과거가 더 많이 치러졌다. 500년 동안 정기시험이 163회, 비정기시험이 581회였다. 상대적으로 권력이 강했던 조선의 신료들은 정규시험 외에 수시로 치르는 과거시험을 요구해 자신들의 물적 기반인 사림의 관계 진출을 적극 도모할 수 있었던 것이다. 이에 비해 명나라와 청나라는 '정기시험 중심'이라는 원칙을 거의 그대로 지켰다. 조선에 비해 군주의 힘이 강했던 중국은 정기시험으로 인재 선발과 신권 억제라는 두 가지 효과를 거두었다.

조선사회, 정확히는 사림사회는 늘 과거 열풍에 휩싸여 있었다. 3년마다 있는 정기과거 외에도 사이사이에 여러 종류의 비정기과거가 있어 거의 해마다 과거가 시행될 정도였다. 나라에 경사가 있을 때나 임금이 행차 했을 때 치르는 이 비정기과거에는 증광시增廣試·별시別試·알성시謁聖試·정시庭試·춘당대시春塘臺試 등이 있었다.

> 춘당대春塘臺에 나아가 인일제人日製 시험을 보였다. 참가자가 10만3579명이었고, 받아들인 시권試券(답안지)은 3만2884장이었다.
> —『정조실록』53권, 정조 24년(1800년) 3월 22일

이날 시험은 정조가 사망하던 해에 치러진 비정기과거였다. 임금이 창경궁 내 춘당대에 나와 친히 과거시험을 관장했다. 이날의 과거는

당시까지 최대 규모의 응시생이 몰린 과거시험으로 기록되는데, 시험에 참가하지 않은 유생까지 포함하면 과거 준비생은 이보다 훨씬 많을 것이다. 『정조실록』의 기록에 의하면 이 시기의 인구는 약 741만 명이었으며 가구는 174만 호 정도였다. 인구조사 때 발생한 누락분까지 감안한다 해도 당시의 과거 응시생 비율은 실로 놀라운 수치다.

과거 준비생 증가는 교육의 발전으로 이어졌다. 서원과 서당 등 사교육 기관이 증가했고, 넓게 보면 문맹률 감소에도 기여했다. 무엇보다 과거제도는 조선사회의 유교화에 큰 영향을 미쳤다. 유학경전인 사서오경四書五經이 과거 응시자에겐 교과서와 같았으니, 유학의 예법과 가르침이 사회 전반에 매우 신속하게 자리 잡을 수 있었다.

과거제는 고려시대의 지배 이념이었던 불교적 사유를 성리학적 사유로 대체하는 데도 강력한 동기를 제공했다. 과거를 통한 입신양명이 지배층 대다수의 지상 목표가 되면서 성리학 중심의 유학이 국가 공인 사상의 위상을 차지했다. 이러한 바탕에서 성리학 유일주의가 성립될 수 있었고 지배 학문에 의한 이념의 확대재생산도 용이해졌다.

과거제도는 권력과 부의 불균형으로 인한 사회적 불만을 줄이는 역할도 했다. 장차 조선사회의 지식인 계층을 형성할 이들을 과거라는 한 가지 목표에 열중하게 함으로써 현실에 대한 비판의식을 무디게 했다. 권력이 소수에게 독점되고 사회가 극도로 부패하더라도 과거시험을 통해 지배층으로 편입될 수 있다는 일말의 희망이 있다면 예비 관료층은 사회에 저항하거나 체제를 뒤엎기보다 기존 사회체제에 적응하는 편을 택하기 마련이었다. 입신출세의 가능성을 열어두는 과거제도가 사회 불만과 저항의식을 흡수하고 희석해 기존 체제의 안정과 존속을 담보했던 것이다.

❖과거제도의 그늘 ǀ 독점과 특권

과거제는 응시 자격에 엄격한 잣대를 적용했다. 과거 응시 전에 응시자의 신분과 사회적 배경을 반드시 파악하도록 했다.

> 사간원에서 치도治道 몇 조목을 올렸다. "우리 나라의 과거법은 한갓 재주만을 시험하는 데 그치지 않습니다. 과거 응시자의 족속族屬(가문)도 바르게 판단해야 합니다."
>
> —『태종실록』33권, 태종 17년(1417년) 2월 23일

> 사간원에서 상소했다. "과거제도를 마련한 목적은 시험을 보아 인재를 등용하려는 것입니다. 적서嫡庶를 밝히는 것은 명분을 바로잡기 위한 것입니다. 한 가지라도 어쩌다가 마땅한 바를 잃어버리면 사람을 뽑아 쓰는 것이 완전하지 못할 것이며 명분이 문란해질 것입니다. 우리나라에서 과거 응시자의 성명姓名을 기록할 때에는 반드시 보결保結(보증)을 받아야 하며, 그런 뒤에야 과거 응시를 허가합니다. 이처럼 선비를 시험으로 뽑아 쓰는 법은 매우 엄중해야 합니다."
>
> —『세종실록』56권, 세종 14년(1432년) 4월 4일

실제로 조선사회에서는 과거 응시자의 자격을 심사해 응시원서를 접수하는 녹명錄名이란 제도를 실시했다. 응시자 본인은 물론 부 · 조부 · 외조부 · 증조부의 성명과 본관 · 거주지 · 관직을 기록한 사조단자四祖單子를 제출해야 했다. 또한 사조단자의 내용에 허위가 없고, 응시자가 과거를 응시하는 데 하자가 없다는 사실을 관원이나 친척, 지인이 확인해주는 서명이 필요했다. 이를 보결이라 했다. 중종(재위 1506~1544) 이후부터는 사조四祖에 누구나 알 수 있는 현관顯官(문무양반직)이 없는 경우 관원 3명의 신원 보증이 있어야 했다. 이런 녹명이 없으면 응시 자격이 주어지지 않았다.

이 녹명 절차를 통해 과거에 응시할 수 없는 부적격자를 철저히 가려냈다. 상공인과 천인, 서얼 자손, 재가한 부녀의 자손 등은 문과와 생원진사시에 응시할 수 있는 자격이 없었다. 모반죄나 강상죄 등 중대 범죄를 저지른 자도 포함됐다. 과거제의 자격 심사는 하층민과 사회질서를 교란하고 불안을 야기할 수 있는 이들을 규제하고, 이 부류를 사회적으로 배제하는 효과를 가져왔다.

하지만 조선사회는 과거 응시 자격을 양반만으로 제한하는 법률을 제정하진 않았다. 일반 백성인 양인도 문과와 생원진사시에 응시할 수 있었다.

승지 등이 의논했다. "조득림趙得琳의 전처와 그 아들 조성趙成과 조찬趙贊은 이미 양인이 되게 해주었으므로 조성이 과시科試에 나아가는 것은 마땅합니다."

신분을 양인과 천인으로 구분할 때의 양인뿐 아니라 양반·중인· 상민·천민의 반상제로 나눌 때의 상민에 해당하는 평민도 과거 응시 자격을 가지고 있었다. 하지만 양반이 아닌 일반 양인이 문과나 생원 진사에 나아가 관직에 오르는 경우는 극히 드물었다. 실제 과거에 응 시하여 합격한 자는 거의 모두가 양반이었다. 대부분의 양인은 경제력 과 교육환경이 뒷받침되지 않아 과거를 준비하는 데 어려움이 많았다.

응시 자격 심사의 까다로움도 부담으로 작용했다. 사회적으로 인정 받는 사람의 보증을 받아야 하는 규정은 응시자의 사회적 인맥을 일종 의 자격으로 삼겠다는 의도였다. '누구나 알 수 있는 문무양반직 관료 를 지낸 조상을 둔 응시자'는 심사 절차가 비교적 간단했다는 사실에서 도 양반 자제를 우대하겠다는 의도가 드러난다.

이처럼 조선사회는 양반 이외의 신분에게도 과거제도를 열어놓고 있었지만 그것으로 양반 중심의 신분질서가 흔들리진 않았다. 현실적 으로 과거시험은 양반층 내의 경쟁이었기 때문이다. 제도 자체는 공 정한 경쟁을 내세웠지만 그 실질적 대상이 제한돼 있어 오히려 사회의 계층구조와 위계를 강화한 측면이 있었다. 과거 응시 자격에 있어 적 서의 차별, 상민층의 과거 응시 어려움, 상공인층의 과거시험 불허 등 을 통해 양반층은 자신들의 정체성을 분명히 하고 다른 신분층을 배제 하는 위계적 신분질서를 강화해나갔다. 결국 현실의 과거제도는 양반 계층이 관직을 독점하기 위한 방책으로 귀결되었다. 그것은 양반 중심의 신분제 질서를 유지하는 제도적 장치이기도 했다. 과거제도가 정착되고 양반 계층에 독점되면서 조선사회의 신분제도 고착되고 세습화되는 경향이 강해졌다.

과거제도는 양반층 내에서도 불평등 양상을 띠었다. 소수의 가문에서 많은 합격자가 배출됐다. 조선 500년 동안 문과 합격자는 약 1만 4600명인데, 전체 합격자의 40퍼센트가 21개 씨족에서 나왔을 정도다.[7] 하위 560개 씨족은 겨우 10퍼센트 정도의 합격자를 배출하는 데 그쳤다. 성씨와 본관을 같이하는 부계 혈연집단인 동족집단을 씨족으로 본 경우인데, 유력 씨족들의 급제자 비율은 후대로 갈수록 높아졌다. 300명 이상의 문과 합격자를 낸 씨족은 다섯 가문이었다.[8] 전주 이씨(847명), 안동 권씨(358명), 파평 윤씨(339명), 남양 홍씨(322명), 안동 김씨(310명)로 이들 다섯 씨족이 문과 합격자의 15퍼센트를 차지했다. 100명 이상의 합격자를 낸 씨족을 살펴보면 38개 씨족에 합격자는 모두 7500여 명에 이른다. 이들만으로도 전체 합격자의 반이 넘는다. 동시대의 명나라와 청나라에선 수십 명의 문과 합격자를 낸 씨족조차 찾기 어려웠다. 이와 비교하면 조선은 과거 합격자가 극심한 과점 상태를 이루고 있었던 셈이다.

경쟁률도 치열했다. 한 해 문과 급제자는 30명 정도였으며, 경쟁률은 수천 대 일에 달했다. 38개 씨족이 급제자의 약 52퍼센트를 차지하고 그 나머지 씨족인 710여 개 씨족이 문과 급제자의 절반 이하를 놓고 겨루는 셈이어서 실제 경쟁은 더 치열할 수밖에 없었다.

조선 후기 들어 과거 응시자는 더욱 늘어났다. 18세기 후반에 활동한 실학자 박제가는 당시의 과열된 과거장 분위기를 이렇게 전한다.

지금은 그때보다 100배나 많은 유생들이 물과 붓, 짐 따위를 가지고 입
장한다. 힘센 무인도 들어가고 심부름하는 종과 술장수도 들어가니 과
장이 어찌 난잡하지 않겠는가? (…) 이러므로 하루 안에 치르는 과거를
보고 나면 머리카락이 허옇게 셀 정도로 피로하다. 가끔은 살상과 압사
사건도 발생한다.

　　　　　　　　　　　　　　　　　　　—박제가, 「과거론科擧論」 『북학의』

과거를 보려면 목숨을 걸어야 할 정도로 극심했던 경쟁 분위기를 짐
작할 수 있다. 그럼에도 과거 열기는 그치지 않았다. 20~30여 년을
과거에 매달린 사람은 부지기수였고 문과 급제자의 합격 평균연령은
30대 중반에 달했다. 당시의 평균수명을 감안하면 이는 매우 늦은 사
회 진출이었다. 이런 실정인데도 과거 합격자에 비해 관직 수는 크게
모자랐다. 임명을 기다리는 관료 후보자가 갈수록 늘어났다.

세력 있는 가문의 자제는 과거에서 특혜를 받기 일쑤였다. 정조가
우의정을 지낸 심환지沈煥之(1730~1802)에게 보낸 어찰에서 이런 풍조
를 엿볼 수 있다. 정조는 정치 현안과 인사문제를 논하면서 한편으론
심환지의 아들에게 과거시험 특혜를 주지 못한 사연을 전한다. 과거시
험에서 아들이 300등 안에만 들면 합격시키려고 했으나 아들의 성적
이 그렇지 못해 부득이 떨어뜨렸다는 안타까움을 표시한다. 당시 문과
의 1차 시험에 해당하는 초시 합격자 수가 대략 300명 정도였다. 유력

가문의 자제는 1차 시험만 통과하면 그 권세에 힘입어 최종 합격할 가능성이 높았던 것이다.

정기시험보다 비정기시험을 많이 치르다 보니 합격자도 비정기시험에서 더 많이 배출됐다. 비정기시험은 수시로 치르는 시험으로 시험 일정이 급박했다. 한양과 인근 경기 지역에 거주하는 양반가 자제들이 지방 응시자에 비해 유리할 수밖에 없었다. 실제 시험 결과도 그렇게 나타났다. 조선 후기 들어 비정기시험이 늘어나고 이와 함께 비정기 문과시험은 한양과 인근 지역에 거주하는 특권 계층을 위한 시험으로 자리를 잡아갔다. 널리 공정하게 인재를 등용한다는 과거제도의 결실을 소수 가문이 독점했다.

이렇게 과거는 정실 인사의 출발점이 되고, 파당을 심화시켰으며, 유력 가문의 정치력을 재창출하는 도구가 돼갔다. 한편으로는 공정과 경쟁이라는 과거제의 외피가 특권층의 권력 독점을 정당화하는 기제로 작용했다. 세도기인 19세기에 들어서는 과거시험에서 특정 가문이 누리는 특혜가 더욱 커졌다. 이와 함께 시험 비리도 도를 더해갔다. 과거 합격이라는 영예뿐 아니라 그후의 요직 진출도 특정 가문에 좌우됐다. 19세기 후반에 육조六曹의 요직을 두루 역임한 조영하趙寧夏 (1845~1884)는 관직생활 초기에 초고속 승진으로 세인을 눈길을 끌었던 인물이다. 그는 열아홉 살에 과거에 합격하고 이듬해 종9품인 규장각대교奎章閣待敎에서 관직생활을 시작해 3년 만에 종2품인 이조참판에 오른다.

조영하를 성균관대사성으로, 김대근金大根을 판의금부사로 삼았다.

—『고종실록』 2권, 고종 2년(1865년) 4월 22일

조영하를 이조참판으로 삼았다.

—『고종실록』 4권, 고종 4년(1867년) 2월 19일

조영하를 예조판서로 삼았다.

—『고종실록』 14권, 고종 14년(1877) 10월 15일

조영하는 나이 서른셋에 육조의 최고 벼슬인 판서에 올랐다. 과거 합격 후 14년 만에 이룬 쾌거였다. 그의 이런 비정상적인 승진은 당시 조정에 큰 영향력을 행사하던 신정왕후 조대비趙大妃(1808~1890)의 권세 때문이었다. 조영하는 조대비의 친정조카였다. 공정한 인재 등용은 오히려 비웃음을 샀으며, 특권이 아니라 성취에 따른 보상은 찾아보기 어려운 시대였다.

지배층 내에서나마 계속 참신한 인재가 관료체계 내로 영입되었을 때, 조선의 신분제 사회는 그나마 활력이 넘쳤다. 사림 지배에 '그들의 미래'가 있어 보였다. 비록 특권이 보장된 '차별의 질서'라는 한계를 가졌지만 그 사회는 동시대 세계의 어느 문명사회에도 크게 뒤지지 않았다는 평가를 받을 수 있었다. 하지만 과거제가 공평함과 개방성을 잃고 성취보다 특권에 좌우되었을 때, 양반 관료사회의 동력과 연대는 경색되어갔고 비정상이 정상이 되는 경우가 점차 많아졌다. 사회 갈등

도 최고조에 달했다. 관직 배분이 혼탁해지고 그로 인해 관료의 통치 행위와 행정 집행에 내세울 명분마저 흐려졌을 때 조선사회는 급격한 쇠락의 길로 내몰렸다. 결국 그 끝에 이르러 양반관료들은 지배층으로서의 최소한의 소임마저 던져버린다.

조정 대신과 방백 수령들은 나라의 복지에 대해서는 전혀 무관심한 채 오직 자신의 재산을 모으는 데만 주력했으나 그들의 탐욕을 제어할 길이 없었다. 관리가 될 수 있는 유일한 길인 과거제도는 뇌물, 흥정, 매관매직 이상의 아무것도 아니었으며 공직 임명을 위한 기능을 더 이상 찾아볼 수가 없었다.

—이사벨라 버드 비숍, 『조선과 그 이웃나라들』

비숍이 조선을 방문한 해인 1894년에 갑오개혁이 일어나고 과거제가 폐지된다. 그로부터 16년 뒤 조선왕조도 막을 내린다.

8장
차등적 법질서를 정당화하라 | 법제도

❖신분에 따라 처벌하다

중종 17년(1522년) 봄. 의정부의 정승과 육조의 재상, 사헌부·사간
원·홍문관의 최고책임자, 한성판윤 등 조정의 최고위직 관료가 모두
참석한 가운데 계복啓覆이 열렸다. 사형수의 경우 세 번의 심리를 거쳐
형을 확정하는데, 이날은 그 마지막 심리인 삼복三復이 있는 날이었다.

　남자 하인인 노奴와 그 여주인 사이에서 일어난 간통이 이날 심리의
최대 쟁점이었다. 부부 관계를 저버리는 간통은 사회 기반이 되는 가
족관계까지 해치는 반인륜적 행위였다. 조선 지배층은 간통을 사회의
근본 질서를 흔들 수 있는 중대한 범죄로 보고 있었다. 더구나 이번 사
건은 신분이 다른 남녀 사이에서 일어난 간통이어서 더 큰 관심을 모
았다. 대신들 간에 열띤 의견이 오갔고, 이윽고 결정이 내려졌다. 초심
과 재심에서의 판결과 마찬가지로 법률대로 처결한다는 최종 판결이

었다. 법률에 따르면 노奴가 그 주인의 처와 간통할 경우 남녀 모두 목을 베어 죽이는 참형斬刑에 처했다. 같은 신분 간에 일어난 일반적인 간통의 경우는 매질을 하는 장형杖刑을 언도해 장 80~90대에 처하지만 노비와 상전 간의 경우는 신분질서 교란을 이유로 더 무거운 처벌을 내렸던 것이다.

그런데 한 재상이 다시 한 번 이의를 제기하고 나섰다.

> 예조판서 한효원韓效元이 아뢰었다. "이 간통사건은 생계가 빈궁하여 종과 주인이 함께 거처하게 되고, 이로 인해 상하의 구분을 두지 못해 일어난 일입니다. 법은 비록 극형을 요구하지만 사정을 따져보면 용서할 만합니다."
>
> ─『중종실록』44권, 중종 17년(1522년) 3월 19일

정상을 참작해 극형만은 면해주자는 의견이었다. 잠시 좌중이 술렁였지만 임금은 법률대로 집행하라며 판결의 취지를 다시 한 번 강조했다.

> 임금이 일렀다. "종과 주인의 구분됨은 문란할 수 없다."
>
> ─『중종실록』44권, 중종 17년(1522년) 3월 19일

예조판서는 범죄사건의 발생 정황을 먼저 헤아리자고 했지만 임금은 신분적 위계질서를 우선적으로 고려한 것이다. 임금의 판결 근거는 주인과 노비는 엄연히 구분되는 존재로서 그 상하의 질서는 어떠한 경

우에도 어지럽혀질 수 없다는 명분론에 입각한 논리였다.

남자 하인은 양반뿐 아니라 일반 평민 여주인과의 간통사건에서도 사형에 처해졌다.

삼성三省(의정부, 사헌부, 의금부)에서 함께 다룬 죄인인 가산嘉山의 사노私奴 김돌金乭과 양녀良女 옥장玉將이 처형되었다. 김돌은 옥장의 종으로서 옥장과 간통하였는데, 감사의 보고에 따라 삼성에 명하여 국문하게 하였더니 저지른 죄를 자백했다.

—『현종실록』 19권, 현종 12년(1671년) 5월 11일

양반과 천민 사이만이 아니라 일반 양민인 상민常民과 천민 사이의 간통에도 신분 차별을 두었다. 노奴가 상민 부녀와 간통하는 경우 일반적인 간통보다 한 등급을 더해 처벌했지만 상민이 다른 사람의 여자 하인인 비婢와 간통하면 상민 간의 간통에 비해 한 등급을 감해주었다. 상민과 노비 사이의 신분상의 차이가 형벌에 그대로 적용된 것이다. 그렇지만 같은 천민에 속하는 노와 비가 서로 간통하면 일반적인 간통의 경우로 보고 그에 기준해 처벌을 내렸다. 남녀의 합의에 의한 일반적인 간통 범죄의 경우 장杖 80대를 치고, 남편이 있는 여자일 경우는 장 90대를 쳤다. 경제적인 이해관계를 매개로 이뤄지는 조간刁姦의 경우는 장 100대에 처했다. 이처럼 노비의 간통범죄는 그 대상이 누구냐에 따라 처벌이 달라졌다. 조선시대엔 형량 부과의 기준에 있어서 범죄의 양상이나 정도보다 범죄자의 신분이 우선했던 것이다.

폭행죄나 모욕죄를 처벌할 경우에도 가해자와 피해자의 신분에 따라 처벌이 달랐다. 노비가 상민을 때렸을 때는 같은 신분 간의 폭행에 비해 한 등급을 더해 처벌했으며, 팔다리를 부러뜨리거나 두 눈을 멀게 하는 등의 심각한 상해를 입혔을 때는 목을 매달아 죽이는 교수형까지 내릴 수 있었다. 반면 상민이 노비를 구타했을 때는 일반적인 관계의 폭행에 비해 대체로 두세 등급을 감해 처벌했다. 과실치사의 경우에는 죄를 묻지 않기도 했다.

노비와 주인 사이에 일어난 구타 사건은 차별이 더욱 심했다. 예를 들어, 주인이나 가까운 친족이 노비를 구타해도 죽지만 않으면 벌을 받지 않았다. 반면 노비가 주인이나 주인의 가까운 친족을 구타했을 때는 교수형에 처할 수 있었다.

노비가 주인에게 욕을 하는 모욕죄도 폭행과 같은 처벌 기준이 적용됐다. 같은 신분을 가진 사람 사이에서는 작은 형장荊杖으로 볼기를 치는 태형笞刑을 내려 태 10대를 치도록 했다. 하지만 노비가 주인을 욕하면 교수형에 처했으며, 노비가 주인의 가까운 친족을 욕하면 장 80대를 치고 2년 동안 중노동을 시키는 무거운 형벌을 내렸다.

신분에 따라 형벌을 달리하는 차별적 법 집행은 북방 개척이나 국방 정책과 맞물려 이뤄지기도 했다. 천민이 양반사족을 능멸하거나 협박하면 가족 모두를 함경도나 평안도의 변방으로 이주시키는 전가사변全家徙邊의 벌을 추가로 내리는 경우도 있었다.

형조에서 아뢰었다. "천인 최득생崔得生이 재산을 믿고 호기를 부려 사족을 멸시해 몽둥이를 가지고 떼를 지어 전前 군수 이주정李周庭과 충순위 忠順衛 당익唐益의 집을 포위해 협박하였습니다. 이어 처자와 노비를 구타 하고, 당익과 진사 최위崔偉을 결박하여 말 앞에 몰아세우고 자기 집까 지 협박하여 끌고 가 학대하였습니다. 최득생의 성질이 억세고 사나워서 풍속을 해치고 어지럽힘이 이보다 더할 수 없습니다. 만약 율律에 따라 장杖 80대만 치기로 논죄한다면 악한 사람을 제대로 징계할 수 없습니 다. 변방으로 강제 이주시키는 정책을 헤아려보건대, 비록 죄를 범한 일 이 없더라도 가족 모두를 변방으로 들여보내 변방을 튼튼히 할 수 있었 습니다. 최득생 등도 장杖을 친 후에 온 가족을 변방으로 이주시키기 바 랍니다." 이에 최득생과 그 가족을 변방으로 이주시켰다.

—『연산군일기』 43권, 연산군 8년(1502년) 4월 29일

조선사회에서 노비가 일으킨 범죄는 단순한 범죄사건에 그치지 않 았다. 특히 살해사건의 경우 지배층에선 이를 삼강오륜의 인륜을 어긴 강상죄綱常罪와 같은 차원에서 보고, 이에 기준해서 처벌을 내렸다.

형조에서 아뢰었다. "사비私婢 한양漢陽이 그의 지아비 옥석玉石과 아들 태백太白·범동凡同과 함께 상전인 변소邊韶의 아들 변세신邊世愼을 구타하 여 죽였습니다. 사건이 강상에 관계되니, 의금부에 옮겨 신문하는 것이 어떻겠습니까?" 이에 아뢴 대로 하라고 명했다. 태백과 범동은 도망을 쳤지만 뒤에 한양과 옥석은 모두 처형되었다.

—『명종실록』 24권, 명종 13년(1558년) 11월 19일

영변부寧邊府를 현縣으로 강등시키고 부사府使 이영발李英發을 파직시켰다. 영변 지역에 거주하는 노비가 주인을 살해하였으므로 법대로 다스려 사형에 처하고, 영변의 읍호邑號를 강등시키고 수령을 파직시킨 것이다.

—『효종실록』 10권, 효종 4년(1653년) 3월 6일

노비가 주인을 살해했을 경우에는 그 고을의 등급을 낮추고 해당 지방관에게 책임을 묻는 강상죄 처벌까지 내리는 단호함을 보인 것이다. 그렇지만 주인이나 주인의 가까운 친족이 노비를 죽였을 경우는 매우 관대한 처벌을 내렸다. 예를 들어, 죄를 범한 노비를 벌주겠다고 관아에 알린 뒤에 이 노비를 때리다가 노비가 죽었다면 법적 책임을 지지 않았다. 관아에 알리지 않고 이런 경우가 발생했을 때는 중국의 대명률大明律에 따라 장杖 100대에 처하도록 했는데, 실제로 처벌을 받는 이는 거의 없었다. 더구나, 자신의 노비를 사사로이 죽였을 경우 대명률에서는 죽은 노비의 가족을 양인이 되게 해주었지만 조선에서는 이 조항은 아예 받아들이지 않았다. 조선은 중국보다 더 엄격한 신분제를 운영했으며, 신분의 상하에 따른 형벌 집행에도 중국보다 더 큰 차별을 두었던 것이다.

신분에 따라 형벌이 차별적으로 적용되었다는 사실을 감안하면 조선사회에서의 법은 백성의 안전을 위한 제도라기보다 양반 위주의 신분질서를 굳히는 규제 장치의 성격이 더 강했다고 볼 수 있다.

❖예치와 법치

재위 30년째 되는 1754년, 영조는 10년 전에 발생한 한 살인사건을 재심해달라는 형조의 건의를 받아들였다. 어린 두 자식이 어머니 인印씨의 간통 행위를 아버지 김세만에게 일러바치고, 이 일로 격분한 김세만이 아내 인씨를 칼로 찔러 죽인 사건이었다. 가족 모두가 관련된 매우 드문 간통사건이자 살인사건이었다. 김세만은 참형을 언도받았지만 살인 동기에 동정의 여지가 있다는 점이 감안돼 형 집행은 10년째 미뤄지고 있었다.

그런데 10년이 지난 이때, 영조는 이전과는 다른 판결을 내리며 사건을 마무리 지었다.

> 김세만은 먼 곳으로 귀양을 보내도록 하라. 왕이 된 자는 효로써 정치의 근본을 삼는다. 사건 당시에 김세만의 두 아들은 주수창朱壽昌(송나라 때 효도로 이름난 인물)의 아들 도욱道郁에 비해 나이가 어렸지만 십 년이 지난 지금은 나이가 찼다. 두 아들에게 곤장을 치는 형벌을 내리고 중노동을 가하는 도형徒刑에 처한 뒤에 귀양 보내도록 하라.
>
> —「간음姦淫」『추관지秋官志』

아내를 죽인 김세만의 죄는 이전 판결에 비해 가벼이 하고, 어머니의 불륜행위를 아버지에게 이른 두 아들에게는 중형을 내렸다. 고의적이거나 계획적인 살인이 아니었다는 점이 김세만의 형량을 감형한 주된 이유였다. 김세만은 아들의 고자질로 간통 현장인 집을 찾아 불을 질렀는데, 불을 지르기 전에 미리 소리를 질렀고, 집에 불을 지른 것도 간부姦夫의 뜻하지 않은 반격을 두려워했기 때문이라 보았다. 아내 인 씨가 죄를 빌기는커녕 불을 지른 남편과 싸움을 만류하는 시어머니를 밀치고 욕을 한 사실도 감형에 유리하게 작용했다. 두 아들에게 중형 을 내린 근거는 불효죄였다.

> 아들로서 어미의 잘못을 증언하는 것은 윤상倫常에 크게 관계되는 것이다.
> ―「간음」『추관지』

자식이 어머니의 간음을 고자질해 결국 어머니를 죽음에 이르게 하 고 아버지까지 죽을 뻔했다는 게 두 아들을 처벌한 이유였다. 부모와 자식 간의 변하지 않는 도리인 인륜을 해친 강상죄를 적용한 것이다. 간음죄도 중죄지만 불효죄는 그보다 더 엄하게 다루어야 한다는 뜻이 담긴 판결이었다. 사회질서를 유지하고 백성을 이끌기 위해서는 먼저 가족윤리를 바르게 세워야한다는 조선시대 통치술의 일단을 보여준 사건이기도 했다.

실제로 조선 지배층은 효를 비롯한 삼강오륜의 덕목을 장려하기 위 해 여러 가지 제도적 장치를 마련했다. 예를 들면, 부모의 상喪을 치를 때 이전에 저지른 죄가 발각될 경우 반역이나 강상죄 등의 중죄 외에 는 돈을 바치면 형을 집행하지 않도록 하는 법을 제정했다. 아들과 손 자, 아내, 첩, 노비가 부모나 가장을 고발할 경우 반역죄 외에는 교수형에 처한다는 규정도 마련했다. 효도와 우애, 절의와 같이 몸가짐과 행실이 바른 자에게는 나라에서 상을 내린다는 조항을 법전에 명시했다. 삼강행실을 언문으로 번역해 이를 부녀자와 어린이에게 가르쳐 이해하게 한다는 교육지침까지 법전에 실었다.

이런 추세에서 조선사회는 지배층 여성에게 과도한 윤리덕목을 요구했다. 여성이 개가하거나 행실이 방정하지 못하면 아들과 손자를 과거에 응시하지 못하게 함으로써 순종의 윤리를 확산시켰다. 지배 신분인 사족의 정체성을 확보하기 위해 생명보다 유교적 성윤리를 우선시할 때도 있었다.

> 형조에서 아뢰었다. "전라도에 사는 한 정병正兵의 딸이 내금위 소속 관원에게 시집갔다가 그 지아비가 죽은 뒤에 역리驛吏와 간통했습니다. 이 여인을 정병의 자식으로 논한다면 사족이 아니므로 죽을죄에 해당하지 않지만, 내금위 소속 관원의 아내로 논한다면 사족에 속합니다. 이를 어느 율律로 결단하리까?"
>
> —『중종실록』39권, 중종 15년(1520년) 4월 5일

> 삼정승이 의견을 모아 일렀다. "정병의 딸은 본계本系는 천할지라도 이미 내금위 소속 관원의 아내가 되었으니 당연히 사족의 아낙으로 논해야 합니다."
>
> —『중종실록』39권, 중종 15년(1520년) 4월 8일

이처럼 조선사회에서는 임금과 신하, 부모와 자식, 남편과 아내, 연장자와 연소자, 친구와 친구 사이 등의 인간관계에서 발생하는 윤리와 질서 정립이 국가 통치를 위한 전제조건이었다. 이런 맥락에서 보면 조선의 법체계 정립 과정은 삼강오륜의 법제화와 크게 다르지 않았다.

이 삼강오륜은 유가 통치의 한 축인 예치禮治의 핵심 덕목이었다. 예치는 예의와 덕을 앞세우고 무력이나 강압이 아니라 교화를 통해 정치를 펼쳐나간다는 통치술이다. 조선사회 통치원리의 한 축이 이 예치였으며, 또 다른 한 축은 법률에 의해 나라를 다스리고 백성을 통치하는 법치法治였다. 유교사상에서는 법질서를 도덕과 예를 보존하는 수단으로 보기도 한다. 정치는 덕으로 백성을 교화하는 데 근본을 두고, 형벌은 그것이 미치지 못하는 경우에 쓰는 것이라 해서 예치에 우선을 두는 시각이다. 이때 예는 유교 실정법의 원리이자 법 실행의 이상적 모델이 된다. 이럴 경우 예치와 법치는 대립 개념이라기보다 상호 보완적인 개념에 더 가까웠다. 예치에 의한 덕과 교화에 따른 지배는 유교 정치의 원칙이며, 이 원칙이 실제 사회에서 운용될 때는 법치에 의한 지배로 나타난다고 보는 것이다. 예의 법치화라 할 수 있다.

성균진사成均進士 송희헌宋希獻이 임금에게 글을 올렸다. "생각하건대, 정치를 내는 근원은 비록 덕교德教에 근본하였다 하더라도 백성을 이끌어 바른 길로 나아가게 하는 도리는 반드시 법제法制로 말미암는다고 여겨집니다."

—『세조실록』 46권, 세조 14년(1468년) 6월 14일

도덕으로 사람을 가르쳐 이끄는 덕교, 곧 교화에 의한 예치만으론 정치를 할 수 없으며 정치를 돕는 제도이자 백성을 이끄는 수단인 법률이 필요하다는 주장이다.[1] 통치에 대한 이러한 인식은 법전의 편찬으로 결실을 맺는다. 나라를 다스리는 큰 법전이라는 뜻을 담은 『경국대전』이 그것이다. 『경국대전』은 세조 6년(1460년)에 집필을 시작해 성종 15년(1484년)에 최종 완성되고, 그 다음 해에 시행되었다. 정치 조직과 재정, 교육과 외교, 군사와 군제, 형벌과 재판, 산업과 공인工人 등 통치를 위한 제도의 기본을 담은 법전이었다.

『경국대전』 완성은 관료제도 운용을 위한 제도적 장치가 마련됐다는 뜻이기도 했다. 조선의 지배세력이 백성을 체계적으로 통치할 수 있는 제도를 완비한 것이다. 또한 『경국대전』은 유가의 예치를 통치의 근본 방식이라 천명하면서도 실제로는 법치에 따라 작동되었던 조선사회 정치체제의 성격을 드러내준다.[2] 덕과 예의 정치를 내세우지만 현실은 각종 제도와 형벌에 의해 규정되고 움직이는 법가적 통치원리가 더 우세했던 것이다.

『경국대전』은 나라의 공적 영역뿐 아니라 가정과 개인의 사생활에 속하는 사적 영역까지도 규제하는 법전이었다. 가난하지 않으면서 서른 살이 넘어도 시집가지 않은 딸을 둔 집안은 그 가장을 엄중하게 논죄한다는 규정까지 둘 정도였다. 의복과 상복, 제사, 분묘의 크기, 결혼과 재가 등에 대해서도 구체적인 규정을 마련했는데, 이는 신분과 지위에 따른 차별적인 규제에 기반을 두었다. 예를 들면, 사족의 철릭과 치마는 13폭을 넘지 못했으며, 서인庶人의 철릭과 치마는 12폭 이내로 제한되었다. 분묘는 문무관리의 경우 1품 관직자는 4방 각 90보步, 2품 관직자는 4방 각 80보, 3품 관직자는 4방 각 70보로 정해 지위에 따라 크기에 제한을 두었다.

『경국대전』이라는 법전의 완성과 이에 따른 법에 의한 통치가 제 궤도에 오르면서 조선은 차등화된 신분제에 토대를 둔 규율사회로 변모해갔다. 나라의 구성원인 백성 개개인의 행위를 통제하고 규제하면서 지배층의 의지가 우선하는 통제사회를 존속시켜나갔다. 국가가 가족의 모든 일에 간여하고 이를 규제하는 가부장과 같은 역할을 맡았다. 법률은 백성을 관리하는 도구였으며, 법에 따른 명령은 공권력에 의한 지배체제를 확립하는 수단이었다. 위계와 차등의 사회질서를 뒷받침한 이러한 법치주의 또한 조선사회 장기지속의 한 요인이었다.

❖무엇을 위한 법치인가? | 법과 유교질서

가족윤리와 신분질서 유지에 치중된 조선의 법체계는 십악十惡 개념의 수용과 적용을 통해서도 확인할 수 있다. 십악은 중국의 형법 가운데 가장 무겁게 처벌한 범죄 10가지를 일컫는다. 크게 보면, 왕조의 존립과 왕실의 권위를 위협하는 범죄, 가족윤리의 근간을 해치는 범죄, 인명을 훼손하는 범죄로 구분된다. 이들 10가지 범죄는 유교 윤리와 규범을 어지럽히고 왕조국가와 신분제 사회의 근간을 무너뜨리는 행위로 보아 나라에서 특별하게 다스렸다. 이 십악 중 절반인 다섯 유형의 범죄가 부모와 자식, 부부, 근친 간에 발생할 수 있는 윤리범죄의 성격을 가졌다.

> 병조에서 아뢰었다. "해주 사람 조귀생趙貴生이 의붓어머니를 겁간하려 하자 그 아비 조영생趙永生이 귀생의 머리털을 움켜쥐고 휘둘렀습니다. 그러자 귀생이 그 아비의 손가락을 비틀어서 땅에 넘어지게 했사옵니다. 이는 참수형에 처해야 할 범죄이며, 또한 때를 기다려 처벌할 범죄가 아니니 즉시 사형을 집행해야 합니다." 이에 그대로 따랐다.
>
> ─『세종실록』 53권, 세종 13년(1431년) 7월 17일

십악 규정에 따르면 '부모 구타'는 악역惡逆에 해당한다. 당시에는 만물이 소생하고 자라는 봄과 여름철에는 사형을 집행하지 않고 추분과 춘분 사이에 집행했는데, 십악에 해당하는 범죄는 중죄로 보아 이 규정에 따르지 않고 형을 집행했다. 유교 윤리 차원에서 십악은 그만큼 중대한 범죄였다.

십악 중 악역은 부모를 비롯한 근친을 구타하거나 살해한 범죄다. 불효不孝는 부모와 조부모에게 욕설을 하거나 봉양을 제대로 하지 않는 등 효 윤리에 어긋나는 범죄를 일컫는다. 남편이나 친족을 구타하거나 관에 고발하는 행위는 십악 중 불목不睦에 해당됐다. 불의不義는 남편 상례喪禮를 제대로 치르지 않거나 상중에 음악을 연주하거나 개가하는 등 부부 사이에서 불경한 짓을 한 경우다. 아버지나 친족의 첩과 간통할 경우는 내란內亂이란 죄명으로 처벌했다.

왕조와 왕실에 관련된 십악 중 모반謀反은 왕조를 위태롭게 하거나 전복을 꾀한 경우였다. 종묘나 궁궐 등의 왕실 건축물이나 공간을 훼손한 범죄는 모대역謀大逆으로 처벌했다. 모반謀叛은 본국을 배신하고 다른 나라를 따르는 이적 행위였다. 임금의 수레나 가마, 어보 등 왕실 물품을 훔치는 범죄는 대불경大不敬으로 다스렸다. 임금이 복용할 약을 잘못 제조하거나 수라를 잘못 지어도 이 대불경 죄에 해당했다.

인명 훼손과 관련된 부도不道는 죽여야 할 죄가 없는 사람 셋을 살해하거나, 남의 사지를 찢거나, 산 사람의 이목구비와 창자를 베어내는 범죄였다. 독충으로 사람을 해치려 들거나 이를 방조하는 행위도 이 부도의 죄로 처벌했다.

이들 십악에 해당하는 범죄는 심문이나 형벌 집행에서 가능하면 규정된 원칙을 적용했다. 경우에 따라 가혹한 고문이 허용됐으며, 사면 대상에서도 제외됐다.

형조에서 의정부와 제조諸曹에서 의논한 조건을 아뢰었다. "압슬壓膝(무릎 아래에 사금파리를 깔고 돌이나 목판으로 무릎을 누르는 고문)은 1차에 2인, 2차에 4인, 3차에 6인으로 하고, 십악·강도·살인범 외에는 이 방법을 쓰지 않도록 한다."

—『태종실록』 33권, 태종 17년(1417년) 5월 11일

승정원의 승지가 의금부와 형조에 왕명을 전달했다. "근래에 장마가 계속돼 장차 농사를 해칠까 두렵다. 죄가 결정되지 않아 오랫동안 갇혀 있

는 죄인이 있어 화기和氣를 상할까 염려되니, 이제부터 5월 18일 새벽 이전의 도둑 및 강상綱常에 관계된 자 이외에, 유배형 아래의 형벌(태형, 장형, 도형)을 받는 죄인은 모두 용서하여 풀어주도록 하라."

—『예종실록』 5권, 예종 1년(1469년) 5월 18일

　십악은 모두 극형에 처하는 범죄는 아니었다. 범죄행위로 인한 침해나 형량의 경중을 기준으로 규정한 범죄가 아니기 때문이다. 십악은 예와 윤리 덕목을 훼손하는 행위를 유형별로 분류한 범죄로, 조선사회가 추구하는 가치와 이념을 보호하기 위한 제도적 수단이었다.

　조선에서 중국의 십악을 받아들이고 이를 현실에 맞게 수용해나가는 과정은 사회윤리의 구축 과정이기도 했다. 조선사회는 가족윤리의 확장 차원에서 사회윤리를 세우려 했으며, 이에 따라 가족 구성원 간의 위계질서와 남녀유별을 유난히 강조했다. 가정 내의 윤리질서를 어기는 행위를 형벌이라는 법제도 차원에서 다룸으로써 가족윤리를 불변의 규범 가치로 만들어나갔다. 이것은 유교 윤리관의 법제화이자, 법에 의해서 예와 도덕 가치를 강압적으로 실현하려는 의지의 소산이기도 했다.

　한편으론 유교의 윤리의식이 법 개념과 집행에 큰 영향을 미쳤다. 혈연의 멀고 가까움에 따라 권리와 의무를 달리 규정하는 친친親親의 원리, 신분에 따른 위계질서를 규범에 반영하는 존존尊尊의 원리, 어진 사람이나 연장자를 배려하는 현현賢賢의 원리와 같은 유교의 윤리의식이 형벌 개념과 집행에도 반영됐다.[3]

조선사회에서 가족윤리와 삼강오륜의 예에 관련된 범죄행위에 대한 규제는 시간이 지나면서 더욱 강화되는 추세였다. 이에 따라 조선 지배층의 통치 전략에서도 가족이나 친족 간의 윤리 확립이 갈수록 큰 비중을 차지했다.

❖누구를 위한 법치인가? | 법과 지배세력

십악 중 불의不義에 해당하는 범죄에는 가정 내의 위계질서를 위한 아내의 도의에 관한 규정만이 아니라, 사회 내의 위계질서를 세우기 위한 조항이 따로 마련되어 있었다. 백성이 고을의 지방관을 살해한 경우가 이 유형의 범죄에 속했다. 하급 관리가 소속 관청의 5품 이상의 관료를 살해하거나 하급 군사가 상급 군사를 살해했을 때도 십악의 범죄로 규정해 범죄 조사에 신중을 기하고 엄한 처벌을 내렸다. 범죄 대상의 사회적 신분에 따라 형벌이 더해지는 일종의 가중범 성격을 띠고 있었다. 공공기관의 관리자나 상급자를 해치는 행위를 사회의 근본 질서를 어지럽히는 중대한 범죄로 본 것이다.

조선의 지배층은 사회적 신분질서를 확립하고 지배세력 중심의 관료제도를 운영하기 위해 관원고발금지 규정까지 마련했다. 종묘사직에 관련된 문제이거나 불법 살인사건 이외에 관아의 말단 관리가 상급자나 지방관을 고발할 경우 장杖 100대와 도형徒刑 3년에 처했다. 일반 백성이 이들 관원을 고발할 경우에도 같은 처벌을 받도록 했다.

신분에 따라 재판기관을 달리해 지배층의 사회적 위상을 분명히 했다. 양반관원을 대상으로 하는 특별 재판기관인 의금부를 따로 두었는데, 이는 일반 상민이 저지른 범죄를 다루는 형조에 양반이 함께 있을 수 없다 하여 만든 재판기관이었다. 조정의 관원이 죄를 범해 형조나 사헌부, 사간원에 잡힌 경우 왕에게 보고한 뒤 의금부로 이송해 사건을 처리했다. 의금부에서는 역모 사건이나 변란에 관계된 범죄를 처리하는 게 주요 임무지만 조정의 관료가 저지른 범죄행위까지 맡고 있었다. 게다가 양반관료의 강상죄까지 맡게 되면서 의금부는 명실공히 조선 지배층을 위한 특혜 기관으로 거듭났다. 의금부는 오로지 조정의 양반 관원만을 위한 재판기관이었다. 납속이나 군공을 세워 양반 신분을 획득한 사람이나 상민 출신으로 과거에 급제한 뒤 양반 계층에 오른 사람은 의금부에서 다루지 않았다.

범죄를 조사하는 데서도 양반관료는 일반 백성과 차별화된 대우를 받았다.

임금이 뜻을 전했다. "3품 관직자 이하로 증거가 명백한데도 불복하는 자에게 10가지 죄악(십악)만 아니면 직첩(관직 임명장)을 회수하지 않도록 하라. 또한 송사訟事의 예를 차려 대하도록 하라. 공함公緘(심문지)을 발송해 이를 취하여 죄를 논단하고, 앞으로 이 방식을 항시 따라야 할 법식으로 삼도록 하라."

—『세종실록』 3권, 세종 1년(1419년) 3월 6일

중죄인이 아니라면 일반 범죄자와는 다른 예로서 사건을 조사하고 심문을 해서 양반관료의 체모를 지켜주고자 했다. 범죄 혐의가 짙지만 승복하지 않을 경우에도 관직을 박탈하지 않음으로써 피의자의 권리를 보장하려 했다. 또한 양반관료에겐 직접 심문 대신 서면으로 사건을 조사하는 공함답통公緘答通이 허용되었다. 이에 반해 관리나 공신, 왕족을 제외한 일반 백성에 대한 범죄 조사에서는 고문용 몽둥이인 신장訊杖으로 때리면서 자백을 받게 되어 있었다.

양반관료는 범죄 처벌에 있어서도 혜택을 누렸다.

임금이 형조에 명령을 내렸다. "전에는 저화楮貨(지폐) 유통을 위해 불충·불효한 죄 외에는 도죄徒罪·유배·태형·장형의 경우 죄를 면해주는 돈(속전)을 받았다. 하지만 이것은 일시적인 법이었으니 지금부터는 속전을 거두지 않고 형률에 의해 시행할 것이다. 그렇지만 문무의 관원과 3품 이상 관원의 음직蔭職이 있는 자손으로서 십악이나 간악한 도적질을 했거나, 법을 어기고 사람을 죽였거나, 법을 어기고 장물을 받은 범죄 외의 태형과 장형에 해당하는 범죄는 속전을 받도록 하라."

—『세종실록』 19권, 세종 5년(1423년) 1월 27일

속전 허용은 중대 범죄 외에는 양반관료에게 신체형을 부과하지 않도록 하는 조치였다. 이 신체형벌 면제 혜택은 이후 『경국대전』이 시행되는 성종 시기에 확대 적용된다. 양반관료 외에도 관원 후보자 격인 생원과 진사, 내시부의 환관도 속전으로 형의 면제를 받을 수 있었다.

이처럼 조선의 지배층은 범죄 조사와 형량 결정에서 일반 백성과는 다른 특권을 법적으로 보장받았다. 이런 면에서 형벌 적용의 예외를 허용한 조선의 법은 신분질서를 강화하고 재생산하는 공적 제도로 운용됐다고 할 수 있다. 더구나, 신분 차별이 적용된 그 법조차 권세에 휘둘려 제대로 지켜지지 않을 때가 많았다. 차별을 둔 법에다 그 적용마저 문란했으니 법의 공평과 정의는 처음부터 백성의 삶에서는 멀었는지도 모른다.

조선사회의 법은 가난한 농민과 천민들의 재산소유권을 적절하게 보호해주지 못할 때가 많았다. 권세가의 횡포로 경작지를 잃은 백성이 이를 바로잡아달라고 법에 호소했다가 오히려 감옥에 갇히는 경우도 있었다. 세조 7년인 1461년, 충청도 아산현의 관노官奴인 화만禾萬은 대대로 경작해오던 영업전永業田에서 쫓겨났다며 사헌부에 고소장을 제출했다. 경작지의 소출을 모두 거둬가고 경작권을 빼앗아간 상대는 의정부의 종1품 관직인 좌찬성左贊成을 맡고 있는 황수신黃守身(1407~1467)이었다. 황수신은 세조의 즉위를 도운 공신이기도 했다.

사헌부에서 아뢰었다. "신 등이 생각하건대, 황수신이 만일 실제로 이와 같이 했다면 마땅히 심문하고 탄핵해 죄를 내려야 할 것입니다. 아니라면 화만은 공신을 무함한 혐의로 중벌을 받아야 할 것입니다." 이에 임금이 승정원의 승지를 통해 명을 전했다. "어찌 급하게 황수신을 문초할 수 있겠는가? 화만을 가두어 국문하라."

—『세조실록』 24권, 세조 7년(1461년) 5월 12일

조선 지배층은 법에 의한 다스림을 추구한다면서도 실은 누구에게나 동일하게 이 법을 적용하지는 않았다. 법은 존재했지만 이 법을 바르게 실행하는 '공평의 규칙'은 부재했던 것이다.

조선의 법제도는 당시로서는 상당히 앞선 요소를 담고 있었다. 태笞ㆍ장杖ㆍ도徒ㆍ유流ㆍ사死라는 형벌의 종류를 법전에 명기해 어떤 범죄든 이 형벌로 처벌하도록 함으로써 자의적 처벌의 가능성을 줄였다. 재심을 요구할 수 있는 심급제도를 두어 법 집행에 신중을 기하려 했다. 특히, 사형에 처하는 범죄는 삼심을 거치게 해서 인명 중시 사상을 실현하려 했다. 신분사회임에도 양반과 상민, 천민 모두에게 당사자 능력과 소송 능력을 인정했다.

하지만 이는 조선 법제도의 한 측면에 불과하며, 이마저도 현실에서는 특권에 의한 자의적 법 집행의 횡행으로 무색해질 때가 많았다. 법 제정에서 범죄 조사와 심리, 처벌에 이르기까지 공평과 정의가 관철되는 법제도. 그런 의미에서의 법치주의는 조선사회에서 제대로 형성되지 않았고, 또 철저하게 운용되지도 않았다. 그러한 법치는 이념이나 이상이었지 조선사회의 현실은 아니었다. 조선사회의 법은 신분 특권을 유지하고 이를 정당화하기 위한 지배 장치에 더 가까웠다. 조선사회에서 법은 강자의 편이었다. 지배층에 유리하게 법조항을 정하고 지배층에게 혜택이 가도록 법을 집행하면서도 그것이 마치 도리인 것처럼 포장해 정의라는 명분까지 얻으려 했다. 조선사회에서 법은 강자의 이익을 옹호했으며, 그런 면에서 조선사회에서 정의는 '강자의 이익'이었다.

❖강한 자의 형벌, 약한 자의 형벌

선조 26년인 1593년 6월, 지난 임진년에 발발한 전쟁이 소강상태에 접어들고 있었다. 명나라의 참전으로 평양이 탈환되고, 이어 강화협상이 진행되는 가운데 일본군은 경상도 지역으로 물러난 상태였다. 7만 명에 가까운 조선인이 죽은 2차 진주성 전투가 벌어지기 닷새 전, 선조 임금 앞으로 명나라 조정의 고위관료가 보낸 서신 한 통이 도착했다. 두 달 전 감찰업무로 조선을 찾아 선조를 접견했던 유원외劉員外가 보낸 편지로, 위기에 처한 조선의 국정 운영에 대한 조언을 담고 있었다.

> 유원외가 4개 조항의 글을 보내왔다. 그 내용은 이러했다. "형벌을 가벼이 하고 세금을 줄여 인심을 안정시켜야 합니다. 당신 나라가 『대명률』을 준수하고는 있으나 아직도 형벌에 육형肉刑(신체를 손상시키는 형벌)을 사용하고 있습니다. 언젠가 길에서 판자에 손이 못 박혀 죽은 시체를 본 적이 있습니다. 이는 살인을 너무 쉽게 행하는 것으로 하늘의 기운을 손상시키는 일입니다."
>
> —『선조실록』 39권, 선조 26년(1593년) 6월 17일

유원외는 선조를 접견할 당시에도 형벌을 완화해 민심을 모으라며 간곡하게 권유했었다. 과도한 형벌이 전쟁으로 인해 떠난 민심을 더욱 멀어지게 하고 있다는 나름의 판단에서였다. 형량도 과했지만 신문과 형벌 방식에도 문제가 있다고 보았다. 유원회가 서신에서 언급했듯이,

당시 조선에서는 신체 부위를 훼손해 고통을 주는 육형이 행해지고 있었다. 육형은 몸에 매를 가하는 태笞·장杖 등의 신체형과 구별되는 형벌로, 당시 조선에서는 자자刺字가 행해지고 있었다. 묵형墨刑이라고도 하는 자자는 얼굴이나 팔뚝에 먹물로 절도竊盜·강도强盜·도관물盜官物 등의 죄명을 글자로 새겨 넣는 형벌이었다. 관리도 공금 횡령을 하면 자자의 형벌을 받을 수 있었지만 양반 신분일 경우는 대체로 시행되지 않았다.

> 의금부에서 아뢰었다. "황보신黃保身이 도용한 잡물은 장물로 계산하면 33관貫이오니, 청컨대 법에 의하여 장杖 100대, 유배 3000리에 자자刺字하게 하옵소서." 이에 임금이 판결을 내렸다. 황보신이 황희의 아들이라 하여 특별히 관용을 베풀어 자자는 면하게 하였다. 장 100대를 치고, 유배 3000리는 재물을 바치고 죄를 면죄 받는 것으로 갈음하도록 했다.
>
> —『세종실록』91권, 세종 22년(1440년) 12월 20일

발뒤꿈치의 힘줄을 끊어내는 단근형斷筋刑도 행해졌다. 이는 상습 절도범을 처벌하는 육형으로 세종과 성종 시기에 중형의 하나로 시행됐다. 두 귀를 베는 이형刵刑은 국법으로 행해지기보다는 주로 상전이 노비에게 사사로이 가하는 형벌이었다. 쇠를 불에 달구어 살을 지지는 낙형烙刑은 형벌보다는 신문 과정에서 많이 쓰였다. 낙형은 법전에는 없는 고문이었다.

관리의 형벌 남용도 심각했다.

비변사에서 아뢰었다. "근래 10여 년 이래 지방에 나가 근무하는 무신들은 오로지 위엄과 사나움만을 앞세웁니다. 두 손아귀에 가득 차는 큰 곤장을 만들어 소금물에 담그고 겉을 빨갛게 칠하여 군령장軍令杖이라 일컫습니다. 그리고는 하인이 응대하는 데 실수하거나 뇌물이 풍성하지 않으면 곧 이 곤장으로 두들깁니다. 한두 대를 지나지 않아 시체로 끌려나가게 되니, 이는 율문律文에 실린 태형과 장형의 규정이 폐지된 것이나 마찬가지입니다. (…) 전라도 부안에서는 군량을 약탈한 자를 감사가 한꺼번에 10명이나 참살했습니다. 경상도에서는 토적을 잡는다는 명목으로 무식한 무부武夫가 포도장捕盜將이 되어 사실을 따지지도 않고 도둑 혐의가 있는 사람의 머리를 부수어 어떤 때는 20여 명을 죽이기도 했습니다. 조정의 명으로 범죄자를 잡는 자는 비록 미관말직이라 하더라도 죄인을 때리며 신문하지 않는 자가 없습니다. 근래 중국 장수를 보건대, 기율은 심히 엄중하나 효수는 지극히 드물어 거의 없다시피 합니다."

—『선조실록』 48권, 선조 27년(1594년) 2월 14일

『경국대전』에는 법에 따르지 않고 함부로 형벌을 가할 경우 엄하게 처벌한다는 조항이 명시돼 있었다. 관리가 형벌을 남용할 때에는 장형 100대, 도형 3년에 처했다. 형벌 남용으로 사람을 죽였을 경우는 영구히 관리로 등용하지 않는다는 처벌까지 더했다. 하지만 법전의 이 조항은 제대로 지켜지지 않았다.

형벌 남용이 국제적인 사안으로 떠오르자 비변사에서는 형벌 시행에 신중을 기하자는 의견을 모으기도 했다. 백성의 마음을 모으려면

중국에 비해 과도하게 시행되는 형벌을 완화해야 한다고 건의했는데, 논의만 무성했을 뿐 현실은 나아지지 않았다.

　정부 관리만이 아니라 양반가에서 사사로이 행하는 처벌도 심각했다. 양반은 자신의 노비를 처벌할 일정한 권한을 가졌는데, 한도를 넘는 경우가 다반사였다.

　시독관侍讀官 정광필鄭光弼이 임금에게 아뢰었다. "듣자옵건대, 서강변에서 어떤 여인이 불에 달군 쇠로 살이 지져져 겨우 목숨만 부지한 채 발견되었다고 합니다. 그 여인이 말하길, 주인이 고문을 해서 그리 되었다고 합니다. 형벌을 사용하는 데는 비록 임금일지라도 이와 같이 가혹하게 해서는 안 되는데, 하물며 아랫사람이야 말할 것도 없습니다."

　　　　　　　　　　　　—『연산군일기』 34권, 연산군 5년(1499년) 8월 14일

　사실 조선은 나라를 열 때부터 형벌 없는 나라를 지향한다는 이상을 내세웠다.

　성인이 형벌제도를 만든 까닭은 이것을 믿고 백성을 다스리고자 하는 데 있지 않다. 바른 정치를 펴나가는 데 있어 이를 보완해 쓸 뿐이다. 처벌하는 것은 범죄를 막고자 하는 까닭이니 형벌의 목적은 형刑이 없이 정치를 행하는 데 있다. 만일 내가 바라는 지극한 정치가 이뤄진다면 형법을 둘 수는 있으나 쓸 수는 없을 것이다.

　　　　　　　　　　　　—정도전, 「조선경국전朝鮮經國典」 『삼봉집三峰集』

조선 개국의 주역인 정도전은 형벌을 유교 이상사회를 이루어나가는 데 필요한 방편으로 여겼다. 형벌을 쓰는 궁극의 목적은 형벌이 필요 없는 사회를 이루는 데 있다고 보았다.

후대의 이이는 법률이 안민安民의 도구라는 점을 분명히 했다. 백성을 편히 살게 하는 안민의 핵심 정책으로 세금을 가벼이 하는 박세렴薄稅斂, 노동력 징발을 줄이는 경요역輕徭役, 형벌을 신중히 시행하는 신형벌愼刑罰을 들었다. 이이는 유가의 이 오래된 주장을 받아들이고 이를 왕도정치의 근간으로 삼았다. 정도전과 마찬가지로 이이 또한 형벌을 쓰되 결국은 형벌이 필요 없는 사회가 되도록 해야 한다고 했다. 형벌이 백성의 삶을 풍요롭게 할 수 있는 도구가 되어야 한다고 본 것이다. 이를 위해서는 형벌을 공평하게 집행하고 가능하면 형벌을 삼가야 한다고 했다.

하지만 실상은 달랐다. 현실에선 오히려 형벌 남용이 당연시될 경우가 많았다. 신형벌은 조선의 법제도를 정당화하고, 기존 사회체제가 정의롭다고 강변하기 위한 구실에 지나지 않았다. 조선의 성군이라는 세종의 시대조차 '신형벌의 시대'라 부르기엔 꺼려지는 점이 한둘이 아니다. 세종 치세에서 극한의 형벌이라는 능지처사가 가장 많이 집행됐다. 이 시기에 능지처사로 죽은 이들은 대부분 강상죄를 범한 사람들이었는데, 무려 60명에 이른다.

의금부에서 임금에게 고했다. "전라도 나주에서 소금을 굽는 김인발金仁發이 지껄인 말은 그 죄가 불충에 관계되니, 형벌이 능지처사하는 율에 해당합니다." 이에 임금이 그대로 따랐다.

—『세종실록』 6권, 세종 1년(1419년) 11월 2일

신량역천身良役賤, 신분은 양인이나 천역賤役에 종사했던 김인발은 불충했다는 말 한마디로 목과 사지가 찢기는 처참한 죽음을 당해야 했다.

관노 출신의 장영실蔣英實(생존연대 미상)은 세종에게 발탁돼 조선 과학기술의 기반을 닦았지만 과도한 형벌 적용에 의해 관계를 떠나야 했다. 세종 24년인 1442년, 장영실이 관리책임을 맡고 있던 임금의 가마가 부서지는 사건이 발생했다.

임금이 박강朴薑·이순로李順老·이하李夏·장영실·임효돈任孝敦·최효남崔孝男의 죄에 대해 황희에게 의논하게 했다. 이에 여러 사람이 의견을 모았다. "이 사람들의 죄는 불경에 관계되니 마땅히 직첩職牒을 회수하고 곤장을 때려 그 나머지 사람들이 허물이나 잘못을 스스로 돌아보도록 해야 할 것입니다." 이에 임금이 그대로 따랐다.

—『세종실록』 96권, 세종 24년(1442년) 5월 3일

의도한 일도 아니었건만, 가마 사고가 곤장 수십 대에 관직까지 박탈할 정도의 죄였을까? 장영실이 천민 출신이 아니라 양반 가문 출신이었다 해도 같은 형벌을 내렸을까? 실제로 세종은 직위의 높고 낮음에 따라 법 집행을 달리했다. 왕족이나 대신의 범죄는 되도록 불문

에 붙이는 경우가 많았지만 하급 관리에게는 비교적 엄중하고 강경한 처벌을 내렸다.4 윗사람의 명령을 따를 수밖에 없는 말직이나 잡인만 처벌하고 정작 주모자는 처벌을 면제받을 수 있는 집행이었다. 세종도 신분 앞에서 공정심과 관대함을 잃고 있었다. 공평한 법 적용보다 위계질서를 세우기 위한 차별 대우가 우선이었던 것이다. 어쩌면 이런 차별적 적용이 지배층 입장에선 또 다른 '공평'이었는지도 모르지만……

조선시대에도 감형과 사면 같은 휼형恤刑이 실시되지 않았던 것은 아니다. 부모 상을 당하거나 건강이 좋지 않을 때는 불구속 상태로 재판을 받게도 했다. 죄인의 몸과 생명을 보호하기 위해 형벌을 돈이나 물건으로 대신하게 하는 속전제도도 실시했다. 하지만 이러한 휼형 조치는 대체로 법에 따라 엄정하게 시행되지는 않았다. 국왕과 고위관료가 정치적 이득을 얻기 위해 행하는 전략적 차원이나 지배자로서 덕을 보이고 은혜를 베푼다는 시혜적 관점에서 나온 일시적인 휼형에 가까웠다. 더구나 여기에도 신분에 따른 차별이 있었으니, 당시의 휼형제도 또한 일반 백성보다는 지배층을 위한 제도였다는 비판에서 자유로울 수 없으며 오히려 법 집행의 공정성을 해친 측면마저 있었다.

범죄 조사와 형벌 적용에서 지배층과 피지배층에 차별을 두는 이런 현실은 국가 발생의 배경과 그 역할에 대한 의문을 제기한다. 조선 관료기구의 수탈적 성격에서 폭력과 약탈에 의한 국가발생설을 읽을 수 있듯이5 법제도와 실행 측면에서도 이와 유사한 점을 살필 수 있다. 이에 따르면, 법은 집단이나 개인 간의 권리와 이익을 합리적으로 조정하기보다 힘을 가진 집단이나 개인의 권리와 이익을 우선적으로 보호한다. 나아가 법은 정의의 영역에 가깝다기보다 지배세력의 수탈적 이익행위를 정당화하는 역할에 더 기운다고 본다. 법과 형벌이라는 창을 통해 본 조선사회의 실상이 어찌 이 같은 범주를 크게 벗어나 있다고 볼 수 있겠는가?

❖형벌 그리고 반유교의 나라

신분에 따른 형벌의 차별 적용과 남용은 조선 말기까지 변함없이 이어졌다. 범죄 조사와 신문 과정에서 피의자를 혹독하게 대하는 처사도 크게 나아지지 않았다. 이탈리아 외교관으로 1900년대 초에 한양에서 생활한 카를로 로세티는 당시 행해지던 고문을 이렇게 보았다.

> 우리가 주목할 점은 한국의 고문이 피고인으로부터 범죄를 자백받기 위해서만 행해진 것은 아니라는 점이다. 고문은 똑같은 방법으로 증인에게도 가해졌는데, 이는 증인으로 하여금 피고인의 죄를 입증할 증거를 자백하도록 하기 위함이었다.
>
> ―카를로 로세티, 『꼬레아 꼬레아니』

이어 로세티는 몽둥이로 때리기, 주리틀기, 팔 탈골시키기, 매달기와 같은 고문 방식을 자세히 소개했다. 또한 18세기 영조 때 없앴다고 하는 압슬형과 유사한 고문을 소개하고 있어 실제로는 압슬형이 변형된 방식으로 계속 시행되었음을 알 수 있다.

> 매달았던 죄인을 내려놓을 때에는 주의해야 한다. 불편하게 매달려 있던 때보다 움직이기가 훨씬 쉬워지기 때문이다. 이러한 방법의 변형으로는 죄인을 사기조각 위에 무릎 꿇게 하고 머리카락을 높이 매다는 것이 있다. 한국 사람들은 모두 머리카락이 길기 때문에 이렇게 하기 쉽다. 그리고는 두 명의 집행인이 단단한 곤봉으로 다리를 때린다.
>
> ―카를로 로세티, 『꼬레아 꼬레아니』

물론 고문과 가혹한 형벌이 조선에서만 심했던 것은 아니다. 중국과 일본에서도 고문은 합법적으로 시행됐다. 일본에서는 19세기 막부시대까지 잔혹한 고문이 행해졌으며, 중국은 1905년이 되어서야 능지처사를 공식적으로 폐지했다. 중세와 근세 유럽에서도 합법적 고문이 허용되었고, 18~19세기에 들어서야 형법에서 신체형을 폐지하고 고문을 금지하는 규정이 도입됐다. 하지만 그렇다고 해서 조선시대에 행해진 가혹한 고문과 형벌 남용의 역사가 축소되지는 않으며 그 정당성이 확보될 수 있는 것도 아니다.

백성에게 부과되는 신체형身體刑과 공개처벌 관행도 여전했다. 1890년에 조선을 찾은 영국인 아널드 새비지랜도어는 우연히 형벌 집행 현장을 목격하게 된다. 빌린 돈 100냥을 갚지 못해 공개된 장소에서 장 100대를 맞아야 하는 죄인이었다.

내가 아는 바로는 100냥은 1.5페니에 해당하는 금액으로서 그러한 판결은 약간 심한 것 같았다. 그러나 다른 사람들에게는 타산지석이 될 수도 있었기 때문에 나는 입을 다물고 구경만 하고 있었다. 형리가 육중한 손으로 곤장의 끄트머리를 움켜쥐고 두세 번 머리 위로 휘저은 다음 그의 넓적다리를 힘껏 내리치자 피가 터져 나오기 시작했다. 계속해서 매질이 가해졌으며 그것은 정당한 것으로 간주되었다. 그 가엾은 사람은 내내 처량하게 흐느끼는 신음소리를 내며 겁에 질린 눈으로 재빠른 곤장의 움직임을 살폈다. 곧 그의 살갗은 검푸르게 변하고 피가 맺혔다. 그리고 몇 차례 더 내리치자 너덜해진 살가죽이 곤장에 붙어버렸다. 그 아픔은 이루 말할 수 없었으리라. 그는 소매를 꽉 깨물고 신음하다가 마침내 기절하고야 말았다.

—아널드 새비지랜도어, 『고요한 아침의 나라 조선』

이러한 형벌 집행은 흔히 일벌백계—罰百戒로 치장되지만, 죄인에게 물리적 위력을 가한다는 점에서 정치권력이 행하는 합법적인 폭력이라 할 수 있다. 지배권력이 그러한 힘을 가지고 있으며, 또 실제로 그 힘을 행사할 수 있다는 사실을 과시하기 위해 범죄에 대한 처벌은 잔혹하고 가차 없어야 했다. 특히 매질을 하는 신체형은 집행과정에서 남형濫刑 가능성이 높았다. 고문이 합법적으로 인정된 사회에서 형 집행의 과도함은 그것이 극한 상황에 이르기 전에는 대체로 크게 문제되지 않았던 것이다. 심지어 신체형의 경우 집행자의 의도에 따라 목숨을 잃을 수도 있었다.

결국 나라가 다할 때까지 조선의 형벌은 유교적 이상사회와도 왕도 정치와도 거리가 먼 곳에 존재했다. 형벌은 정도전이 바란 것처럼 유교적 이상사회를 이루기 위한 방편이 되지 못했고, 이이가 말했듯이 백성을 편히 살게 하는 안민 정책도 되지 못했다.

성인은 덕으로써 백성을 이끄는 교화를 정치의 근본으로 삼고, 형벌은 그것이 미치지 못하는 것을 도울 뿐이라고 했다. 공자는 가르치지 않고 죽이는 것, 이를 일컬어 잔인함이라 했다. 형벌을 최소화하고 사람을 잔인하게 대하지 않음이 유교 정신과 가치의 기본이라는 선언이다. 법과 형벌 적용 과정을 볼 때, 조선사회는 겉으로는 유교 이념과 가치를 널리 내세웠지만 백성의 삶의 현장에서는 지배세력의 위력에 의해 반유교적 규율과 질서가 관철되고 있었다. 실상이 이러한데 조선을 어찌 유교의 나라라 부를 수 있겠는가?

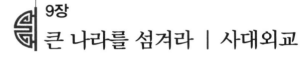

9장
큰 나라를 섬겨라 | 사대외교

❖조선은 독립국인가, 속국인가?

이 나라의 수도는 음모와 부패, 폭정, 비참, 지독한 야만이 끓어오르는
묘판苗板이다.

—『차이니스타임스Chinese Times』(1889. 3. 16)

조선정부의 세관보좌관으로 일하던 영국인 체스니 덩컨Chesnay Dun-
can이 19세기 말 한양에서 벌어지던 외교전과 정세를 빗댄 말이다.[1] 그
는 주도권을 쥐고 영향력을 행사하려는 열강 간의 치열한 다툼과 이에
휩쓸리는 무력한 한 왕조국가의 암울한 현실을 이렇게 짚어냈다.

백성과 정부는 모든 것을 포기하고 음주와 음탕한 쾌락에 빠져 있다.
(…) 혼란이 끊이지 않으며, 정부는 파산 상태에 빠졌다. (…) 이 나라는

지금 지옥으로부터 한 걸음 앞에 놓여 있다.

—『차이니스타임스』(1889. 3. 16)

덩컨은 이어서 질문을 던진다. "이토록 미미하고 비참한 나라인데 어째서 열강은 이곳에서 각축을 벌이는가?"

1876년, 일본은 군사력을 동원한 강압에 힘입어 조선과 강화도조약을 체결한다. 이는 사대교린이라는 전통적 외교 방식이 아닌 서구 근대국가의 외교 형태에 기초한 조약이었다. 조선이 처음으로 외국과 맺은 서구식 불평등조약이기도 했다. 조약에서 일본은 조선을 '자주 국가'로 규정했는데, 이로써 일본은 조선에서 청나라의 간섭을 배제할 수 있는 국제법적 근거를 마련한다.

이에 대응해 청나라는 조선이 서구 각국과 외교관계를 맺도록 주선한다. 일본을 견제해 조선에서의 주도권을 계속해서 행사하려는 목적에서였다. 이후 1880년대에 들어서면서 조선은 미국을 비롯해 영국과 독일, 이탈리아, 러시아, 프랑스 등 당시 세계 최강국들과 수호통상조약을 체결한다. 중국은 1882년에 일어난 임오군란 진압을 구실로 조선에 군대를 주둔시키며 정치에 더욱 깊이 개입하고 있었다. 직접지배를 시도하고 경제를 침탈하는 등, 중국은 기존 사대외교의 관행과는 다른 행보를 강화해나갔다. 그동안 중국과 일본에 비해 관심을 덜 받아왔던 조선은 이제 제국주의 각축전의 한복판으로 내몰렸다. 그야말로 '고요한 아침의 나라'에서 '소용돌이치는 혼돈의 왕국'으로 변모한 것이다.

조선의 국운이 벼랑으로 내몰렸으며, 조선을 둘러싼 제국주의 열강의 다툼으로 동아시아 전체의 안정까지 흔들리고 있었다. 덩컨은 이 지역의 평화를 위해 조선이 중립주의 정책을 취해야 하며, 열강도 이를 인정해야 한다고 보았다. 만약 조선이 완전한 중립을 확보하지 못하면 조선에서 전쟁이 일어날 수 있다고 경고했다.

중국은 조선이 계속해서 중국만을 믿고 의지해야 앞으로도 나라를 유지할 수 있을 것이라며 압박을 가했다. 조선을 중국의 통제를 받는 변방의 한 나라로 규정하고, 중국으로부터 이탈을 시도하면 나라를 잃는 화를 당할 것이라 경고했다. 조선을 '중국의 속국屬國, vassal state' 내지는 '종속적 관계에 있는 나라'로 몰아가고 있었다.

이에 맞서는 주장이 제기됐다. 조선의 외교고문을 지낸 미국인 데니 Owen N. Deny(1838~1900)는 조선이 속국의 지위를 가졌다는 주장을 반박하며 조선이 국제법상 독립국임을 강조했다.

조선은 중국의 속국이 아니라 조공을 바친 나라였을 뿐이다. (…) 한 국가가 다른 국가와 가진 조공 관계는 그 나라의 주권과 자주권에 조금이라도 영향을 미치지 않으며, 미칠 수도 없다.

—오언 데니, 『청한록淸韓錄(China and Korea)』

조선이라는 왕조국가가 종속국인지 독립국인지를 두고 바야흐로 국제적인 논쟁이 벌어지고 있었다. 데니의 '조선 독립국론'에 대한 반박이 뒤따랐다. 조선의 외교와 재정 분야에서 고문으로 일했던 독일인 묄렌도르프Paul Georg von Möllendorff(1848~1901)가 선두에 나섰다. 그는 중국이 조선의 상국upper state, 혹은 종주국suzerain이고 조선은 중국의 속국이라며 목소리를 높였다. 묄렌도르프는 조선을 '잘 기어다니지도 못하는 중국의 어린아이'로 비유하며, 자립할 때까지 중국의 보호가 필요하다고 했다. 그렇지 않으면 강대국에 의한 조선병합으로 조선은 '국왕이 없는 단순한 속령州, a mere province without King'으로 전락할 것이라 예견했다. 중국 정부의 입장이기도 한 이러한 태도는 중국과 조선의 기존 외교관계인 조공책봉을 근대적 의미의 속국, 곧 서구에서 취하는 본국과 식민지와의 관계로 전환시키려는 시도이기도 했다. 조공책봉과 사대事大만으로는 조선이 일본과 러시아를 비롯한 타국의 영향 아래 놓이는 것을 막기 어렵다는 판단에서였다.

중국이 조공을 바치는 주변국에 그 나라와 왕가의 정통성을 인정해주는 조공책봉은 중국을 중심으로 한 동아시아 국제질서의 근간이었다. 여기에는 작은 나라가 큰 나라인 중국을 섬기면 중국이 그 작은 나라를 보호한다는 사대자소事大字小의 원칙이 따랐다.

조공국은 대체로 내치內治에서는 중국의 간섭 없이 자율권을 행사했다. 하지만 외교 분야에서는 완전한 자주권이 허용되지 않았다. 외교 절차와 내용은 중국에서 규정했으며, 다른 나라와의 외교관계도 엄격하게 관리했다. 조공국은 중국이 원하지 않는 나라와는 외교관계를 맺을 수 없었다. 중국과 조공국의 관계는 대등하지 못했으며, 이에 따른 중화질서는 원칙적으로 중국이 인정하는 한에서 유지가 가능한 국제질서였다. 그렇다고 조공국이 중국에 정치적·영토적 주권을 빼앗기지는 않았다. 조공책봉 관계 자체도 강압에 의한 일방적인 관계는 아니었다. 중국은 조공책봉 질서에 의해 외적의 침략을 사전에 차단하고 안보를 확보했으며, 조공국은 군사력에 전적으로 의존하지 않고서도 국방이 가능했다.

그런데 19세기 후반기 들어, 수백 년 동안 지속돼온 동아시아 국제관계의 패러다임이 그 기반에서부터 흔들렸다. 조공책봉에 근거한 중화질서세계와 만국평등에 근거한 유럽의 근대국제질서세계가 부딪치면서 엄청난 파열음을 냈다. 동아시아는 중화질서로부터 서구적 근대국제질서로의 이행이라는 소용돌이에 휩싸인다. 조공책봉 관계와 사대자소의 원칙이 이제는 부국과 강병, 자강과 세력균형 같은 국가의 힘과 국가 간의 약속인 조약에 자리를 내주고 있었다. 이 변화에 적응하지 못하는 나라는 존립마저 위태로운 지경이었다.

그럼에도 조선은 지금까지의 중화질서 패러다임에서 벗어나지 못했다. 서구 세력을 문명세계인 중화의 질서를 위협하는 오랑캐로 간주하고 중국의 힘에 편승해 이를 저지하려는 경향을 보였다. 1866년 영국 상선이 강화도 해역에 나타나 통상을 요구하자 조선은 사대외교를 근거로 이를 거절한다.

의정부에서 아뢰었다. "영국인이 시종 간절히 요구하는 것은 교역 한 가지에서 벗어나지 않습니다. 그들이 말하길 교역의 목적이 물건을 두루 쓰이도록 하는 데 있다고 합니다. 그렇더라도 우리나라는 스스로 정한 떳떳한 법이 있으니, 어찌 상국上國(청나라)을 경유하지 않고 갑자기 이를 시행하도록 허락할 수 있겠습니까. 사리라 할 수도 없고 법례로도 시행할 수 없는 일입니다."

—『비변사등록』 251책, 고종 3년(1866년) 7월 16일

통상 요구를 거절하기 위해 청나라의 교섭을 우선으로 내세웠는
데, 여기에는 청나라의 힘에 의존해 외압을 피해보려는 정책적 의도
도 담겨 있었다. 서양세력과 처음으로 수호조약을 체결할 때에도 중국
이라는 대국에 기대어 이득을 얻으려는 자세는 크게 변하지 않았다.[2]
1882년 미국과 수호통상조약을 체결하면서 중국은 조선이 청국의 속
국이라는 조문을 집어넣으려 했고, 조선 조정을 대표한 김윤식도 이를
받아들였다.

조선은 중국에 대해서는 속국이지만 각국에 대해서는 자주라고 하는
것이 명분이 바르고 말이 순리에 맞아 실제와 이치 양쪽 모두 편리하다.

—『음청사陰晴史』

김윤식은 조선이 중국의 속국임을 인정하더라도 자주권이 없는 것
은 아니며, 오히려 다른 국가가 조선을 얕잡아보지 못하게 하는 실리
를 얻을 수 있다고 판단했다. 중국으로부터의 실질적 자주독립에 앞서
중국 영향권 아래에서의 자치를 우선시 했던 것이다. 하지만 미국의
반대로 '속국 조문' 삽입은 이뤄지지 않았다. 미국 입장에서는 조선을
주권독립국가로 인정하는 것이 청나라의 간섭을 사전에 차단할 수 있
는 방안이었기 때문이다.

이후 조선은 조공책봉체제에서 벗어나기 위해 자주독립외교를 추진하지만 정권이 위태로워지자 다시 조공책봉체제에 기대는 행태를 보인다. 1894년 동학농민군이 들고일어나자 청나라에 원병을 요청한다. 조선 지배층은 사대자소 원칙에 의지해 권력을 유지하려 했고, 청나라는 이를 기회로 조선에 대한 영향력을 더욱 확고히 하려 했다.

> 파병하여 대신 진압해줄 것을 구하니 이것은 조선이 청의 보호 아래 들어오는 것이고, 상국의 체면으로도 이를 물리칠 수 없다.
>
> ―「기역서寄譯署」(1894년 4월 28일), 『이전李電』

그렇지만 조공책봉을 축으로 하는 중화체제는 더 이상 유지될 수 없는 국제질서였다. 동학농민군 토벌을 구실로 조선에 진출한 청나라와 일본은 전쟁을 벌였고, 중국이 패배함으로써 중화체제는 회복하기 힘든 타격을 입는다. 국가안보의 방어막이자 지배질서 유지의 근거로 작용하던 조공책봉체제의 종장終章이었다. 조선은 국력과 만국평등에 기초한 서구적 근대외교에 본격적으로 발을 내딛게 된다. 하지만 이런 근대외교의 외형에도 불구하고 지난 500년 사대외교의 그림자는 짙고 강했다. 조선은 이후 멸망에 이를 때까지 사대자소라는 전통적 외교관계의 관념에서 완전히 벗어나지는 못했다.

❖사대의 예도 변모한다

명나라 사신을 영접하는 모화관 앞, 임금과 조정의 고위관료가 모두 행차에 나섰다. 구경 나온 백성들까지 더해 모화관 거리가 모처럼 인산인해를 이루었다. 중종 32년인 1537년 3월 10일, 이날은 조선 국왕이 명나라 태자의 탄생을 알리는 황제의 조서詔書를 받는 날이었다.

명나라의 황제가 사신을 보낼 경우 조선의 왕은 도성 서쪽 밖에 위치한 모화관까지 나가 이들을 정중하게 맞이했다. 이어 궁궐에 돌아와 황제가 보낸 문서를 개봉한 뒤에 사배삼고두四拜三叩頭나 사배일고두四拜一叩頭의 예를 올리는 게 전통적 의례였다. 배拜는 손을 가슴 아래 모으고 허리를 굽히며 하는 절이고, 고두는 머리를 땅에 조아려 최대한의 경의를 표하는 절이다. 그런데 이날은 조서를 받는 의례가 크게 바뀌어서 실시될 예정이었다. 궐내에서 해온 그간의 의례를 이곳 모화관 앞 교외에서 행하고, 그 방식도 오배삼고두五拜三叩頭로 높여서 중국 황제에 대한 예를 한층 더 차리기로 한 것이다. 이는 근 90년 전부터 명나라 측에서 수차례 요구해온 의례 절차였는데, 전례가 없다는 이유로 어렵게 거절해온 터였다.

임금이 거처에서 나와 배위拜位(절을 하며 예를 올리는 자리)에 나아가자 왕세자와 문무백관이 모두 전하의 뒤에 반열을 차리고 유생들도 백관의 뒤에 차례로 섰다. 황제국(명나라)의 사신이 영조문迎詔門(영은문)에 이르러 조서를 받들어다 황악전黃幄殿 안에 있는 용정龍亭에 놓고 두 사신이 그 곁에 나누어 섰다. 임금이 오배삼고두의 예를 행하고 세자 이하도 모두 그렇게 했다.

—『중종실록』 84권, 중종 32년(1537년) 3월 10일

중국 황제의 조서를 받아들이는 예식은 조공국과 책봉국의 위상을 가늠할 수 있는 하나의 시금석이 될 수 있었다. 90년 동안 거부해온 '궁궐 밖에서의 오배삼고두'를 중종 대에 들어 받아들였다는 사실은 이 시기에 책봉국인 명나라를 대하는 태도가 좀더 저자세로 변했다는 뜻이었다. 명나라를 섬기는 마음이 더욱 극진해졌다는 의미이기도 했다.

이러한 분위기는 조선에서 명나라에 보낸 사신 행차에서도 확인된다. 중종 시기는 정기 사행使行 외에 특별 사행이 크게 늘어났다. 조정에서는 빈번한 사신 파견으로 인한 논란이 그칠 날이 없을 정도였다.

사헌부에서 아뢰었다. "근래에는 국가에서 상조常朝 이외에 사은謝恩·진위陳慰·진하進賀·흠문欽問 등의 일로 별도로 보내는 사행이 수다하게 줄을 잇고 있습니다. 그래서 사신이 오가는 지역의 피해가 심각합니다. 뿐만 아니라, 사행이 너무 잦다거나, 명분을 좋아한다는 등의 조롱을 받게 될까 염려됩니다. (…) 기근이 극심한 해에 백성들은 모두 사방으로 흩어져 떠돌고 있는 형편인데, 백성에게 시급한 실질적인 정사에는 힘쓰지 않고 당연히 할 일도 아닌 겉만 꾸민 예의를 차린다는 것은 나라를 보호하는 도리가 아닙니다."

—『중종실록』 96권, 중종 36년(1541년) 9월 2일

특별한 환대나 은혜에 감사하는 사은사謝恩使, 흉한 일을 위로하는 진위사陳慰使, 황실의 경사를 축하하는 진하사進賀使, 황제에게 특별한 일이 있을 경우 문안하는 흠문사欽問使, 청탁을 위한 주청사奏請使, 특별한 공물을 바치는 진헌사進獻使……. 중종은 사행에 집착하고 있었다. 중국에 대한 예의에 치중하다 정작 민생은 뒷전으로 밀려나는 실정이었다.

중종이 선대 군주와 달리 유난히 대명사대에 집착한 까닭은 자신의 취약한 권력 기반을 보강하려는 의도에서였다. 연산군을 쫓아내고 왕위에 오른 중종은 중국 황제와의 돈독한 관계를 통해 왕위 승계의 정당성을 확보하려 했다. 천자로 일컬어지는 중국 황제의 인정을 지속적으로 보여줌으로써 정치지배력 확보에 필요한 권위를 획득하고자 했다. 중종 대에 들어 심화된 대명사대는 백성을 위하는 정치보다 왕가의 안위와 존속을 앞세운 외교정책이 가져온 결과였다. 사대는 국가안보 외에도 매우 효율적인 국내 통치 전략이기도 했던 것이다.

16세기 전반기인 중종 대는 조선 지배층의 중국에 대한 인식이 큰 전환을 이루던 시기였다. 이전과 달리 대명사대와 국익을 거의 동일시하는 사대관이 자리를 잡아갔다.[3] 국내 정치나 현실을 고려한 조절 없이 사대하려 했으며, 사대가 어떤 상황에서도 변할 수 없는 천륜天倫과 같은 성격으로 변모한다. 나라를 연 지 한 세기를 넘기면서 조선의 사대정책은 이념적이고 절대적인 가치로 변하고 있었다.

❖중국과 조선, 군신이자 부자의 관계

조선은 건국과 함께 성리학 이념과 대명사대를 국시로 내세웠다.

조선은 예로써 사대를 행하여 중국과 통교하고 공물을 바치며 세시에 따라 사신을 파견한다. 이것은 제후의 법도를 닦고 제후의 직무를 보고 하기 위함이다.

—정도전, 「조선경국전朝鮮經國典」 『삼봉집』

조선은 중국의 황제가 인정한 제후국을 자처하며 제도나 관행도 제후국의 예에 맞추어 정비해나갔다. 예를 들면, 황제의 명령을 전하는 문서란 뜻의 조서나 칙서를 제후왕이 내리는 명령서란 뜻의 교서敎書라는 용어로 바꾸었다. 책봉을 받을 때의 명칭이자 대외적 명칭인 조선국왕이라는 호칭을 국내에도 그대로 사용했다. 이에 맞추어, 왕의 부인은 왕비라 일컬어 중국 황제의 부인을 황후라 한 것에 비해 그 위상을 한 단계 낮추었다. 왕세자·세자빈·대비 등도 황태자·황태자비·태후에 비해 격하시켜 부르는 명칭이었다. 이에 반해 고려는 국내에선 왕이 아니라 황제를 자처했다. 고려는 대외적으론 중국에 사대하고 그에 합당한 예를 차리기도 했지만 국내에서는 기본적으로 황제국과 같은 국가체제를 유지했다.

조선은 국가의례도 그 격을 제후국 수준으로 낮추었다. 천자天子가 아닌 제후국의 왕 자격으로는 천제天祭를 지낼 수 없다는 논의에 따라 결국 천제를 지내는 제단을 없앤다.

예조에서 글을 올렸다. "『춘추호씨전春秋胡氏傳』에 '서인庶人이 5사祀를 제사할 수 없음과 대부가 사직社稷을 제사할 수 없음과 제후가 천지天地에 제사할 수 없음은 고의로 등급에 따라 차이를 둔 것이 아니라 바꿀 수 없는 정해진 이치에 따른 것입니다'라고 하였습니다. 엎드려 바라건대, 원단圜壇의 제사를 혁파함으로써 만세의 법을 바로잡게 하소서." 이에 임금이 곧 원단을 없애도록 하였다.

—『태종실록』 24권, 태종 12년(1412년) 8월 28일

조선의 대명사대는 강요가 아니라 자발적 외교정책의 일환이었다. 건국 주역들은 당시 동아시아의 패권을 쥐고 있던 중국을 섬김으로써 군사적 마찰을 피하고 새로운 나라의 정통성을 국제적으로 인정받으려 했다. 동시에, 중국 황제의 권위를 빌어 국내 지배권을 보증받고 이를 배경으로 효율적인 내치를 꾀하고자 했다.

대명사대는 건국의 명분과도 관련이 깊었다. 조선 지배층은 나라를 열면서 중국의 대중화大中華에 버금가는 중화세상을 만들겠다는 건국의 변을 내세웠다. 중국 상고시대의 이상사회라는 주周나라를 모델로 삼아 동쪽 지역의 주나라, 곧 동주東周를 한반도에 건설하겠다는 구호였다. 새로운 국가의 문화적 시원과 조선이라는 국호를 정하는 데 있어서도 중화문명과의 연관성을 고려했다. 기원전 1100년 무렵 중국에서 건너온 기자箕子가 단군조선에 이어 건국했다는 기자조선에 나라의 맥

을 둔 것이다. 이는 결국 중화문명의 권위에 기대어 새로운 나라의 문화적 위상을 높이겠다는 의도였다. 취약한 정권의 뿌리를 강화하기 위해 상고시대의 중국을 끌어들이고, 이로써 개국의 정당성을 확보하고자 한 것이다.

조선이 자청한 대명사대는 조선과 중국의 관계를 임금과 신하의 관계로 맺어놓았다. 위계질서를 긍정하는 유교문화권에서 대국과 소국의 차이는 충忠에 기초한 군신관계로 이어졌으니, 이제 조선은 명나라의 신하가 된 셈이다. 조선은 사대외교에서 신하가 임금을 대하는 데 준해 명나라를 대하고자 했다.

> 임금(세종)은 중국을 공경하여 섬겼으니, 중국에 보내는 모든 공물을 친히 검사하기까지 했다. 또한 일찍이 말하기를, "신하는 마땅히 성실하고 정직하게 임금을 섬길 것이요, 목적 달성을 위해 임기응변식으로 일을 처리하거나 변칙을 써서는 안 된다"라고 하였다. 이러므로 일이 털끝만큼도 잘못 없이 모두 법도를 따르니 중국에서도 역시 그 지성스러움을 칭찬하였다. 무武가 요동별교遼東別校로서 칙서를 받들고 왔는데, 대우하기를 심히 후히 하여 조정의 고위 벼슬아치와 다름없이 했다.
> ―『세종실록』125권, 세종 31년(1449년) 9월 12일

세종은 명나라에 대한 사대를 유교 가치의 하나인 군신의리로서 정당화했다. 또한 이를 통치 전략으로도 활용했다. 자신이 신하의 자격으로 군주격인 명나라 황제에게 성실과 정직으로 군신 간의 의리를 실

천해보임으로써 국내에서도 이와 마찬가지로 신하들이 의리와 충성을 다하기를 요구했다.**4**

그렇지만 이 시기만 하더라도 명나라 황제에 대한 조선 국왕의 충은 절대적인 가치는 아니었다. 의례와 조공 관련 사안, 유민 송환 여부 등에서는 군신의리에 기초한 사대가 심화돼갔지만 파병이나 전쟁과 같은 나라의 중대 사안에 대해서는 사대보다는 국익을 우선했다. 세종 31년인 1449년, 명나라는 몽골 원정을 감행하면서 조선에 군사를 요청한다. 하지만 조선은 출병할 경우 여진이나 일본이 침입할지 모른다는 구실을 내세워 청병을 완곡하게 거절했다. 몽골과의 전쟁은 조선과는 무관한 일이며, 이에 조선의 백성을 희생시키지 않겠다는 의도였다.

30년 뒤인 1479년, 명나라는 다시 파병을 요청한다. 이번에는 여진 정벌이었다. 이때는 거절이 불가능한 정세였고 조정에서는 소극적인 개입을 결정한다.

> 임금이 말했다. "내 계산으로는, 야인野人(여진)은 명나라 군대와 우리나라의 협공을 두려워해 반드시 군사를 보내어 우리 진영을 엿보려 할 것이다. 그러니 깊이 들어가서 공격하지 않더라도 여진의 척후병을 사로잡을 수 있을 것이며, 이들 포로를 중국 진영에 바치면 책망은 면할 수 있을 것이다."
>
> —『성종실록』 111권, 성종 10년(1479년) 11월 19일

전투에 전력을 다하지 않고 포로나 몇 명 잡음으로써 명나라에 성의를 보인다는 계획이었다. 세종과 성종 대의 두 사례 모두 대명사대의 가치보다 국가의 이해득실에 따라 파병 여부와 그 정도를 결정했다. 이는 사대의 대상이 현실에 따라 바뀔 수도 있다는 뜻이기도 했다. 이러한 태도는 중국 대륙에 들어선 대국을 섬기되 특정 왕조에 한정해 섬기지는 않겠다는 고려시대 사대관의 연장선상에 놓인 입장이라 할 수 있다.

하지만 16세기 중종 시대에 대명사대는 그 성격이 달라진다. 사대와 국익이 충돌할 때에 선택을 할 수 있다는 의식 자체가 희박해지고, 대명사대는 어떻게든 국익에 도움이 된다는 의식이 확산됐다. 16세기를 지나면서 사대의 절대가치화가 이뤄지고 있었던 것이다. 대명사대는 군신의리에 기초한 실리적 차원에 천륜인 부자관계의 차원이 더해지는 형태로 그 성격과 양상이 변해갔다. 신하가 다른 임금을 섬길 수는 있다. 하지만 아버지는 대상을 바꾸어 모실 수 없는 존재로 변치 않는 섬김의 대상이다. 이제, 마치 효자가 부모를 공경하듯이 사대의 예를 다해야 한다. 16세기 조선 지배층의 사대관은 그렇게 변해가고 있었다. 이러한 점은 중종 대에 조선을 다녀간 명나라 사신의 보고서에서도 확인된다.

전傳에 이르기를 '임금에 대하여 예를 차리는 자를 보면 마치 효자가 부모를 봉양하는 것처럼 섬긴다' 하였습니다. 신들은 조선 국왕(중종)이 이처럼 우리(명나라) 조정을 존경하는 것을 보고, 황상皇上(황제)의 크나큰 은혜가 먼 지방까지 미치고 있다는 사실을 알게 되고 이에 감탄하였습니다.

—『중종실록』 96권, 중종 36년(1541년) 10월 7일

16세기 대명사대의 성격 변화는 조선사회에서의 유교문화 심화에 힘입은 바 컸다. 이 시기 조선 양반사회는 중국문화 수용과 유교 이념 확산에 더욱 적극적으로 뛰어들었다. 사회 각 분야에 유교화의 물결이 거세지고, 위계질서를 중시하는 유교적 가치관이 자리를 잡았다. 이런 추세에서, 사대를 음양의 관계와 같은 천리天理로 받아들이려는 인식이 확산되고 있었다. 조선 최고의 학자라는 이이와 이황도 예외는 아니었다.

아랫사람이 윗사람을 섬길 때 편안하고 위험함에 따라 마음을 바꿔서는 안 되고, 성하고 쇠함에 따라 예를 차리거나 폐해서도 안 됩니다. 우리나라가 중국을 사대할 때도 능히 이런 원칙을 따라야 할 것입니다.

—이이, 「공로책貢路策」 『율곡전서』

하늘에는 두 개의 해가 없고, 백성에게는 두 임금이 없소이다. 춘추의 대일통大一統이라는 것은 곧 천지의 상법常法이고, 고금에 통하는 의리이외다. 대명大明이 천하의 종주국이 되니, 바다 한 구석 해 뜨는 곳(조선)에선 믿고 따르지 않은 적이 없소이다. 우리나라가 중국을 사대할 때도 능히 이런 원칙을 따릅니다.

❖심화되는 대명의리 | 임진전쟁과 사대

임진년에 시작된 전쟁은 근 1년이 지나면서 전세가 확실히 뒤바뀌고 있었다. 평양성 전투에 이어 행주산성에서도 대패한 일본군은 남쪽으로 물러나 한양에 진을 쳤다. 1593년 3월, 수도를 버리고 의주로 피난했던 선조는 조금씩 남쪽으로 거처를 옮기며 총공격 시기를 저울질했다. 하지만 명나라와 일본이 곧 본격적인 강화회담을 진행하리라는, 선조 입장에서는 반갑지 않은 정보만 전해지고 있었다.

이 무렵 명나라 장수 이여송李如松(1549~1598)이 선조를 찾았다. 4만 3000명의 병사를 이끌고 온 이여송은 전세 역전의 전환점이 된 평양성 탈환에 공을 세운 장수였다.

이 제독(이여송)이 의주義州에서 온다는 소식을 듣고 임금이 숙령관肅寧館에 거둥해 기다리다가 제독이 동헌에 이르자 옷을 갈아입고 나갔다. 임금이 말했다. "황은이 망극하니 먼저 황은에 사례를 하겠소." 그리고 상이 오배五拜하고 세 번 머리를 조아렸다. 또한 임금은 대인의 덕에 대해 사례한다며 제독에게 서서 절을 받으라고 청했다. 그러자 제독이 굳이 사양하며 말했다. "나도 사례하고자 하니, 교배交拜함이 좋겠소." 이에 임금이 자리에 나아가 절하니 제독도 답배하였다.

―『선조실록』 36권, 선조 26년(1593년) 3월 7일

선조는 무릎을 꿇고 명나라 황제에게 예를 올렸다. 이 시기엔 중종 때 시작된 오배삼고두가 중국 황제에게 예를 올리는 상례로 자리 잡고 있었다. 하지만 명나라에서 파견한 장수에게 절을 받도록 먼저 간청하는 임금의 언행은 지나친 데가 있었다. 풍전등화의 처지에 놓인 약소국의 군주라는 점을 감안하더라도 임금의 예에서 비굴함을 지우기는 어렵다. 선조는 그만큼 다급하고 불안했던 것이다.

전쟁이 일어나면서 임금과 지배층의 권위는 여지없이 무너졌다. 왕의 자리가 위협받을 정도로 민심이 이반됐다. 민생 파탄에 더해 이제는 목숨 하나도 지켜주지 못하는 조선의 지배세력에 백성은 분노했다. 맞서 싸우기는커녕 도망치기에 급급한 국왕의 가마에 돌이 날아들었고, 대신들이 난민에게 구타를 당했다. 왕자들은 전쟁 와중에도 민폐를 끼치고 행패를 부렸으며, 참다못한 백성은 이들을 붙잡아 적군에 넘겨주기까지 했다.

이런 정세에서 명나라의 참전은 조선 지배세력에게 유일한 희망이었다. 선조가 이여송에게 자청해서 몸을 숙인 까닭도 여기에 있었다. 명나라의 참전은 한편으론 대명사대를 정당화해주는 사건이기도 했다. 지배층이 지극한 사대를 200년 동안 계속했기에 황제가 군사를 보내주었다는 논리였다.

사신은 논한다. "이번 임진년의 변란은 창졸간에 발생했다. 이런 변란이 일어난 까닭은 참으로 바른 것을 지키고 위를 향한 의리를 행하는 데 있었다. 전쟁을 끝내고 국권을 회복한 공이 지성으로 사대한 데 있으니, 이는 만고의 강상綱常이 바로 서고 군신의 대의가 추락되지 않은 것이다."

—『선조실록』 177권, 선조 37년(1604년) 8월 5일

나아가, 대신들은 선조가 전쟁을 종식시키는 데 공을 세웠다며 존호를 올리고자 한다. 임금이 대륙으로 가는 길을 열어달라는 일본의 청을 거절했으며 또한 지성을 다해 명나라 황제에게 구원을 요청해 군대와 물자를 지원받게 됐으니, 그 공덕을 기리자는 것이다. 하지만 전쟁을 막지 못한 1차적인 책임은 지배층의 무능에 있었다. 그런데 마땅히 져야 할 '전쟁 책임'은 어디론가 사라지고, 전쟁을 야기한 세력이 전쟁을 끝낸 공로자로 둔갑하는 기막힌 현실이 펼쳐지고 있었다. 이후 안무치한 통치술의 한복판에 대명사대라는 조선의 국시가 버티고 있었다.

사실, 대명사대에 따른 군사력 저하가 임진전쟁 발발의 한 배경이었다. 조선 지배층은 조공을 바치고 지극정성으로 명나라를 모심으로써 국방이라는 큰 짐을 상당히 덜 수 있었다. 명이라는 대국에 의존함으로써 무력 충돌을 사전에 차단하고, 다른 북방 이민족의 침략도 어느 정도 봉쇄할 수 있었다. 이로써 확보한 여력을 내치에 쏟아 부을 수 있다는 이점도 있었으나, 사대는 군사력 약화와 함께 전쟁에 대한 대비

조차 잊게 만들었다. 위쪽의 상국上國인 중화에만 마음을 쏟았지 남쪽 이적의 땅에서 자라는 전쟁의 기운은 애써 무시하려 했다. 임진전쟁은 조선 지배층의 지나친 사대가 부른 자만과 안이함의 결과이기도 했다.

이제 그 전쟁이 조선의 대명사대를 더욱 심화시키고 있었다. 명은 예상보다 왜군이 강하다는 사실을 경험하면서 전쟁을 빨리 끝내는 쪽으로 방향을 잡았다. 전투보다는 강화로 전략이 기울고 있었다. 조선은 평양성 탈환 이후 승기를 잡았다고 판단해 가능하면 전투를 통해 전쟁을 종식시키고자 했다. 조선은 명나라를 전쟁 당사자로 만들어 전쟁터로 끌어들일 필요가 있었다. 이를 위해 조선은 왜군이 조선을 치기 위해 출병한 것이 아니라 명나라를 정벌하기 위해 전쟁을 일으켰다는 점을 계속해서 알렸다.

> 임금이 승정원에 명을 내렸다. "요동에 보낼 자문咨文(외교문서)을 보니 '왜적이 내년 2월에 요동을 침범한다고 한 것은 왜적들의 말이어서 믿을 수 없다'고 했는데, 그렇게 말하면 느슨한 듯하다. '얼음이 얼면 왜적이 곧바로 진격할 것'이라고 다시 고치는 것이 어떻겠는가? 대신들과 이 사안을 의논하여 그 결과를 아뢰도록 하라."
>
> —『선조실록』 31권, 선조 25년(1592년) 10월 7일

이런 노력에도 전쟁의 판세가 강화 회담으로 기울자 조선은 대국의 자존심에 호소하면서까지 강화협상을 무산시키고자 했다.

병조참판 심충겸沈忠謙이 자문의 초안을 올렸는데, 그 내용은 이러했다. "이제 강화를 허락하여 백성을 편히 하려고 하시는데, 이를 거두어달라고 간청하고 싶어도 말씀드릴 면목조차 없는 게 사실입니다. 다만 조선의 구구한 정세는 굳이 걱정할 것이 못 되나, 중국의 이해로 따져본다면 시기로 보아 강화는 불가한 듯합니다. 예로부터 중국이 오랑캐에게는 반드시 승리할 수 있는 기세를 보이고 나서야 강화를 말할 수 있었지, 그렇지 않으면 강화하려 해도 이루어지지 않았고, 비록 강화해도 오래가지 못하였습니다. (…) 이번에 저들의 속이는 말을 믿고 사신을 통해 협상하고 강화한다면 거만스런 적들이 중국이 강화를 요구하는 것이 저희들을 가련히 여겨서가 아니라 저희들을 두려워해서라고 여길는지 어찌 알겠습니까?"

—『선조실록』 36권, 선조 26년(1593년) 3월 11일

명나라를 계속 전쟁에 참가시키고자 하는 조선 지배층의 노력은 집요했다. 1593년 6월의 2차 진주성전투 이후 강화협상이 이뤄져 전쟁은 4년 가까운 휴지기에 들어간다. 그런데 조선은 이 기간에도 군사력 증강에 총력을 기울이기보다 명나라 군대를 전쟁에 끌어들이는 데 더 관심을 쏟았다. 약소국으로서 생존하기 위한 어쩔 수 없는 선택이라 여기기엔 먼저 남의 힘에 기대고 보자는 의타적 태도가 너무 심했다. 사대로 얻은 '안전'이라는 빛은 '무능과 의존'이라는 그늘을 필연적으로 가져오기 마련이었다.

조선 지배층의 중화의식과 대명사대는 임진전쟁 당시 일어난 의병

활동을 통해서도 확인할 수 있다. 의병장들은 비정규 군사를 일으키는 목적을 '조선 수호'라는 국내적 차원에 한정하지 않고 '중화질서 수호'라는 국제질서 차원에도 두고 있었다.[5] 충주와 금산에서 의병 활동을 하다 전사한 중봉重峯 조헌趙憲(1544~1592)은 '의義'가 중화라는 당시의 보편적 가치에 뿌리를 두고 있다고 보았다.

> 우리 중화의 도리를 밝혀 저들의 오랑캐 성품을 억눌러야 합니다. 군왕을 친근히 하고 윗사람을 위해 죽을 우리 백성을 거느리고 나아가, 통솔도 안 되고 군왕도 없는 저들 무리를 매질해야 합니다.
>
> —조헌, 「청절왜사소請絶倭使疏」『중봉선생문집重峯先生文集』

조헌은 일본을 군사력을 앞세워 중화질서를 어지럽히는 이적으로 규정하고, 중화질서와 가치를 지키기 위해 이들을 반드시 물리쳐야 한다고 역설했다. 이처럼 사대부 의병장들이 군사를 일으킨 궁극적인 동기나 목적이 명나라가 주도하는 중화의 가치를 추구하고 수호하기 위한 것이었다.

임진전쟁 당시 조선의 지배층에게 중화문명은 지켜내고 섬길 만한 값어치가 충분했다. 국시로 내세운 친명사대에 참전이라는 보답을 내림으로써 조선 지배층의 위신과 권위를 그나마 일으켜 세워준 것이다. 명나라 군대의 장기주둔으로 수탈과 행패가 끊이지 않았지만 명나라는 분명 조선 정치권력의 지배력 회복에 한몫을 하고 있었다. 이제 조선의 지배층이 이런 명나라의 은혜에 보답할 차례였다. 그것이 군신

간의 의리이자 부모와 자식의 연과 같은 천륜의 도리를 다하는 것이었다. 이를 위해 조정에서는 이번 전쟁에 참가하고 공을 세운 명나라 장수를 영원히 기리도록 했다. 살아 있을 때에 그 사람을 받들어 모시는 생사당生祠堂을 서둘러 건립한다.

> 임금이 승정원에 명을 내렸다. "석 상서石尙書의 생사당에 관한 일은 일찍이 이미 정하였다. 다른 사람은 비록 할 수 없더라도 상서인 석성石星과 제독인 이여송李如松은 함께 제사 지내야 한다. 중국 사신이 나오기 전에 거행하도록 해 중국 사람들에게 널리 알리도록 하라."
>
> ─『선조실록』 59권, 선조 28년(1595년) 1월 4일

전쟁이 끝나면서 대명사대는 더욱 강화된 상태로 새롭게 확산됐다. 멸망 위기의 조선을 구원해준 명나라의 은혜를 잊지 말자는 재조지은再造之恩의 논리가 그것이다. 재조지은의 구호 아래 실제로 전쟁에서 공을 세운 이순신과 권율 같은 장수와 사림 의병장의 업적은 퇴색돼갔다. 대신, 바닥까지 드러난 지배세력의 보잘것없는 지도력은 단죄를 면했다. 무능과 무책임에 대한 백성의 분노도 눌렀다. 재조지은의 사대는 실정失政을 감추는 정치적 방어막이었다. 이에 편승해 전쟁 내내 무능함을 보였던 임금과 최고 지배층은 권좌에 그대로 복귀했다. 조선 지배층은 전란에 책임을 지거나 부끄러워하기는커녕 전쟁을 계기로 사족 중심 지배질서를 더욱 다져나갔다. 대명사대는 신분제 사회를 존속시키는 통치 전략으로 다시 제 기능을 다하고 있었다.

❖멸망한 명나라의 황제를 살려내다 | 대보단과 만동묘

창덕궁 후원의 서쪽 깊숙한 곳, 지은 지 얼마 되지 않은 제단이 제법 숲을 둘러치고 위엄 있게 들어앉았다. 단상에 황색 장막을 둘러쳐 방을 마련하고 거기에 신위를 모셨다. 제단 앞에서 임금과 왕세자, 대소 신료가 예를 올리는 중이었다. 엄숙한 몸짓과 지극한 마음이 이미 멸망한 나라의 죽은 황제를 불러내고 있었다. 숙종 31년인 1705년 3월 9일, 명나라 14대 황제인 신종神宗(만력제萬曆帝, 재위 1572~1620)의 덕을 기리고 추모하는 제례가 진행되고 있었다. 임진전쟁 때 원병을 보낸 신종은 조선을 살린 황제로 추앙받고 있었다. 자정의 깊은 밤, 제문 읽는 소리가 대보단大報壇 주변까지 경건한 밤기운을 길어 올리고 있었다.

밝게 천명을 받으시고, 크게 사이四夷를 어루만지셨습니다. 황제께서 재위하신 때는 소경昭敬(선조의 시호)의 시기였으니, 크게 감싸 안으신 덕화德化는 하늘처럼 컸습니다. (…) 우리의 멸망을 막아주시고, 우리의 정성을 어여삐 여기셨습니다. 구제는 처음부터 끝까지 황제의 현명함 덕분이니, 무릇 이처럼 재생시켜주신 것이 누구의 힘 때문이겠습니까? 이에 제후로서 지켜야 할 법도를 더욱 공경하게 행하였으며, 자자손손 길이 천자에게 예를 올리려고 기약했습니다.

　　　　　　　　　—『숙종실록』 41권, 숙종 31년(1705년) 3월 9일

크게 보답을 하기 위해 만든 제단, 이 대보단은 명나라 황제의 은혜

를 갚는다는 뜻을 담은 추모제단이었다. 대보단은 명나라가 망한 지 1주갑周甲, 곧 간지가 돌아오는 60년이 되는 해인 1704년에 완공됐다. 조정에서 주도해 세운 제단이지만 설립 사실을 관보官報에 싣지 않은 채 비교적 조용히 공사를 진행했다. 공사를 전담하는 임시관청도 설치하지 않았다.[6] 명나라를 멸망시키고 중원 대륙을 차지한 청나라를 의식해서였다. 청나라는 이제는 중원을 확고하게 장악했다고 판단했는지 이 무렵 조선의 공물 부담을 줄여주고 경계 또한 늦추고 있었으나 그렇더라도 공공연하게 공사를 진행할 수는 없는 실정이었다.

대보단 제향일은 명나라가 망한 3월로 정했다. 나라에서 지내는 제사는 대개 계절이나 24절기 등의 시간 마디에 따르는데, 대보단 제향은 패망한 달에 맞춤으로써 역사적 사건을 전례화典禮化하고 명나라에 대한 추도의 염을 더하고자 했다. 이는 선조 때부터 강조해온 재조지은의 뜻을 잇는 것이기도 했다.

명나라 황제를 기리는 제향의식은 재야에서도 행해졌다. 대보단이 설치되기 1년여 전에 충청도 괴산의 화양동 서원 내에 만동묘萬東廟라는 사당을 짓고 신종을 추념하는 제사를 지냈다. 만동묘에서는 명나라의 마지막 황제인 의종毅宗(숭정제崇禎帝, 재위 1628~1644)의 제사까지 모셨다.

화양동 서원은 이곳에 머물며 후진 양성에 힘썼던 송시열(1607~1689)을 제향하기 위해 세운 서원이었다. 송시열은 당시 최대 당파인 서인계의 노론 세력을 이끌며 왕권에 버금가는 막강한 영향력을 행사한 정치가이자 학자였다. 만동묘 또한 이 송시열을 추종하는 노론 계열 사림이 주도해 만들었다. 송시열은 1689년 숙종에게 사약을 받고 죽음에 처해질 때 제자들에게 만동묘 설치를 유훈으로 남긴 터였다. 만동묘는 만절필동萬折必東의 첫 글자와 끝 글자를 취해 지은 명칭으로, 중국 황허 강줄기가 굴곡이 심하지만 끝내는 동쪽으로 흘러간다는 게 글자 그대로의 뜻이었다. 일이 곡절을 겪더라도 결국은 본 뜻대로 된다거나 충신의 절개는 꺾을 수 없다는 의미를 담고 있다. 중국의 힘이 조선을 옹호하고, 중국의 정통성과 교화가 조선으로 모인다는 비유적 해석을 내리기도 한다.

만동묘는 설립 이후 민간에서 행해지는 대명사대 의례의 대표적인 상징물이 됐다. 해마다 제사 지낼 때면 전국에서 수천 명의 유생이 모여들었을 뿐 아니라 평소에도 명나라 황제를 추모하는 사림의 발길이 끊이지 않았다고 한다.

대보단 제향의식은 영조(재위 1724~1776) 대에 들어 크게 확장된다. 영조는 기존의 신종 제향 외에도 명나라를 세운 태조太祖(홍무제洪武帝, 재위 1368~1398)와 마지막 황제인 의종의 제사까지 지냈다. 태조 제향에는 대조大造의 은혜를 갚는다는 명분을 내세웠다. 명나라 태조가 조선의 창업을 돕고 이를 승인했다는 것이다. 의종의 경우는 청나라와 병자호란을 치를 때 원병을 보낸 사실이 제향의 구실이 되었다. 비록 구원병이 조선까지 이르지는 못했지만 황제의 그 명령만으로도 은혜를 갚기에 충분하다고 여겼던 것이다.

진선進善(왕세자 교육을 맡아보던 정4품 벼슬) 윤봉구尹鳳九가 두 황제를 함

께 제향하는 의식에 대해 의견을 올렸다. "우리가 동토東土에서 혈기를
지니고 사는 데 있어서 모두 대명大明이 남겨준 것이 아닌 것이 없는데,
누가 감히 성대한 제례를 찬양하려 하지 않겠습니까? 더구나 정사正史
에 기록된 것을 보건대, 의종 황제께서 작은 나라를 불쌍히 여겨 염려한
것은 만력萬曆에 재조시켜준 은혜와 다름이 없습니다. 함께 제사해 은혜
에 보답하고자 함은 성상聖上의 뜻인바, 이는 대의를 따져보아도 그만둘
수 없을 듯합니다." 전前 부사府使 박필부朴弼傅의 의견은 이러했다. "신이
비록 질병으로 생명이 다해가고 있지만 죽기 전에 두 황제의 제사를 본
다면 장차 조금 남은 기운이지만 기뻐하고 또한 뛰면서 춤을 출 것입니
다."

—『영조실록』 69권, 영조 25년(1749년) 3월 14일

명나라의 세 황제를 섬기는 대보단 제례는 조선의 지배층 모두가 적
극 나서는 국가제례의 전범이 돼가고 있었다. 이처럼 다른 나라 황제
를 모시는 제사를 국가 차원의 제례로 규범화한 사례를 인류 역사에서
찾아보기 쉽지 않을 것이다.

정조(재위 1776~1800)는 대보단 제사에 한층 더 정성을 쏟았다. 재
위 24년 동안 해마다 몸소 제사를 치렀으며, 세 황제의 기일에 맞추어
매년 세 차례 제사를 지내도록 했다. 부속 건물을 세워 제례의 뜻을 높
였으며, 한양에 거주하는 유생의 참석을 의무화했다. 정조는 친히 제
사를 올리는 이유를 신하들에게 밝히며 대보단 제례의 뜻을 알리기도
했다.

대신들이 임금 앞에서 정무를 보고하는 자리였다. 임금이 일렀다. "병신년(1776년, 정조 즉위년) 이후로 하기 어려운 상황이 아니면 이날이 올 때마다 반드시 몸소 의식을 행했다. 이는 명나라에 대한 감회가 마음에 간절하기 때문만이 아니다. 선대에서 주周나라를 높인 거룩한 뜻을 체득하려는 목적이기도 하다. 또한 선왕의 사업을 계승하려는 뜻에서 나온 것이며, 나의 자손으로 하여금 당연히 행하여야 할 의식임을 알게 하려는 것이다."

—『정조실록』 46권, 정조 21년(1797년) 5월 10일

대보단 제례의 목적은 황제의 나라였던 명나라를 군부君父의 나라로 섬기고, 그에 대한 군신의리를 실천하는 데 있었다. 대보단에 모셔지는 명나라의 세 황제는 이민족의 최고 지도자에 머무르지 않았다. 충과 의를 다해 모셔야 하는 군주와도 같았으며, 나라를 세우는 데 도움을 주고 외적을 물리치는 데 은혜를 베풀었기에 마치 아버지나 다름없는 존재였다. 그런데, 이미 오래 전에 망해버린 나라의 황제를 이토록 예를 다해 섬기는 속내는 도대체 무엇이었을까?

❖조선 지배층은 왜 명나라 황제의 제사를 지냈나?

임금이 표명한 뜻과 달리, 대보단 제례는 왕권 강화에 1차적인 목적이 있었다. 왕은 지배층이 중시하는 가치를 실행함으로써 지배층으로

부터 더 큰 지지를 얻을 수 있으며, 지배층의 이런 광범위한 지지는 왕의 통치권위를 높여주기 마련이다. 대보단 제례는 조선 지배층이 중시하는 재조지은과 존명의리라는 가치를 실현할 수 있는 가장 적합한 정치적 의례였다. 결국 대보단 제례는 왕의 통치권위를 높여주는 정치적 수단이었던 것이다.

또한 군주는 대보단 제례를 통해 신하가 임금에게 지켜야 할 의리를 각인시켰다. 명나라 황제의 신위 앞에서 신하의 예를 행함으로써 여러 신하들로 하여금 자신에게도 군신의 의리를 다하도록 했다.

> 임금이 대신과 비변사의 당상관을 불러들였다. 좌의정 서명균徐命均이 날씨가 차다며 황단皇壇(대보단)의 친제親祭 중지를 청했다. 이에 임금이 말했다. "내가 황단에 신하의 예를 행하여 여러 신하들로 하여금 군신의 뜻을 알게 하려고 한다."
>
> ─『영조실록』 40권, 영조 11년(1735년) 3월 1일

넓은 시각에서 보면, 대보단 제례는 국가 통치 이념의 위기를 극복하려는 지배층 내부의 자구책에 그 뿌리가 닿아 있었다. 대보단 제례는 18세기 초에 시작됐지만 17세기 명청 교체기에 그 연원을 두고 있었다.

조선은 17세기 전반기에 두 차례에 걸친 여진족의 침입을 받고 굴욕적인 강화회담을 맺는다. 1627년(인조 5년)의 정묘전쟁과 1636년(인조 14년)의 병자전쟁, 이 두 번의 전쟁에서 조선은 오랑캐로 여기며 지금

껏 무시해왔던 여진족에게 무릎을 꿇어야 했다. 전쟁에 패배한 인조는 세 번 절하고 아홉 번 머리를 조아리는 치욕의 예를 행한다. 이른바 삼전도의 굴욕이다. 앞으로 조선은 여진이 세운 청나라를 군주의 나라로 받들고 신하의 예를 다해야 했다. 명나라를 섬기며 중화질서의 2인자로 자부해온 조선이 스스로 중화질서 구도를 깨뜨리는 상황에 처한 것이다.

충효의 마음으로 섬겨온 명나라, 그런데 그 명나라를 범한 청나라에 조선이 항복했다는 사실, 그것은 그동안 유지해온 충과 효라는 '관계의 축'을 무너뜨리는 행위나 다름없었다.[7] 그렇다고 명나라를 제압하고 막강한 힘을 휘두르는 청나라를 회피할 수도 없었다. 이런 상황에서 조선 지배층은 이중구도에 의한 타협점을 찾아냈다. 대외적으론 어쩔 수 없이 청나라를 책봉국으로 받들지만 국내에서는 이미 망해버린 명나라를 여전히 군부君父의 나라로 섬기기로 한 것이다.

이는 조선 내의 지배질서를 유지하기 위한 불가피한 타협점이기도 했다. 그동안 대명사대는 어떤 상황에서도 변치 않는 효의 관계에 기초해 유지돼왔다. 조선 지배층은 이런 성격을 가진 대명사대로 왕조의 정통성을 보장받았으며, 이를 통치 수단으로도 활용해왔다. 그런데 마음속까지 청나라를 섬긴다면 이는 대명사대의 전제인 '효의 관계'를 깨뜨리는 것이고, 나아가 효라는 가치 자체까지 어기는 셈이 된다. 이렇게 상황에 따라 효의 가치가 무너질 수 있다면 그 효에 기반한 유교적 지배논리도, 위계적 신분질서도 변할 수 있다는 말이 된다. 이러한 논리가 통용된다면 상민이나 천민이 양반에게 복종을 해야 하는 명분도 없어지는 것이다. 그렇게 되면, 그 다음은 당연히 신분질서의 와해가 뒤따를 것이었다. 그러니 조선 지배층은 겉으로만 청나라에 무릎을 꿇고 명나라를 여전히 충효의 대상으로 섬겨야 하는 것이다.

효종(재위 1649~1659) 시기의 북벌론은 이런 역사적 배경에서 탄생했다. 조선 지배층은 굴욕을 준 청나라를 쳐서 선대의 치욕을 씻고 중화질서를 바로잡는다는 대의를 내세웠다. 하지만 거대 제국으로 발전해가는 청나라의 현실을 감안하면 북벌은 실현하기 힘든 희망사항에 지나지 않았다. 그럼에도 조선의 지배세력은 한동안 북벌정책을 버리지 않았다. 북벌은 전쟁 뒤의 위기를 극복할 수 있는 효과적인 통치 전략이었기 때문이다. 전쟁으로 무너진 지배층의 권위를 어느 정도 세워주었고, 민심을 끌어모을 구심점이 되었다. 북벌이라는 구호 아래 위계질서를 다시 세우고 양반의 지배자적 입지를 굳건히 해나갈 수 있었다.

하지만 18세기 들어 북벌론은 더 이상 그 효력을 발휘하지 못했다. 청나라의 국력이 갈수록 강해져 북벌의 가능성조차 언급하기 힘들었고, 구호만으로는 피지배층을 뜻대로 움직이기도 어려웠기 때문이다. 통치 이념을 강화할 다른 정책이 필요했으니, 이때 등장한 전략적 정치의례가 대보단 제례였다.[8] 이제는 목소리만 높이는 게 아니라 과거의 권위를 의례 양식으로 재생산해 눈에 보이는 형태로 보여주고자 했다. 이렇게 해서 오래 전에 멸망한 다른 나라의 황제가 조선 궁궐에서 새롭게 생명을 얻게 된다. 명나라 황제가 충과 효의 가치를 드높이는 대명의리의 매개자가 되니, 조선의 지배질서를 떠받치는 충효라는 유교 가치도 흔들림 없이 빛을 발했다. 그리고 이제, 과거의 명나라든 관념 속의 명나라든 숭명의리는 선善이고 긍정해야 할 절대적 가치가 되었다.

❖나는 명나라의 유민遺民이다

1644년 명나라 멸망 이후 조선에서는 숭정처사崇禎處士를 자처하는 사림이 많이 나타났다. 명나라 마지막 황제의 연호인 숭정에, 벼슬을 하지 않고 초야에 묻혀 사는 선비란 뜻의 처사를 덧붙인 말이었다. 중화인 명나라가 사라졌으니 이제 세상과 인연을 끊고 은둔하겠다는 선언이었다.

이처럼 조선 지배층은 병자전쟁 이후 청나라와 조공책봉 관계를 유지하면서도 여전히 명나라 중심의 중화질서를 흠모하며 옛 중화문화에 애착을 보였다. 특히 역법, 의례와 같이 중화문명을 상징하는 분야에서 그러한 집착이 두드러졌다. 한 예로, 조선의 지배층은 공식적으론 청나라를 황제의 나라로 받들면서 개인적으론 명나라 연호인 숭정을 선호했다. 청나라 연호는 물론 융희隆熙라는 대한제국의 연호까지 제쳐두고 숭정으로 연도를 표기할 정도였다.

죽은 사람의 공적을 기록해놓은 신도비神道碑에서도 퇴색되지 않는 존명의리와 배청排淸의 자세를 엿볼 수 있다. 명나라가 망한 이후의 신도비에서도 "유명조선국有明朝鮮國"이라는 구절을 찾아볼 수 있는데, 이는 흔히 '명나라에 속한 조선국'이나 '명나라의 조선국'이라는 뜻으로 해석된다. 현실의 청나라를 무시하고 명나라가 패권을 쥔 중화질서 체제를 존중한다는 심정을 담은 표현이었다. 한편으론 "유명조선국"을 '명나라 시대의 조선국'으로 풀이하기도 하지만, 이렇게 해석하더라도 청나라의 패권을 인정하지 않으려는 태도는 부정할 수 없는 사실이다.

아예 망해 없어진 명나라의 백성으로 처신하는 사림도 있었다.

> 나는 명나라 유민이다. 3월 19일이면 검劍을 어루만지며 슬피 울었다. 앞으로는 이 금琴(숭정금崇禎琴)을 두드리며 울분을 터뜨려야겠다.
>
> ─윤행임, 「숭정금기崇禎琴記」 『석제고碩齊稿』

'명나라 유민'을 자처한 이는 정조의 총애를 받은 윤행임尹行恁(1762~1801)이었다. 그는 병자전쟁 뒤에 죽임을 당한 삼학사 중 한 사람인 윤집의 후손으로 도승지와 이조판서를 역임했다. '3월 19일'은 명나라의 마지막 황제인 숭정제 의종이 자결한 날이다. '금琴'은 의종 재위 시에 황궁에서 연주됐던 거문고라고도 하고 실제로 의종이 켰던 거문고라고 하는데, 실학자인 박제가가 입수해 친구인 윤행임에게 주었다고 한다. 이때 숭정금이란 이름을 얻었다.

멸망한 명나라의 백성이라는 윤행임의 정체성 선언에서는 오히려 자부심마저 느껴진다. 명나라 시대의 중화문화에 대한 흠모를 넘어 자신의 정체성마저 흔들 정도로 대명사대가 절대적인 가치였을까? 비유적인 말이라 하더라도, 조선 사람인 자신을 명나라 백성으로 공언하는 언행은 아무래도 과하지 않았나 싶다.

한편, 18세기 들어 청의 문물을 적극 받아들이자는 북학론이 일기도 했다. 하지만 이 또한 조선이 중심이 되어 조선 고유의 문명의 틀을 구축하고 그 내용을 채워나가고자 한 것은 아니었다. 청나라가 이룬 새 중화질서를 인정하고 거기에 동참하자는 것이었다. 더구나 이런 북학론자조차 지식인 사회의 주류가 아니었고 정치계에서도 극히 소수에 지나지 않았다. 주류 지식인과 정치인은 여전히 숭명배청이라는 화이관을 붙잡고 있었다. 결국 조선 지배층은 나라가 다할 때까지 타문화가 이루어놓은 지식체계와 문화질서의 틀을 벗지 못했다.

조선 지배층의 이중적인 외교관과 중화관념은 19세기에도 큰 변함이 없었다. 이는 정신적으론 청나라가 이룬 중화질서를 꺼리면서도 현실에서는 청나라 중심의 국제질서에 편입돼 이득을 취하는 모순된 형태로 드러났다. 19세기 세도정권 또한 정치권력 보장을 조공책봉체제에 크게 의존했다. 평안도에서 홍경래가 주도한 농민항쟁이 일어났을 때 조선 관군은 청나라 군대와 공조 전략을 펼친다. 청나라 황제는 농민군을 무장 도둑인 적비賊匪로 규정하고 조선을 돕도록 한다.

조선의 적비들이 혹 변계로 달아나 들어올 경우, 그 생김새와 옷차림으로 쉽게 분변할 수 있을 것이니 즉시 사로잡아 심문해 정세를 파악하도록 하라. 한편으로는 장군에게 분명하게 보고해 아뢰도록 하라. 그후 적비를 조선에 넘겨주어 조선이 스스로 처리하도록 해야 한다. 조선에서 토적을 토벌했다는 보고가 오면 그때 철수하도록 하라.

—『순조실록』 15권, 순조 12년(1812년) 3월 24일

밤낮으로 안절부절하던 차에 소국(조선)을 굽어 보호하시니 임금이 그 은혜를 입게 되었다.

—『통문관지』 제3집 11권, 순조 12년(1812년)

조선 지배층은 정치권력이나 지배질서에 위기가 찾아오면 더 큰 힘과 권위에 기대어 이를 해결하려는 의존적 성향을 나라가 다하는 날까지 버리지 못했다. 그렇게 해서 지배자로서의 이익을 지켜나갔고, 이를 충과 의, 효와 같은 유학 가치로 정당화했다. 사대는 생존하기 위해 어쩔 수 없이 선택했다기보다 지배구조와 신분제 사회를 유지해 더 큰 이득을 취하기 위한 고도의 지배 전략이었다.

청나라에 대한 이중적인 사대 행태는 한편으론 문화적 우월감을 고취했다. 조선의 일부 사림은 명나라가 망한 뒤 이제 참된 문명과 중화는 조선에 있다는 자긍심을 표출하기도 했다. 이른바 소중화론이나 조선중화주의로, 이는 자국을 문명의 중심으로 놓고 주변을 오랑캐로 보는 중국 중심 화이관의 차용이었다. 하지만 조선 지배층의 이러한 자부심도 실은 청나라라는 강국의 그늘 아래 가능했던 공허한 외침에 지나지 않았다.

조선 지배층의 사대는 참으로 구차했다. 명나라에게는 소국으로서 떳떳하지 못했고, 청나라에게는 관념의 중화와 현실의 중화의 불일치로 당당하지 못했다. 백성에게는 그 위선의 작태와 이중성으로 정대正大하지 못했다.

10장
훈육하고 통제하라 | 학교와 교육

❖학교는 국가의 원기元氣다 | 성균관, 사부학당, 향교

사태는 걷잡을 수 없이 커지고 있었다. 조정 대소신료는 물론 이제 관립
교육기관인 성균관 유생과 사부학당의 학생까지 임금의 뜻에 맞섰다.
재위 30년째인 1448년, 세종은 통치권자로서 최대 위기를 맞고 있었다.

　사부학당의 학관學官이 승정원에 고했다. "생도들이 불당佛堂 설치를 철회
해달라고 청하다가 뜻을 얻지 못하자 학업을 파하고 흩어졌습니다." 조
금 뒤에는 성균정록成均正錄이 와서 고했다. "성균관 유생들이 모두 선성
先聖을 배알하고 파하여 가면서 방榜을 걸기를, '이단(불교)은 바야흐로
성하고 오도吾道(유학)는 장차 쇠하니, 형식에 구속되어 있을 수 없어서
선성께 예를 고하고 하직하고 나간다'라고 하였습니다."

　　　　　　　　　　　　　　—『세종실록』 121권, 세종 30년(1448년) 7월 23일

관립학교 유생과 학생이 결국 공관空館을 단행했다. 공관은 유생과 학생이 학교에서 물러나 집으로 돌아가는 일종의 동맹휴학으로, 가장 극단적인 집단시위였다. 이들은 이미 '불당 설치 불가'라는 상소가 받아들여지지 않자 식사를 거부하며 학교 식당에 들어가지 않는 권당捲堂과 기숙사에서 퇴거하는 공재空齋를 감행했었다. 그래도 자신들의 의사가 관철되지 않자 공관을 결행한 것이다.

세종이 궐내에 불당을 짓자는 의사를 비치자마자 이를 거두어달라는 진언과 상소가 빗발쳤다. 집현전 학자까지 반대 행렬에 동참할 정도였다. 그 기세가 4년 전 훈민정음 사용을 공식화하려 할 때보다 더 격렬했다. 국시인 유학 가치에 어긋나는 일이며, 이단인 불교가 성행할 수 있다는 게 한결같은 반대 이유였다. 그래도 관학에 재학 중인 유생과 학생의 반대는 예상하지 못했는지, 세종은 이들에 대해서는 더욱 강경한 조치로 맞섰다.

임금이 결국 의금부에 왕명을 전달했다. "성균관의 생원·진사·유학幼學과 사부학당 생도로 나이 20세 이상인 자는 특별히 신문하여 그 결과를 아뢰도록 하라." 얼마 지나지 않아 임금은 좌승지 조서안趙瑞安을 보내어 다시 명령을 내렸다. "앞장서서 의논을 주창해 여러 사람을 선동하고 방을 붙이고 학업을 파한 자를 모두 조사하도록 하라. 만일 승복하지 않거든 고문을 해도 좋다."

—『세종실록』121권, 세종 30년(1448년) 7월 23일

임금은 분노하고 있었다. 그래도 피를 흘리는 극단의 상황은 막아야 했다. 도승지와 성균관 책임자가 나서 이번 공관 사태가 자신들의 불찰임을 아뢰고 유생과 학생의 등교를 권유하기로 했다.

최악의 결말은 막았지만 그래도 성균관 유생들은 공관을 풀지 않았다. 대소신료의 반대 상소도 쉽게 가라앉지 않았다. 하지만 세종 또한 완강했다. 왕위에서 물러날 수도 있다는 의사를 비치고, 거처를 넷째 아들인 임영대군의 집으로 옮기면서까지 불당 설립을 밀어붙였다. 그렇게 군주와 신하 간에 팽팽한 대결 기류가 한 달 가까이 계속되다 결국 임금의 의지가 관철됐다. 성균관 유생은 당시 영의정인 황희까지 나서고서야 동맹휴학을 풀었다. 황희가 유생들의 집까지 방문해 성균관에 나오도록 설득함으로써 '불당 설립과 성균관 공관 사태'는 일단락됐다.

이렇듯 성균관 유생은 예비 관료로서 국가정책에 간접적으로 참여하는 압력단체 구실을 하고 있었다. 조선시대에 성균관 유생이 일으킨 권당과 공관은 모두 90여 차례에 이른다. 이들은 유학 이념에 반하는 정책이나 부적절한 관리 임용, 불충과 반역 사태가 일어나면 이를 고발하고 성토할 자격을 가졌다. 성균관 유생은 자신들을 유학 이념을 수호하는 감시자로 자처했다. 이들은 학생 신분이지만 왕이나 대신들도 함부로 하지 못할 정도로 특별한 위상을 부여받고 있었다.

나라에서는 특혜를 내려 성균관 유생의 교육을 도왔다. 국정 운영에 필요한 인재를 국가 경비로 의도적으로 양성했다. 학비를 면제했고, 기숙사와 생필품을 제공했다. 월령의月令醫라는 의사를 파견해 건강을 돌보았다. 성균관에 소속된 노비를 두어 학업에 전념할 수 있도록 했다. 이는 개국 시에 태조가 즉위교서에서 밝힌 정국 운영 지침을 따른 것이었다.

조정과 민간의 대소신료와 한량, 기로耆老(연로하고 덕이 높은 사람), 군민에게 교지를 내렸다. "문무 두 과거科擧는 한 가지만 취하고 한 가지는 버릴 수 없다. 그러하니 중앙에는 국학에, 지방에는 향교에 생도를 더 두고 강학에 매진하게 하여 인재를 육성할 것이다."

—『태조실록』 1권, 태조 1년(1392년) 7월 28일

조선은 유학을 국시로 삼고 문치주의를 국정 운영 방식으로 내세웠다. 유학 지식과 교양을 갖춘 문인이 예와 덕을 바탕으로 하는 유학정치의 이념에 따라 나라를 다스린다는 통치 방식이었다. 이러한 문치주의는 교육이 전제되지 않으면 불가능했다. 지배층에게 어떤 교육을 어떻게 시키느냐에 문치주의의 성패가 달려 있었다. 조선 개국세력이 관학 교육을 통한 인재 양성을 강조한 것도 이를 감안한 결과였다.

유학 자체에 이미 교육의 의미가 깃들어 있었다. 유학에는 '교육'과 '정치'라는 두 속성이 함께 담겨 있다. 유학은 가르침敎과 배움學의 결합체라는 교육적 의미와 함께, 통치자가 백성에 대해 교화권을 행사할 수 있다는 정치적 의미를 동시에 포함한다.[1] 이런 점을 감안할 때 조선 사회에서 교육은 국가를 운영하기 위해 반드시 갖추어야 할 전제요건이자, 원활한 국정 운영을 위한 수단이기도 했다.

조선시대에 학교나 학생을 국가의 원기元氣라 표현한 까닭도 여기에 있었다. 천지만물이 자라는 원천이 되는 기운인 원기와 마찬가지로 교육이 나라를 이끌 인재를 기르고 이념을 바로세우는 근본 기운이라는 뜻이다. 장차 나라의 최고 인재가 될 성균관 유생을 나라의 원기라 하여 특별히 대우했는데, 국정 운영의 한 지표가 교육 중시라는 점을 감안하면 이는 당연한 조치였다.

임금이 명했다. "국학國學(성균관)은 내가 친히 제사하는 곳이라 제물과 물품을 갖추고 유생에게 음식을 내는 데 있어서도 어려움이 없다. 그렇지만 학전學田을 별도로 하사하면 유생들이 국가가 학교를 중히 여긴다고 마음 깊이 생각하여 모두 고무되어 더욱 힘을 다할 것이다." 이에 윤필상尹弼商이 의견을 올렸다. "국학은 풍속과 교화를 맡은 곳인데, 예로부터 훌륭한 제왕은 모두 이를 중히 여겨서 땅을 주어 후하게 길러 인재를 양성했습니다. 이로 미루어보건대 성상의 뜻이 그 이치에 합당하며 참으로 옳습니다."

—『성종실록』 172권, 성종 15년(1484년) 11월 26일

개국 초기부터 지방의 관학 진흥에도 힘을 쏟았다. 수령이 백성을 다스리는 데 있어 지켜야 할 기본 덕목이자 그 치적을 평가하는 기준으로 '학교흥學校興'을 두어 학교를 설립하고 교육에 힘쓰게 했다. 수령이 파견된 군현에는 반드시 관학인 향교를 설치하게 했으며, 향교에 학전이라는 토지를 지급하고 노비를 두어 학교 운영을 도왔다. 세종

14년인 1432년에 완성된 『세종실록지리지』는 당시의 향교를 이렇게 소개한다.

> 문묘文廟는 (경기도) 광주 북쪽에 있다. 나라에서 각 도의 주州·부府·군郡·현縣에 모두 문묘를 설치해 이를 향교라 부른다. 향교 생도의 인원수는 유수관留守官에는 50명, 목牧과 도호부都護府에는 40명, 군에는 30명, 현에는 15명으로 한다. 제전祭田과 학전, 노비를 차등해 지급한다. 도호부 이상은 모두 교수관教授官을 두고, 군과 현에는 교수관, 혹은 교도教導를 임명하며, 민호民戶가 500호 미만이면 학장學長을 두어 생도를 가르치게 한다.

조선은 학문을 익혀 과거라는 관료 선발시험을 통과한 이들이 각종 제도를 운영하는 관료제에 기반을 둔 사회였다. 따라서 개국 초부터 교육기관의 역할이 크고 중요할 수밖에 없었다. 교육기관은 통치에 필요한 인적자원을 배출하는 통로였으며, 지배 이념을 생산하고 전파하는 진원지였다.

지배세력은 통치의 구실로 내세운 이념과 현실의 물질적 이해를 보장해주는 갖가지 제도를 마련한다. 또한 이 제도를 제대로 운영하기 위해 특정 언행을 장려하거나 배척하는 사회적 규율이나 문화적 기준을 정립한다. 교육은 결국 규율과 기준을 확산시키고 받아들이게 하는 통로이자 수단이 된다. 이러한 교육은 지배층 내에서는 지배 이념에 대한 동의를 확인해 결속을 다지게 하고, 피지배층에겐 지배의 정당성을 주입시켜 효율적인 통치를 가능하게 하는 지배 전략의 하나인 셈이다. 조선 개국세력과 그 후예인 사림은 이를 분명하게 인지했고 성균관과 사부학당, 향교 등의 교육기관을 설치해 지배 이념을 확산시키고 국가에 적합한 인재를 양성해나갔다. 조선의 사족 자제는 교육을 통해 지배신분인 양반으로 성장했고 지배세력으로서의 면모와 권위를 갖추어나갔다. 조선의 지배층인 양반과 사림은 만들어지고 있었던 것이다.

❖서원의 탄생

때는 현종 8년인 1667년, 전국 각지에서 용인의 충렬서원忠烈書院으로 물품이 속속 도착했다. 경상좌우병사, 광주부윤, 함경감사 등 전국의 지방관이 충렬서원 중건 비용을 지원하며 보내는 물품들이었다. 모두 99개 처의 지방관이 성의를 보였다. 품목과 수량 또한 예상을 웃돌았다. 쌀·소금·누룩과 같은 식량에서 무명베·무쇠·종이·표범가죽에 이르기까지 종류도 다양했다. 현금으로 바꾸기 쉬운 무명이 가장 많았다. 최상급 무명인 정목正木이 4동 42필, 중간 등급인 중목中木이 1동 36필, 하급인 상목常木이 2동 11필이었다. 무쇠가 125근, 상급 종이가 46권, 쌀이 25석에 달했다.[2]

충렬서원은 선조 때인 1576년에 정몽주의 학문과 충절을 기리기 위해 설립됐다. 광해군이 즉위한 이듬해인 1609년에 사액서원賜額書院으로 지정돼 왕으로부터 편액과 서적, 토지, 노비를 하사받았다. 중건을 추진하던 17세기 중반 무렵엔 경기 지역의 대표적인 서인西人 계열 서원으로 자리 잡으며 영향력을 키워가고 있었다. 서원 중건 비용에 보태라며 보낸 다양한 물품은 이즈음 충렬서원의 드높은 위세를 말해주었다.

중건 당시의 임원진 구성도 충렬서원의 영향력을 짐작하게 한다. 최고 책임자인 원장院長은 좌의정인 홍명하와 영부사領府事인 이경상이 맡고 있었다. 중건 작업을 원활하게 추진하기 위해 용인 현령인 이신하까지 원장으로 임명해놓았다. 사무를 맡아보는 소임所任 분야에는 특별히, 한양에 거주하는 경유사京有司까지 두었는데, 스무 명에 이르는 이들 경유사에는 사실상 당시의 정계를 이끌던 인물들이 망라돼 있었다. 참판인 유철과 조복양, 대사간 직책을 맡고 있는 조한영, 참의 이정년, 수찬 김석주, 감사 민유중 등이었다. 지방의 한 서원을 수리하는 데 마치 한 나라의 핵심 관료 대부분이 발 벗고 나선 모양새였다. 이런 정치적 영향력을 배경으로 충렬서원 중건은 순조롭게 진행됐다. 서인 세력은 이 서원 개축을 계기로 결속을 다지고 세를 과시하면서 당파의 지배력을 강화시켜나갔다.

이 무렵 서원은 조선 초기에 관학이 했던 역할을 대체하며 확고한 위상을 차지하고 있었다. 서원에는 양반 자제들이 학업에 전념할 수 있는 강학공간인 서재書齋를 두었고, 선현先賢과 향현鄕賢의 신주를 모셔두고 제향하는 사우祠宇를 함께 갖추었다. 제향과 강학을 앞세운 서원은 사림 문화와 사회활동의 중심지 역할을 다했다. 서원은 향촌의 고급 인재들이 출입하는 교류와 모임의 공간으로 정치세력화의 근거지였다. 강론과 학술경연, 토론이 벌어지는 학문의 전당이었다. 학문 탐구와 사상 연구의 중심이 되어 유학의 이해와 지평을 넓혔다. 서적이 출판되고 보급되었으며 정보와 지식이 교환됐다. 제례를 비롯해 생활 의례와 강학의례를 행하는 예의 장소이기도 했다. 자기수양과 학업부터 유학의 가치 구현까지, 서원은 바야흐로 사림사회의 거점으로 거듭나고 있었다.

조선의 서원은 1543년에 경상도 영주에 세운 백운동서원에서 출발했다. 당시 지방관을 지낸 주세붕周世鵬(1495~1554)이 고려 후기에 성리학을 도입한 안향安珦(1243~1306)을 기리는 사당을 설치하고 사림 자제를 교육하는 강학처를 마련했다. 1592년의 임진전쟁 이후엔 관학이 급격히 쇠퇴하면서 서원이 교육기관이자 제향공간으로 확고히 자리를 잡아나갔다. 서원은 한 세기만에 크게 증가해 효종(재위 1649~1659) 즉위 시기엔 150여 개소에 이른다.

충청감사 서필원徐必遠이 임금에게 보고했다. "서원의 형편이나 그 도리는 향교에 버금갑니다. 그런데 근래 조정에 금하는 규칙이 없고 선비들에게 정론定論이 없음을 틈타 자기들 욕심대로 서원을 설립하면서 또한 거리낌이 없습니다. 서원으로 삼기에 부족한데도 이를 향현사鄕賢祠라 부르면서 기어이 설립하고 맙니다. 다른 이들도 이를 따르니, 서원이 점점 번성하고 있습니다."

　　　　　　　　　　　　　　　　—『효종실록』18권, 효종 8년(1657년) 6월 21일

효종 이후에도 서원은 계속 늘어나 18세기엔 수백 개소에 달했다. 조선 후기의 서원 규모는 400여 개소에서 1000여 개소에 이르기까지 정확하게 파악되지 않는데, 이는 제향공간인 사우祠宇와의 구별이 분명하지 않기 때문이다. 서원과 사우, 사당 등의 여러 명칭을 모두 헤아려서 1000여 소에 이른다는 통계가 있으며, 이보다 700여 개소가 많은 1700여 개소로 파악하는 연구결과도 있다.

사학私學 교육기관에 해당하는 서원의 등장과 발전은 관학의 쇠퇴와 맞물려 있었다. 15세기 후반기에 관학에 대한 국가 지원이 줄어들고 교관을 한직으로 여기는 풍조가 확산되면서 관학은 점차 그 위상을 잃어갔다. 이후 향교에 등록하는 평민 자제까지 늘어나면서 사림은 더욱 향교를 꺼리게 된다.

충청감사 서필원이 임금에게 보고했다. "향교와 서원은 그 비중이 다릅니다. 그런데 시골에 사는 선비 중에 사족으로 불리는 자는 재주와 식견이 조금만 있으면 서원에 적을 두고 원유院儒라고 부르면서 향교를 마치 주막같이 보며 향교 학생을 노예처럼 대우합니다. 이로써 옛 성현에게 제례 드리는 곳을 잡초가 무성하게 하고 국가가 문文을 숭상하는 뜻을 헛되게 하고 말았습니다."

―『효종실록』 18권, 효종 8년(1657년) 6월 21일

신분 구별이 겉으로 분명하게 드러나고, 그러면서도 자신들만의 특권이 보장되는 새로운 교육기관이 필요했고, 서원은 조선 지배층의 이

런 욕구를 충족시켜주었다. 사림은 유학적 차등의식을 서원 운영에도 그대로 반영시켜나갔다.

서원의 발전은 사림의 세력 확장에도 힘입은 바 컸다. 사림은 유향소나 향약 등의 향촌자치조직을 통해 향촌사회에서 세력 기반을 넓혔다. 서원 또한 이런 향촌자치조직의 하나로 운영된 측면이 강했다. 관학은 처음부터 중앙집권적 관료제와 연결돼 운영되었기에 향촌사림의 사회적 입지를 위협할 수밖에 없었다. 사림은 자치교육기구인 서원을 설립해 향촌사회에서의 독자적인 역량을 강화하고자 했다. 학칙과 교과 내용뿐 아니라 서원 운영까지 자율적으로 수행해나갔다.

사림은 서원을 통해 향촌 주민을 교화하며 사회적 영향력을 넓혀갔다. 유명 학자나 인물을 서원의 사당에 모심으로써 충, 효, 의의 가치를 확산시켰다. 사림 입장에서 보면 관직 진출의 도구로 전락한 관학은 수기와 교화라는 성리학적 교육 방식에 적합한 교육기관이 아니었다.

서원은 사화 이후 사림이 택한 유교화 전략과도 관련이 깊다. 사림은 15세기 말에서 16세기 전반에 일어난 사화를 겪은 이후 학문을 연구하며 유학가치를 확산시키는 데 더욱 주력하게 된다. 이 과정에서 서원이 사림의 교육장으로 부상했고 사림 지배질서를 관철하기 위한 학문적 근거지로 자리를 잡았다. 서원은 사림을 다른 신분층과 구별시켜주는 문화적 징표가 되었으며, 사림은 서원이라는 공간을 매개로 활동의 폭을 더욱 넓혀나갔다.

❖서원과 사림 지배체제

서원은 사림 지배집단의 소통과 결집을 이끄는 사회적 공간이었다. 서원에서의 여러 활동이 자파 세력이나 문중의 결속력을 높이고 향촌사회에 대한 이들의 지배력을 확대하는 수단이 되었다. 서원 건립 자체가 당파나 문중의 영향력 확대를 위한 방안이 되기도 했다. 1823년에 안동 지역에 설립된 도연서원陶淵書院이 그 한 사례다.

도연서원 공사가 끝나자 의성 김씨 가문의 조상인 김시온金是榅 (1598~1669)을 모시는 제례가 그 어떤 의례보다 성대하게 진행됐다.[3] 김시온은 병자호란 이후 관직 진출을 포기하고 명나라에 대한 절의를 지켰다 하여 널리 칭송받아온 학자였다. 이날의 의례는 김시온의 신주를 사당에 받들어 모시는 봉안제였다. 의성 김씨 문중에서는 이날의 봉안제를 위해 재력과 인력을 총동원했다. 봉안제에 참여할 사람을 맞이하기 위해 임시가옥을 20개소나 설치했다. 식사를 위한 음식 비용만도 900냥을 썼다. 이날 의례에 문중의 위세를 모두 총동원해 드러내 보였다 해도 과언이 아니었다. 서원 봉안제는 성공적이었다. 방명록에 실린 인물만도 1800여 명에 이를 정도로 많은 사람이 참석했다. 도연서원 봉안제는 실로 경상도 사림 전체의 관심사였다.

그런데 풍산 류씨 문중은 이날 행사에서 소외돼 있었다. 의성 김씨와 풍산 류씨 가문을 대표하는 두 인물의 서열 문제로 이들 가문이 갈등을 겪고 있었기 때문이다. 두 가문을 대표하는 김성일金誠一(1538~ 1593)과 류성룡柳成龍(1542~1607)은 모두 안동 출신이자 이황의 수제자였다. 1620년, 이황을 모신 서원에 이 두 인물을 함께 배향하면서 누구의 위패를 윗자리에 모시느냐를 두고 가문 간에 다툼이 일어났다. 위패 놓는 순서를 정하는 위차位次는 학통의 정통을 누가 계승하느냐 하는 매우 중대한 사안이었다. 이후 한 치의 양보 없이 서로가 우선이라는 두 가문의 주장이 팽팽히 맞섰다.

한편, 의성 김씨 가문에서는 이황 이후 김성일 계열의 학통을 정통으로 계승한 인물을 김시온으로 보고 이를 배향하는 데도 힘을 쏟았다. 숙종 대인 18세기 초에 처음 배향 논의가 있었지만 우여곡절을 겪으면서도 쉽게 성사되지 않다가 마침내 이날 봉안례를 치르게 된 것이다. 의성 김씨 가문에서는 조상의 봉안례라는 서원의례를 통해 가문의 위세와 학맥의 정통성을 사림사회에 펼쳐 보이고 200년 넘게 이어진 김성일과 류성룡의 위차 논쟁에서 우위를 점하고자 했던 것이다.

서원의 의례 수행은 향촌사회에 대한 지배력을 높이는 지극히 정치적인 과정이었다. 서원의례의 규모에 따라 문중 간에 우열이 정해질 정도였으니, 서원 운영이 한 가문의 사회적 명망 정도를 결정하는 문화자원이 된 것이다. 조선 후기에 문중이 주도해 설립하고 운영하는 서원이 크게 증가하면서 서원의 이러한 역할은 더욱 심화됐다. 이와 함께 가문의 권위를 높이기 위해 조상을 무리하게 배향하는 풍조가 크게 일었다. 몇몇 가문이 서로의 조상을 떠받들어주며 결탁하는 일도 심심찮게 일어났다.

충청감사 서필원이 임금에게 보고했다. "그들이 높이어 받드는 사람은 한결같이 공론公論을 따르지 못합니다. 자손이 자기 선조를 사적으로 위하거나 혹은 자기에게 이득이 되는 자에게 아부하여 지나치게 추존하기 때문에 서원을 설립할 즈음엔 논의가 일치하지 않습니다. 이로써 서로 싸우다가 결국은 선대先代의 숨겨진 허물까지 모두 들추어내기까지 합니다. 이는 아침에는 취향이 같다가 저녁에는 원수가 되는 셈이니, 풍속을 해침이 이보다 더 심한 것은 없습니다."

—『효종실록』 18권, 효종 8년(1657년) 6월 21일

세대가 지날수록 서원 운영은 처음의 이상과는 다른 방향으로 흘러가고 있었다. 선현을 모셔 교육의 사표師表로 삼고, 향촌 주민에게도 선현을 숭상하는 풍조를 심어 백성을 널리 교화하겠다는 배향의 목적은 구실에 그치는 경우가 많아졌다. 집안의 세를 높이고 과시하고자 하는 가문이 많아지면서 서원은 급속도로 늘어났고, 가문이나 학파 간 세력 갈등도 깊어졌다. 대립으로 인한 긴장과 적대감이 조선사회와 사림 계층에 깊게 뿌리내렸다.

이런 배경에서 서원 운영은 당쟁과 손쉽게 연결됐다. 각 당파는 세력과 지지 기반을 넓히기 위해 서원 설립을 남발했다. 자격을 갖추지 못한 인물을 모시는 서원이 늘어났으며, 다른 당파가 세운 서원을 폐쇄하기도 했다. 나라의 원기라던 서원이 당쟁에 휩쓸려 들어 국운의 쇠락을 재촉하는 모양새였다. 서원은 격렬한 정치투쟁의 장으로 변모했다.

당파 간 대립이 극심했던 17세기 후반에 극단의 부침을 보였던 자산

서원紫山書院이 이를 대변한다. 자산서원은 16세기 후반기에 호남 사림을 이끈 정개청鄭介淸(1529~1590)을 배향하는 서원이었다. 정개청은 선조 때인 1589년에 일어난 '정여립 모반사건'에 연루돼 희생됐는데, 광해군 시기에 그의 문인들이 신원운동을 전개해 1616년에 서원을 건립했다. 하지만 이후 자산서원은 집권 정권에 따라 훼손과 복원을 수차례 반복하는 기구한 운명을 맞는다.

조정회의에서 허목許穆이 아뢰었다. "송준길이 '정철은 선인先人이 말한 바를 근본으로 삼아 일을 밝히는 사람'이라며 임금을 속여 정개청을 배향한 사당을 철거하도록 했습니다. 이에 분개하고 한탄하지 않는 사람이 없었습니다. 이번에 또 상소를 올려 다시 세우게 해주기를 청하니 마땅히 윤허해야 할 것입니다." 이에 임금이 다시 세우게 하라며 청을 윤허했다.

—『숙종실록』 6권, 숙종 3년(1677년) 5월 21일

자산서원은 1657년(효종 8년)에 서인 세력에 의해 처음 훼손당한 이래 남인이 집권하면 복원되고 서인이 집권하면 다시 훼손당하는 운명에 처한다. 1868년에 단행된 흥선대원군의 서원 철폐령에 이르기까지 복원과 훼손을 무려 다섯 차례나 반복했다.

서원은 향촌사회에서 막대한 영향력을 행사하는 경제 주체이기도 했다. 서원은 자체적으로 보유한 토지와 노비를 두고 강학과 제례에 필요한 경비를 충당했다. 서원전書院田은 대개 사림이나 배향된 인물의

후손이 기부하는 재력으로 마련했다. 임금이 편액을 내려 공인하는 사액서원은 나라에서 토지와 노비를 지급했다. 사액서원에 딸린 토지는 면세 혜택을 받았다. 사액서원이 아닌 일반 서원의 경우는 법제상으로는 면세 특권이 인정되지 않았지만 실제로는 조세를 부담하지 않는 경우가 많았다. 비교적 넓은 토지를 보유한 서원은 이러한 특권에 힘입어 인근 농민에 대한 지배력을 강화할 수 있었다.

서원은 권세를 내세워 공공연하게 잡부금을 모으기도 했다. 예를 들면, '서원에 제수 비용이 필요하니 얼마를 바치라'는 내용을 담은 문서를 발송해 돈이나 물품을 징수했다. 문서에 서원의 도장을 찍었다고 해서 이를 묵패墨牌라고 했다. 이 묵패는 대개 서원에서 강상을 바로잡는다는 이유로 주민을 호출하여 사사로운 형벌을 가하고 금품을 갈취하는 수단으로 사용됐다. 송시열을 배향하는 충청도 괴산의 화양서원華陽書院은 그 정도가 심해 아예 화양묵패華陽墨牌라는 명칭을 얻기도 했다. 화양서원의 유생들은 전라도 지역까지 진출해 건물을 수리한다는 명목으로 재물을 거둘 정도였다.

행부호군行副護軍 임헌회任憲晦가 상소를 올렸다. "신이 덧붙여 여쭐 일이 있습니다. 화양서원에 속한 유생들이 존엄한 자리라는 점을 빙자해 백성을 침탈하는 등 그 폐단이 갈수록 심해 식자들이 걱정하며 탄식해온 지가 이미 오래되었습니다. 이것은 죄가 화양서원 유생에게 있는 것입니다만, 조정에서도 엄히 단속하여 금지시키지 않으면 안 될 듯합니다."

―『고종실록』 2권, 고종 2년(1865년) 윤5월 2일

세력 있는 서원에서는 양반이나 부호, 심지어는 관원에게까지 묵패를 발부해 돈을 징수했다. 묵패 발행은 서원이 '국가가 가진 조세권'을 강탈해 대신 행사하는 격이었으며, 이는 공권력을 침탈하는 행위였다. 하지만 서원이 중앙의 붕당세력과 깊이 결탁되어 있었던 만큼 지방관은 서원을 결코 만만히 상대할 수 없었다.

또한 서원은 재물을 불리어 이를 운영비용으로 충당했다. 향촌 주민에게 돈을 빌려주고 그 이자를 취해 재산을 늘려나가는 식리殖利는 당시 서원과 서당 등 사학기관의 관행으로 자리 잡고 있었다. 쉽게 말해 향촌 교화기구인 서원에서 이자놀이를 한 것이다. 조선시대의 노비 매매문서인 자매문기自賣文記에는 서원에 진 빚을 갚기 위해 아버지가 어린 두 딸을 서원의 노비로 넘기는 사례가 나온다. 살아갈 방도가 없어 겨우 여덟 냥의 돈을 받고 서원의 노비로 들어가는 농민의 이야기도 전해온다.

군역을 피하기 위해 서원노비를 자청하는 상민도 있었다. 군포를 납부하지 못할 정도로 가난한 농민이 노비가 되어 군역을 면제받고자 한 것이다. 단지 군역을 피하기 위해 서원을 찾는 평민도 있었다.

여러 신하들이 임금에게 정사政事에 관한 의견을 올렸다. 예조 정랑正郎 이복휴李福休가 아뢰었다. "서원은 곧 학문을 장려하는 곳인데도 요즈음에는 선비들이 학문을 갈고닦기보다는 한갓 잡인들이 먹고 마시는 곳이 되고 말았습니다. 서원에 의탁하여 군역을 기피하는 자가 서원마다 거의 100명이나 되고 있어 고을에서 군정軍丁의 수를 채우기가 매우 힘듭니다."

—『정조실록』 38권, 정조 17년(1793년) 10월 1일

서원에서는 상민을 서원에 소속된 노비나 서원촌의 주민으로 받아들이고 그 대가로 돈을 거두었다. 서원에는 청소와 경비, 제사음식 마련 등 잡일을 하는 주민이 필요했는데, 이들이 거주하는 곳을 서원촌이라 했다. 음식점과 숙박시설을 두고 영리 행위를 하는 서원촌도 있었다. 서원촌은 세금 면제와 군역 회피로 국정을 어지럽혔으며 향촌 주민에 대해서도 적지 않은 피해를 입혔다. 화양서원 서원촌인 복주촌 福酒村의 경우, 19세기 중반에 그 폐단이 극에 달해 영구 철폐라는 극단의 조치를 내려야 할 정도였다.

서원은 강학과 제례 기능을 맡은 교육기관에 그치지 않았다. 토지와 노비를 보유하며 향촌사회에 권력을 행사했고, 세금과 군역 문제를 아우르는 경제단위의 주체로 국정 운영에도 상당한 영향을 미쳤다. 서원은 이러한 사회경제적 배경을 바탕으로 향촌지배기구로서의 역할을 다하며 사림지배체제의 존속에 일조했다.

❖정치 기구로서의 교육기관 ┃ 서원

선조 9년인 1576년 4월 초순, 임금 앞으로 서원 사액을 청하는 문서가 올라왔다.

경상감사가 임금에게 문서를 올렸다. 고故 처사處士 조식曺植이 평소 학문을 닦던 곳에 서원을 세우는데, 도산陶山의 예에 따라 사액하여줄 것을 청하는 내용이었다.

—『선조실록』 10권, 선조 9년(1576년) 4월 9일

조식(1501~1572)은 이황(1501~1570)과 더불어 영남 유학계를 이끌던 사림의 거두였다. 출사하지 않고 처사로 지내면서 국정을 비판하고 후학 양성에 매진한 학자였다. 그 조식을 배향하는 서원을 경상도 산음(산청)에 건립하면서 도산서원의 예에 준해 사액을 내려달라는 청원을 올린 것이다. 이황을 모신 안동의 도산서원은 1년 전에 사액서원으로 지정을 받은 터였다.

그런데 선조는 조식을 기리는 서원의 사액을 거부한다. 거부 연유에 대한 분명한 기록은 전하지 않지만 생존 당시 조식과 이황의 학문적 갈등이 한 요인이 됐을 것으로 추정한다. 당시 조정에는 사액을 강하게 밀어붙일 권세 있는 조식의 제자가 없는 상태였다. 결국 조식을 모신 서원은 광해군 1년인 1609년에야 사액서원으로 지정된다. 이 시기엔 조식 문하에서 수학했던 인물이 조정의 핵심세력으로 진출해 있었다.

임금은 즉위 초기에 사액이라는 혜택을 내림으로써 군주로서의 권위를 과시할 수 있었다. 신하의 청을 들어줌으로써 지지세력을 확보하고 즉위 초의 불안한 권력 기반을 다지는 효과도 있었다. 사액 결정은 정치적 지지에 대한 대가였던 셈이다. 사액을 추진한 조정 관료들은 자신들의 정치 기반이 되는 서원의 경제적 토대와 권위를 강화할 수

있었다. 서원에 출입하는 유생이나 배향자의 후손은 사회생활에 필요한 든든한 배경을 얻게 됐다.

서원 사액은 토지와 노비를 지급받는다는 경제적 이득 이상의 의미가 있었다. 사액서원 지정은 해당 서원에 속한 사림이 유교 이념을 실천하고 있음을 공인하는 절차로, 그 서원의 권위와 위상을 확고한 반석 위에 올려놓았다. 유학 이념과 도덕 가치의 구현, 사회적 권위와 정치력 획득. 서원은 사림이 이 두 가지를 모두 가질 수 있게 하는 가장 적절한 통로이자 수단이었다. 서원 운영을 통해 사림은 도덕적 품위를 갖추었고 동시에 사회적 영향력을 휘둘렀다. 그 '도덕의 후광'이 워낙 강해 서원 사림 세력이 행사하는 '권력의 그늘'이 종종 잊히곤 했지만 말이다.

각 당파는 자파 서원의 사액을 받아내기 위해 온 힘을 기울였다. 당파의 부침이 심했던 숙종(재위 1674~1720) 시기의 경우, 재위 46년 동안 약 150개소의 서원이 건립되고, 이 중에서 100여 개소의 서원이 사액되었다. 대부분의 사액서원은 서원세력이 속한 당파의 특권과 가문집단의 이익을 확장하려는 의도가 반영된 결과였다.

숙종 재위 전반기는 서인과 남인 두 당파 세력이 번갈아 정국을 장악하던 이른바 환국정치의 시기였다. 숙종 재위 20년인 1694년엔 남인이 밀려나면서 서인이 정권을 잡는다. 이와 함께 서인의 영수였던 송시열을 기리는 서원 건립과 사액 요청이 한꺼번에 밀려든다. 송시열은 당쟁의 와중에 유배에 처해졌다가 1689년에 사약을 받은 터였다.

충청도 유생 윤채尹寀 등이 송시열을 회덕의 숭현서원崇賢書院, 옥천의 창주서원滄洲書院, 보은의 상현서원象賢書院 등에 배향하기를 청하니, 임금이 해조該曹에다 품처하도록 명했다.

—『숙종실록』 27권, 숙종 20년(1694년) 8월 6일

서원은 국가로부터 물질적 지원을 받고 군주로부터 사액을 받기도 했기 때문에 군주와 중앙정계의 간섭을 어느 정도 감수할 수밖에 없었다. 하지만 서원 역시 중앙정치계에 일정한 영향력을 행사했다. 서원에 속한 사림은 왕권과 중앙권력을 후원하거나 비판함으로써 정치에 참여했다.

서원의 정치 참여는 주로 공론公論을 통해 이뤄졌다. 사림은 국가정책이나 나랏일에 관계된 사안이 생기면 통문通文을 돌려 공론을 형성했다. 각 서원이 소속 사림의 의견을 구하고, 이를 다시 한데 모아 해당 지역 사림의 전체 의견으로 결집시켰다. 이는 여론을 조성하고 특정 관심사에 공공의 성격을 부여하는 과정이기도 했다.

하지만 조선시대의 공론정치는 양반 지배층만의 여론수렴정치였다. 대체로 공론에서 말하는 공公이란 사적 이해를 넘어 공평한 기준과 관점에 따라 더 많은 사람의 이익을 지향하는 상태나 원리로 이해된다.[4] 그런데 이때 적용하는 '공평한 기준과 관점' 자체에 이미 '지배집단의 이익'이라는 차별적 혜택이 포함돼 있었다. 말하자면 '현실에서의 양반과 상민 간의 불공평하고 불평등한 상태' 그 자체가 '공평한 기준과 관점'이었던 것이다. 이런 인식 아래, 사림은 여타 계층의 의사를 배제시

키면서도 그들의 논의를 공론이라 내세울 수 있었다.

통문이 돌려지는 범위는 작게는 읍 단위에서 크게는 도 단위에 이르렀다. 참가하는 사람은 사안에 따라 수십 명에서 수백 명에 달했다. 때로는 대규모 집단상소를 올리기도 했다. 1881년, 영남 지역에 거주하는 유생 1만여 명이 연명해 왕에게 올린 영남만인소嶺南萬人疏가 대표적인 경우다. 영남 유생들은 집단상소를 통해 조정의 개화정책을 규탄하고 위정척사를 기치로 내세웠다.

경상도 유생 이만손李晩孫을 필두로 1만 명이 연명해 상소를 올렸다. 요지는 이러했다. "온 나라에 포고해서 백성들로 하여금 전하의 뜻이 무엇인가를 알게 하옵소서. 주공과 공자, 정자와 주자의 가르침을 더욱 밝혀 사람들이 모두 임금을 위하여 죽을 각오를 가지게 하며 백성의 마음으로 성城을 삼아서 더럽고 요사스런 무리들이 간계를 부릴 여지가 없게 한다면 우리나라의 예절 있는 풍속을 장차 만대에 자랑하게 될 것입니다."

—『고종실록』 18권, 고종 18년(1881년) 2월 26일

사림은 합일된 여론을 집단상소라는 방식으로 직접 표출하기도 했지만 형성된 공론을 중앙정계에 전달해 사안을 처리하기도 했다. 서원은 향촌사림의 공론을 당파나 학맥으로 연결된 중앙의 관료에게 전달하는 역할을 맡았다. 경우에 따라서는 성균관이 향촌사림의 공론이 집결되는 수렴처가 되기도 했다. 성균관에서 과거를 준비하는 지방 출신

의 유생이 향촌사림과 서원을 연결해주는 역할을 했기 때문이다.

서원은 향촌사회와 중앙정계를 연결하는 고리이자 제도적 창구였다. 관료로 진출하지 않은 사림이나 아직 학업에 정진하는 유생은 서원에 출입하면서 공론 형성에 참가하고 이로써 중앙정치에도 간여했다. 유생은 서원을 중심으로 이뤄지는 공론 결집을 통해 정치의식을 키워갔으며, 서원은 향촌사림을 대상으로 한 정치교육의 마당이 되었다. 서원은 일종의 재야 정치기구였다.

중앙권력자들도 사림의 공론이 뒷받침되지 않을 때는 권력 행사에 대한 정당성을 획득하기가 쉽지 않았다. 이런 정치 지형에서 서원은 그 수를 늘리며 영향력을 키워나갔다. 서원은 인적 관계망의 중심지였고, 때로는 정치권력의 승패를 좌우하는 정치적 토대가 됐다.

이제 서원 또한 권모술수와 권력암투의 그늘을 피해갈 수 없었다. 특정 집단의 사익을 채우는 사안이 공론이라는 이름으로 대의명분을 얻는 경우가 많았다. 정적을 공격하거나 상대 당파를 몰아세우기 위해 학맥과 인맥으로 얽힌 향촌사림을 동원하고, 이를 공론이라는 명분으로 포장하기도 했다. 자파나 자기 문중의 뜻만이 공명정대하고 고상하다 여기며 상대를 비하하고 헐뜯었다. 하지만 그 실상은, 사림사회의 현실은 청담淸談을 빙자한 이익 채우기였다. 지배층 내의 세력 간 이해와 이익 관철이라는 조선사회의 냉혹한 현실 한복판에 이들의 의사가 결집되고 재생산되는 서원이라는 커뮤니케이션의 장이 놓여 있었다.

❖주민 지배기구로서의 교육기관 | 서당

조선에 대한 서구열강의 교만과 야욕이 도를 더해가던 19세기 말, 러시아도 조선에 대한 본격적인 조사 작업에 들어갔다. 1896년을 전후한 5개월 동안 전국을 탐사하며 지리와 기후에서 산업과 생업, 혼례와 장례 풍속에 이르기까지 조선에 대한 다방면의 사실을 살피고 기록했다. 러시아 육군참모본부 소속 장교들로 구성된 이들 조사단은 한 고을의 주민과 가축 수의 끝자리까지 기록할 정도로 치밀함을 보였는데, 농촌 마을의 교육현장에 대한 생생한 기록까지 남겼다.

> 조선은 문맹률이 낮았다. 마을마다 서당이 있으며 읽고 쓰지 못하는 조선인은 드물었다. 우리는 밤마다 종종 되는대로 아무데나 앉은 많은 아이들로 입추의 여지가 없는 어둑어둑한 농가의 방에서 이상하고 단조로운 두세 개 음의 가락이 퍼져나오는 광경을 볼 수 있었다. 수업이 진행되고 있었던 것이다.
>
> ─카르네프 외, 『내가 본 조선, 조선인』

서당은 면이나 동·리를 단위로 설립한 초중등 단계의 사설교육기관이었다. 1900년을 전후한 시기에 선교사이자 교육자로 활동한 언더우드Horace Grant Underwood(1859~1916)도 조선에는 "학교가 없는 마을이 존재하지 않는다"고 기록해놓았다. 일본은 조선에 전국 동·리 수와 거의 같은 3만 개소에 가까운 향촌서당이 있다고 파악했다.

조선사회의 이런 교육 열기는 당시 세계의 실상을 감안하면 놀라운 데가 있었다. 19세기 러시아의 문맹률은 95퍼센트에 달했다. 이 시기에 가장 앞선 선진국이었던 영국과 프랑스, 독일마저도 1850년대에 문맹률이 약 50퍼센트에 이르렀다. 이들 열강은 19세기 후반 들어 문맹 퇴치에 주력해 15퍼센트대로 문맹률을 낮출 수 있었다. 조선 지배층의 경우, 나라가 망하기 직전까지 자신들이 이룬 '교육 진흥'에 대해서는 상당한 자부심을 가지고 있었다.

이 땅에 학교가 존재한 지는 매우 오래되었다. 여기서 신라와 고려의 경우를 상세히 기술할 여유는 없으나, 확실한 것은 우리 조선왕조보다 학교제도가 번성한 시대는 없었다는 사실이다.

—「학교고學校考」『증보문헌비고增補文獻備考』

조선 후기의 교육기관 확대는 서당의 보급에 크게 힘입었다. 서당 설립은 16세기 들어 본격화되었는데, 이 시기는 주로 부유하고 명망 있는 사족 가문이 서당을 설립하고 운영했다. 의성 김씨의 김성일 가문이 안동에서 운영한 부암서당과 금곡서당이 대표적이다. 이황도 도산서당을 설립해 후학을 가르쳤다. 향촌사회 교화의 책임을 맡은 수령이 서당 설립을 주도하기도 했다. 이 시기엔 대부분 양반 자제를 대상으로 서당을 운영했다.

17세기 들어 서당은 크게 늘어난다. 향촌사림과 수령의 협조로 서당 설립이 추진되고, 향촌사회에 연고가 있는 중앙의 관료가 서당 설립이나 증축을 지원하기도 했다. 고을마다 서당이 설립되면서 서당이 서원과 함께 교육과 교화의 본원으로 자리를 잡아갔다.

18세기엔 동족부락을 중심으로 한 문중서당이 대거 등장한다. 한양 조씨 문중이 세운 영양의 월록서당이 대표적이다. 문중서당은 교육만이 아니라 혈족 간의 유대를 강화하고 향촌사회에서의 영향력을 강화하려는 씨족집단의 의도가 반영된 서당이었다. 한편 이 시기엔 평민층이 운영하는 서당이 등장해 교육 대상이 확대됐다. 평민 자제를 대상으로 한 교재가 본격적으로 선보이고 직업훈장이 등장하는 등 서당교육에 큰 변화가 나타났다.

조선 후기 들어서도 지배층에게 평민은 여전히 교화의 대상이었다. 지배층은 향촌교화의 차원에서 평민층을 어느 정도 교육시키지 않을 수 없었다. 평민층 내에서도 교육을 받으려는 의지가 점차 강해지고 있었다. 교육을 매개로 신분을 상승시키려는 이 같은 평민층의 욕구와 지배층의 교화정책이 만나 서당이 크게 증가했다. 하지만 이는 남녀차별과 신분차등이라는 분명한 한계를 가진 성과였다. 여성은 제도교육으로부터 제외돼 있었고, 천민은 아예 교육과 무관한 계층이었다. 평민은 서당과 향교 등의 제도교육에 다가갈 수 있었지만 실제로 양질의 교육 혜택을 누리기에는 현실적인 제약이 한둘이 아니었다.

서당 교육의 목표는 유교적 가치관을 습득하는 데 있었다. 유교 가치에 따라 사고하고 행위하는 인간을 형성하는 데 주안점을 두었다. 이에 따라 유교 가치관의 행위규범인 유교의례가 학교뿐 아니라 일상생활에서도 크게 중시됐다. 유교의례는 위계질서와 명분에 의한 차등을 강조해 결국은 신분 차별과 그에 따른 사회질서를 유지하는 교육 수단으로 작용했다. 조선 지배층은 성리학 이념을 주입하려는 교화정책의 방향에서 서당 설립과 운영을 주도했던 것이다.

자연히 교육 방식은 암기에 치중했고, 교육 내용의 대상이나 모범은 유학이 이상세계로 설정한 상고시대에 머물기 마련이었다. 19세기 말 조선을 찾은 비숍은 이러한 점을 예리하게 지적했다.

흔히 서당에서 학생들은 방바닥에 앉아 그들 앞에 한문책을 펴놓고 몸을 좌우와 앞뒤로 흔들면서 아침부터 저녁까지 중국의 고전에서 선정된 과목을 가장 크고 가장 시끄러운 소리로 읽고 암송한다. 조선의 교육은 한자를 쓰고 중국 현인들의 교훈과 신화적 역사를 감수성이 예민한 그들의 기억 속에 심어준다. (…) 교육적 수련은 조선 사람들의 야망찬 목표인 공직을 얻기 위한 단계로 간주되었다. 이러한 교육은 사고력을 발전시키거나 그가 살고 있는 세계를 이해하도록 하지는 못했다.

—이사벨라 버드 비숍, 『조선과 그 이웃나라들』

미국인 선교사로 19세기 말에 조선에서 활동한 대니얼 기퍼드Daniel L. Gifford(1861~1900) 또한 조선의 교육이 가진 한계를 놓치지 않았다.

교육받은 평균적인 조선인을 뜯어보자. 그는 모종의 지적인 총명함과 세련됨을 지니고 있다. 그의 기억력은 특히 잘 훈련되어 있다. (…) 그의 눈은 과거, 특히 중국의 과거에 고정되어 있다. 그는 고대로부터 내려온 전통과 관습의 노예다. 그의 사고는 폭이 넓지도 독창적이지도 않다.

—대니얼 기퍼드, 『조선의 풍속과 선교』

서당 교육이 예로부터 전해 내려와 경서經書 속에 굳어진 유학 지식을 암기하는 데 치중하고 있다는 신랄한 지적이다. 교육의 궁극적인 목적이 현실을 바라보게 하고 이 현실을 인간이나 사회적 관점에서 재해석시키려는 것이 아니라, 있는 현실을 그대로 받아들이도록 하는 데 있다는 말이기도 했다. 서당은 경전의 한 글자 한 글자를 알게 하는 가르침의 공간인 동시에 기존 사회질서가 정당하다는 믿음을 주입시키는 이데올로기 교육의 현장이기도 했다. 교육은 위계와 신분질서에 기초한 지배관계의 모순을 가리는 도구였으며, 서당은 유교 가치라는 규율을 체득하게 해 순종하는 백성을 만들어내는 훈육의 장소였다.

조선 후기에 서당교육이 활성화되자 조정에서는 서당을 관학체계 내로 포섭하려 한다. 이를 위해 면훈장제도面訓長制度를 실시했다. 각 면面에 훈장 한 사람을 두어 학생을 가르치게 하고 교육관리를 맡겼다. 면훈장은 성균관이나 향교, 사부학당에서 기숙하며 공부하는 거재유생居齋儒生 외의 학생을 관리했다. 평소에는 집이나 마을에서 공부하다 매월 한 차례 면훈장의 지도를 받는 방식이었다. 면훈장제는 16세기에도 일부 지역에서 시행됐지만 17세기에는 전국 각지의 수령들에 의해 적극적으로 실시됐다. 문인관료인 송준길宋浚吉(1606~1672)이 임금에게 올린 향학사목鄕學事目에서 면훈장제 시행의 실상을 엿볼 수 있다.

겸 성균관좨주兼成均館祭酒 송준길이 글을 올렸다. "지난해 조정의 분부로 향촌 곳곳에 서당을 세우고 훈장을 두어 가르치니 그 효과가 없지 않았는데, 근래에는 도리어 허물어지니 안타깝기 그지없습니다. 그러므로 지금 마땅히 이전의 사목事目을 따라 타일러 경계하고 올바로 시행하도록 해야 합니다. 훈장은 그 고을에서 공론에 따라 뽑아 임명하고, 관청에 고하기를 태학의 장의掌議의 예와 같이 하고, 각 마을에 배치해 취학에 편리하게 하여야 합니다. 관가에서도 필요에 따라 충분히 지원해주고, 수령은 여가를 내어 때때로 찾아가 살피고 학도의 성적을 평가해야 합니다. 감사와 도사都事, 교양관敎養官도 순행할 때 직접 방문하거나 향교나 서원에 학도들을 모이게 하여 학습 정도를 시험해야 합니다. 그 결과가 두드러지게 나타난 자는 규정에 따라 스승에게는 가호家戶에 부과되는 부역을 덜어주고 학도에게는 헤아려 상을 베풀어야 합니다. 성적이 미달하는 자는 회초리로 때려 경계 삼도록 해야 할 것입니다."

―『효종실록』21권, 효종 10년(1659) 2월 16일

면훈장제를 내세워, 지방관이 중심이 된 행정기관에서 서당교육을 관리하고 교육 내용을 통제하겠다는 뜻을 강조하고 있다. 이러한 사학私學 관리는 수령이 널리 지방민을 가르치고 이끌어야 한다는 유교 교화통치의 한 방안으로 받아들여졌으며, 이는 결국 수령권의 강화로 이어졌다. 면훈장제는 교육 관리를 통해 향촌사회를 통제하려는 정책이었다. 넓게 보면, 조선 후기 사회변동 과정에서 관권의 간섭에서 벗어나려는 사학과 민民을 통제해 양반 중심의 사회체제를 재확립하고자

하는 지배정책의 하나였다.

조선 말기에 이르면 면훈장제도는 그 역할이 지방행정의 하부조직
으로 급격히 기운다.

> 면面에 훈장이 있고, 동洞에 임장任掌이 있는 것은 이들을 정규 관원으
> 로 삼고자 함이 아니다. 다만 관의 영令을 받들어 백성에게 이르도록 하
> 려는 바이다.
> ─박시순朴始淳, 「감결각면훈장甘結各面訓長」(1895년 11월 29일), 『군감軍甘』

면훈장은 정식 관원이 아니지만 맡은 역할은 정규 관리나 다름없었
다. 면훈장은 수령권 아래 완전히 예속돼 교화 임무 외에 세금 수취와
호구 파악, 민정 감찰 등 사실상의 하급관리 역할까지 수행하게 된다.[5]
그중에서도 세금을 거둬들이는 수세 책임이 가장 무거웠다. 지방민을
가르치고 일깨우던 교육자에서 세금 징수 관리원으로 그 역할과 성격
이 바뀌어버린 것이다. 신망받는 유학자를 선정해 주민을 교화하게 하
던 제도가 주민을 통제하고 세금을 수취하는 억압적 행정제도로 변질
된 것이다. 이는 조선의 교육체제가 그 생명력을 다했다는 상징적 지
표였다. 교육체제의 와해는 유학을 국시로 내세우고 사림이라는 지식
인을 지배집단으로 삼은 조선의 몰락을 뜻하는 것이나 마찬가지였다.

조선 지배층에게 권력 행사의 정당성을 부여하는 가장 탄탄한 기반
은 유학이라는 지식의 보유에 있었다. 교육은 현실에서 이 지식과 권
력을 매개하는 힘이었다. 교육은 지식을 벼리고 재생산해 지배권력을

강화했으며, 다시 이 지배권력은 교육에 활력을 불어넣었다. 그런데 이제 그 교육이 호흡을 잃고 본연의 역할을 저버렸다. 그렇게 지식—교육—권력이라는 긍정의 순환 고리가 깨어지면서 조선은 쇠락했다. 조선사회의 지식인 유학은 겉으로 내세우던 천하대의라는 가치마저 내던졌고, 조선사회의 권력인 사림은 가족—가문이라는 핏줄 속으로 도피해 사욕 채우기에 급급했다. 그 풍경은 그들이 그토록 경멸했던 바로 그 소인배의 초상이었다.

11장
유교 가치를 삶에 스며들게 하라 | 유교화

❖유교화 시대를 열어가다

재위 5년째인 1572년, 선조는 다소 의외의 명을 내린다. 이날 선조는
특별히 신체발부수지부모身體髮膚受之父母라는 『효경孝經』에 실린 공자의
가르침까지 언급하며 남성의 외모 꾸밈새에 대한 규제 조치를 강력한
어조로 지시했다.

임금이 승정원에 문서로 명을 내렸다. "신체와 머리털과 피부는 부모에
게 물려받는 것이니 함부로 훼손해서는 안 된다고 했으며, 또한 이것이
효의 시작이라고 했다. 우리나라의 크고 작은 사내들이 귀를 뚫고 귀고
리를 달아 중국인에게 조롱을 받으니 참으로 부끄러운 일이다. 이후로는
이런 오랑캐의 풍속을 반드시 고치도록 해야 한다. 그러니 이제부터 남
자의 귀고리 착용을 금지한다는 사실을 널리 알리도록 하라. 도성은 이

달을 기한으로 하되, 혹 꺼리어 따르지 않는 자는 사헌부에서 엄하게 벌을 주도록 하라."

—『선조실록』 6권, 선조 5년(1572년) 9월 28일

이 무렵까지 조선사회에서 남자의 귀고리 착용은 특별한 꾸밈이나 풍속에 반하는 치장이 아니었다. 과거시험장에 들어가는 유생들도 대개 귓불을 뚫고 귀고리를 했을 정도였다. 이는 삼국시대에서 고려를 거쳐 조선에 내려온 풍습으로, 흉노족이나 만주족 같은 북방 유목민족들도 이런 풍습을 가지고 있었다.

문제는 유학의 본고장인 중국에는 남성의 귀고리 풍습이 없었다는 사실이다. 명나라가 남성의 귀고리 착용이 오랑캐의 풍습이라 비난하자 조선에서는 남자의 귀고리 착용을 금지하고자 했다. 귀고리 착용에 대한 규제 조치가 잇따랐고, 사림이 권력을 잡은 선조 초기에 들어서 남자의 귀고리 착용 풍습은 점차 사라지게 된다. 중국의 풍습과 문화 가치를 문명이라 보고 그렇지 않은 것은 야만이라 규정하던 조선의 사림에게 남성의 귀고리는 야만적인 몸치장이었고, 당연히 없어져야 할 풍습이었다. 이는 야만으로 간주되는 풍속을 중화의 수준으로 바꾸려는 조치였다. 큰 틀에서 보자면, 국가에서 시행하는 유교화 정책의 일환이기도 했다. 유학으로 무장한 문인관료들이 사림의 시대를 본격적으로 열어간 16세기 후반, 이들은 유교화 정책에 온 힘을 쏟고 있었다.

조선의 지배세력은 유교화 정책을 건국 초부터 꾸준히 시행해왔다. 이는 유교 이념에 근거한 정치지형과 제도를 공고히 하는 동시에 유교

가치의 생활화를 목표로 한 조선사회의 장기적인 국가 프로젝트였다. 유학은 이미 고려시대에 정치 이념으로 채택됐다. 국자감과 향교, 학당 등 유학 지식과 교양을 익히는 학교를 운영했으며, 유학 지식을 시험하는 과거제도를 통해 관리를 선발했다. 하지만 일상생활과 사회제도 분야는 전통적인 습속과 불교식 풍속이 지배하고 있었다. 사회풍속과 생활 분야에서의 유교화는 조선시대 들어 본격적인 궤도에 올랐다.

이와 함께 조선 건국세력은 유교 지식과 의례를 배우는 학교제도를 더욱 체계화했으며, 과거제의 비중을 크게 높였다. 건국 초부터 유교 관련 도서를 편찬해 전국에 보급했다. 『의례儀禮』『주자가례朱子家禮』『삼강행실도三綱行實圖』『소학小學』『근사록近思錄』『성리대전性理大全』 등의 도서가 사서오경과 함께 수험교재이자 생활지침서로 널리 보급되었다.[1]

『삼강행실도』는 유교 가치를 가르치고 백성을 교화시키기 위해 제일 먼저 발간된 윤리 교과서로, 세종 때인 1434년에 선을 보였다. 여러 서적에서 모범이 될 만한 충신·효자·열녀의 행실을 모아 만든 책으로 그림을 넣어 쉽게 이해할 수 있도록 했다. 전국에 배포해 백성이 유교윤리의 근본인 충忠·효孝·정貞의 가치를 체득하도록 했다.

조정에서는 특히 『소학』 보급에 많은 관심을 보였다. 『소학』은 성리학의 핵심인 수기치인修己治人과 인륜을 가르치는 입문서였다. 유학을 가르치기 위한 수신서로 수기의 본질인 효제충신孝悌忠信의 가치를 알게 하는 데 중점을 두었다. 『소학』을 학교 교육의 필수과목으로 지정하고 과거의 예비시험으로 삼아 유생이 소학을 반드시 익히도록 했다.

『가례家禮』라 부르는 『주자가례』 보급에도 힘을 기울였다. 『주자가례』

는 관혼상제 예법을 수록한 책으로, 성리학을 완성한 주자의 학설을 모아서 편찬한 의례서다. 나라에서는 건국 초부터 유교식 생활예법을 보급하기 위해 이 『주자가례』를 시험과목으로 채택했으며, 『주자가례』의 예법을 준수한 사람을 세상에 널리 알리는 정표정책旌表政策을 실시했다.

예조에서 전국의 효자와 조부모를 잘 모시는 손자, 절개를 지킨 여인을 찾아내어 국왕에게 알렸다. "원평에 거주하는 유학幼學인 윤흥지尹興智는 부친이 죽자 음식을 여러 날 먹지 않았고, 상례와 장례의 모든 일을 한결같이 『가례』에 의해 행하였다 하옵니다. 3년 동안 분묘를 지키면서 죽만 먹고 채소나 과일조차 먹지 않았으며 몸소 불을 때어 아침밥과 저녁밥을 받들어 올렸다 하옵니다. (…) 울산에 사는 송도宋滔라는 생원은 부모가 모두 오래된 병을 앓고 있었는데, 10여 년을 모시고 약을 써오다가 부모가 1년 간격으로 사망하자 몸소 흙과 돌을 져다가 분묘를 조성하였습니다. 상제喪制는 한결같이 『가례』에 따랐으며 불가의 법을 쓰지 않았습니다. 사당을 세워 신주를 받들고 새벽에 분향하고 때에 따라 제사하되, 새로운 음식물을 얻으면 그때마다 이를 사당에 올렸다 하옵니다."

—『세종실록』 42권, 세종 10년(1428) 10월 28일

조정에서는 유교 덕목과 예법을 제대로 행하는 이들을 선정해 충신·효자·열녀라는 이름으로 상을 내렸다. 한편으론 유교 덕목과 예법을 어기는 사람에게는 엄한 벌을 내리는 정책을 실시해 거의 반강제

적으로 유교화를 추진해나갔다.

의금부에서 조질趙秩을 고문해야 한다며 임금께 윤허를 청했다. 이에 임금이 말했다. "자식이 어버이를 잘못 봉양해도 큰 죄가 되는데, 조질은 사당을 헐어서 신주마저 둘 곳이 없게 만들었다. 이는 불효죄에 해당하니 고문하도록 하라."

—『세종실록』 40권, 세종 10년(1428년) 6월 8일

❖적장자 중심의 가부장적 가족제도에 이르다

고려에서 조선으로 나라가 바뀌면서 소송사건에서도 변화가 일어났다. 조선 초에 처와 첩을 가려달라는 소송이 부쩍 늘어났는데, 처를 여러 명 둘 수 있었던 고려왕조에서는 보기 드물었던 쟁송이다. 조선 건국세력은 고려시대 이래의 중혼제도가 신분집단의 명확한 구분을 방해하고, 여러 가지 사회 갈등을 일으킨다고 보았다. 이런 폐단을 막기 위해서는 이제라도 처는 한 명만 두어야 한다는 입장을 보였다.

사헌부에서 상소를 올렸다. "사대부의 처와 첩을 엄격하게 구별해 관작官爵과 토지를 내리는 법을 만들었으니, 이는 적자와 서자의 신분이 다름을 밝히는 것이자 인륜의 근본을 바르게 하는 일입니다. 그런데 고려 말년에 예의의 교화가 행해지지 못하고 부부의 의리가 문란해지기 시작

하여 경·대부·사가 오직 제 욕심만을 좇고 애정에 혹하여 처가 있는데
도 처를 얻는 자가 있고, 첩을 처로 삼는 자도 있게 되어 오늘날 처와 첩
이 서로 소송을 제기하는 실마리가 되었습니다. (…) 일찍이 중매를 거치
고 혼인의 예법을 차려 장가를 들었느냐를 기준으로 처와 첩을 정하였
으니, 앞으로는 첩을 처로 삼는 자나 처가 있는데도 또 다른 처를 얻는
자는 모두 죄인으로 규정하고 이들을 조사해 다스리도록 하소서."

—『태종실록』25권, 태종 13년(1413년) 3월 10일

태종은 사헌부의 건의를 흔쾌히 받아들인다. 이로써 고려시대의 중
혼제도가 공식적으로 폐지되고 일부일처제가 성문화됐다. 고려시대에
는 일부다처제가 허용됐지만 이젠 한 명의 처를 정실부인으로 인정하
고 첩은 처에 비해 차등을 두도록 했다. 엄밀히 말해 이는 축첩제도를
인정한 형식상의 일부일처제에 지나지 않았지만 유교의 가르침에는
어느 정도 부합하는 결혼제도였다. 고대 중국에서는 사대부가 한 명의
처를 두는 혼인형태를 이상적으로 보았다.

일부일처제 선포로 정실부인은 그 지위가 격상되고 역할이 명확해
졌지만, 이는 한편으론 여성을 자신의 친정 가문보다 남편의 가문에
더 강하게 결속시키는 계기가 됐다. 축첩제도를 허용한 일부일처제는
남편 가문인 부계父系의 권한을 강화했고, 여성 차별과 종속의 길을 더
넓게 여는 사회적 배경으로 작용했다. 여성 지위와 권한에 있어 불평
등을 가져오는 구조적 요인이 됐다.

이처럼 조선의 지배층은 법과 제도 정비를 통해서도 조선사회의 유

교화를 위한 바탕을 마련해나갔다. 근친혼을 금지시키고 동성同姓사이 혼인도 금하도록 했다. 과부가 재혼하려면 죽은 남편 집의 세대주나 친정 부모의 승낙을 얻도록 해 재혼 성사를 힘들게 했으며, 재혼 자체를 부도덕한 행실로 몰아갔다.

이렇듯 조선 지배세력은 남성과 부계의 권한을 강화하는 쪽으로 가족제도와 예법, 사회풍속을 바꾸어나갔다. 그렇지만 획기적인 성과를 보기까지는 제법 오랜 세월이 필요했다. 성리학에 대한 이해가 깊어진 16세기 들어 정치와 행정, 관료제도 분야에서의 유교화는 어느 정도 성과를 거두었다. 하지만 생활풍속과 행동 양식 등에서는 전통적인 사회풍습과 유교 가치가 여전히 충돌을 일으키고 있었다. 특히 혼인이나 장례 등에서 아직도 전통 관습이 강하게 남아 있었으며 불교식 관행도 쉽게 떨쳐버리지 못했다.

17세기에 들어서야 유교 가치와 덕목이 생활에 본격적으로 이식되었다. 이에 따라 양반지배구조와 가부장적 가족제도를 뒷받침하는 조선 고유의 친족제도가 자리를 잡는다. 17세기 중반에 작성된 부안 김씨扶安金氏 가문의 상속문서에서 이러한 사실을 살필 수 있다.[2] 1669년 11월, 부안 김씨 김석필金錫弼 가문의 후손인 김명렬과 그 형제는 제사와 재산 분급을 하면서 지금까지와는 다른 기본 방침을 정하고 상속문서인 전후문기傳後文記를 작성했다.

우리 집안에서는 단연코 사위나 외손의 집에서는 제사를 지내지 못하게 하기로 결정했으며, 앞으로 대대로 이 원칙에 따라 제례를 행하기로 했다. 부모와 자식 간의 정과 도리는 아들이건 딸이건 차이가 없지만 딸은 부모가 살아 있을 때에 봉양하는 도리가 없고 부모가 죽은 뒤에도 제사를 지내는 예도가 없으니, 어찌 토지와 노비를 아들과 동등하게 나누어 주겠는가. 딸에게는 아들 몫의 3분의 1만 주어도 정과 도리에 비추어볼 때 합당한 처사임이 분명하다.

　—「전후문서」(1669년 11월 11일), 『부안김씨우반고문서扶安金氏愚磻古文書』

　김석필 가문에서는 그동안 아들과 딸이 돌아가면서 제사를 지내왔으며, 출가한 딸에게도 재산을 균등하게 상속했다. 모든 자식들이 순서를 정해 돌아가며 제사를 모시는 윤회봉사輪回奉祀와 아들과 딸에게 골고루 재산을 분배하는 남녀균분상속은 고려시대 이래의 사회제도이자 조선의 사대부 가문에서도 지켜온 습속이었다. 그런데 17세기 들어 이러한 제사 방식과 상속제도에 큰 변화가 일어났다. 제사를 모실 수 있는 자손에서 딸을 제외시키고, 재산 분배에 있어서도 딸에게는 큰 차등을 두었다. 남계 중심 친족제도가 본격적인 틀을 잡아가고 있었던 것이다.

　이렇게 변화된 제사 방식과 상속제도는 17세기를 지나면서 다시 굴절을 겪는다. 제사는 큰아들이 도맡아 지내고 이에 따라 재산상속에 있어서도 장자 우대의 원칙이 새롭게 자리를 잡는다. 딸은 제사는 물론 재산상속에서도 점차 제외돼갔다. 18세기 전반에 들면 윤회봉사와 균분상속은 거의 모든 가문에서 옛말이 된다. 적장자가 중심이 된 상속제도와 제사 관행이 확고하게 자리를 잡는다. 이런 과정을 거쳐

18세기 중반에는 유교 가치에 기반을 둔 부계 중심의 친족제도가 완전하게 정착된다. 건국 초부터 지배층이 추진해온 유교화 정책이 마침내 완성 단계에 도달한 것이다.

조선사회의 유교화는 적장자를 중심으로 하여 가문의 모든 구성원을 서열화하는 종법제도를 정착시켰다. 부계와 모계를 함께 따지는 양계적 친족체계에서 부계 중심의 단일 친족체계로 바뀌어갔다. 이러한 종법제는 상속제도의 변화를 불러왔다. 조선 전기와 중기에는 아들이 없을 경우 딸과 외손이 제사를 지내며 대를 이을 수 있었다. 외가의 제사를 지낸 이이가 대표적인 경우다. 그런데 부계 중심의 종법질서가 확고해지면서 적장자 상속이 일반화되고, 이에 따라 가계 계승을 위해 양자를 입양하는 관행이 정착된다. 친딸보다는 가문 내의 혈족 남자를 입양해 재산과 제사를 상속했다. 여성의 권리는 급격히 축소됐다. 재산상속에서 권리를 상실해간 여성은 사회적 지위나 가족 내 권한에 있어서도 더욱 심한 차별을 받았다. 여성은 자연스레 남성에게 종속된 존재로 규정됐다.

변화는 족보에도 반영됐다. 조선 전기에는 부모 모두를 중시하여 친손과 외손을 구분하지 않고 모든 자손을 출생 순서대로 기재했다. 외손의 외손까지도 모두 족보에 올려놓았다. 하지만 조선 후기에는 부계를 중시해 외손을 분리하는 기재 방식이 적용됐다. 딸의 자손을 남편 이름 옆에 수평으로 기록했으며, 외손이라는 사실을 드러내기 위해 성을 덧붙이고 2세대나 3세대 이후는 아예 족보에 올리지 않았다. 부계가 강화되면서 출생 순이 아니라 선남후녀先男後女로 기재 양식이 바뀌어간 것이다.

부계혈족 구성원의 결집이 심화되고 동족부락이 갈수록 늘어났다. 이에 따라 문중門中 조직이 발달하고 그 역할이 더욱 중시됐다. 문중은 성과 본관이 같은 가까운 집안으로, 흔히 조상의 제사를 함께 지내는 부계 혈연집단을 일컫는다. 대문중은 동성동본의 혈족 모두를 포함하며, 파문중은 같은 중시조를 가진 후손으로 이뤄진다. 소문중은 특정 지역에 처음 정착한 조상인 입향조入鄕祖를 중심으로 형성됐다. 좁게는 4대 제사의 관습에 따라 같은 고조를 둔 혈족을 문중으로 보기도 하는데, 이는 흔히 당내堂內 또는 집안이라 일컬었다. 이들 문중 구성원은 한 마을에 모여 살거나 인근 지역의 마을에 거주하면서 동족부락을 형성했다.

문중 구성원들은 조상 제사를 통해 결속을 다지고 자기 문중의 위세와 권위를 높였다. 공동 재산을 마련해 문중조직의 기반을 튼튼히 했으며, 족계나 문중서원을 운영해 향촌사회에서의 영향력을 강화했다. 서당을 설립하고 과거 응시자를 경제적으로 지원해 문중의 앞날을 준비했다. 족보와 조상의 문집, 가훈서를 발간해 가문의 위상을 높여나갔다. 부계혈족 중심의 문중과 동족부락 발달은 갈수록 치열해지는 조선 후기의 사회적 생존경쟁에서 살아남기 위한 전략적 대응이 낳은 결과였다.

종법과 친족제도가 변화하면서 결혼 후의 거주지도 이전과 달라졌다. 결혼 후 처가나 처가 근처에서 가정을 꾸리는 대신, 남편 집이나 인근에서 살림을 차리는 경우가 점차 늘어났다.『주자가례』에서도 신부가 신랑 집에서 식을 올리고 살림을 차리는 거주 형태를 이상적인 것으로 간주했다.

한편, 지배층이 주도한 조선사회의 유교화는 하층민의 생활에까지 서서히 스며들어갔다. 유교화가 진척되면서 하층민의 삶도 유교 가치와 예법에 영향을 받고 있었다. 청상과부로 평생 수절한 여종의 삶에서 이를 엿볼 수 있다.

> 천복의 어미는 친가親家 종의 처로서 어머니와 동갑인데 천성이 온순하였다. 남편이 일찍 죽은 후로 수절하여 홀로 살면서 우리 어머니 섬기기를 자기 상전 모시듯 했다. 혼례나 장례, 제사 때에는 꼭 와서 음식 만드는 책임을 맡아 뜻을 조금도 거스르지 않았다.
>
> ─오희문, 『쇄미록瑣尾錄』(1593년 5월 8일)

정절을 중시하는 규범이 천민의 삶에까지 영향을 미치고 있었던 것이다. 충과 효, 정貞과 같은 유교의 도덕윤리뿐 아니라 유교식 제도와 습속까지 하층민의 삶에 침투했다. 부계 중심의 가계 계승 의식이 노비 계층에까지 확산된 사례도 발견된다. 19세기 중반, 경상도 예천 지방의 최유언이란 노비는 죽은 아들을 대신해 양자를 들였다.[3] 제사를 지내고 가계를 잇도록 하기 위해 이 노비는 양자의 성장에 필요한 비용과 물려줄 재산을 마련하는 데 기꺼이 남은 삶을 바쳤다고 한다. 아들을 통해 대를 잇고 제사를 지내고 족보를 마련하고, 어떻게든 양반층으로 이동하려는 조선 후기 '양반되기 열풍'의 이면에는 조선 지배층이 밀어붙인 유교화 정책이 자리하고 있었던 것이다.

300년 가까이 진행된 '조선 유교화'가 도달한 곳은 적장자 중심의 가부장적 가족제도를 이끄는 강력한 부계집단이 출현한 사회였다. 14세기 후반에 성리학이 도입된 이후 건국 주체세력은 이를 국가 통치의 원리로 수용했다. 이후 조선의 사림은 성리학에 대한 이해를 높이면서 유교 이념과 원리를 사회 전 분야로 확산시켜나갔다. 16세기와 17세기엔 유교 가치와 덕목이 전통 풍속과의 습합을 거쳐 가족제도와 친족제도에까지 깊이 침투해 들어갔다. 18세기에 조선사회는 마침내 그 유교 사회질서의 완성을 보게 된다.

❖조선의 유교화, 유교의 조선화

조선 건국 후 지배층은 정명正名을 확립하는데 힘을 쏟았다. 정명은 그 이름에 합당한 역할과 행위가 실현되어야 한다는 뜻으로, 사회에서 일어나는 모든 행위와 인간관계까지도 그 이름에 적합해야 한다는 함의까지 담고 있다. 유교화 정책에도 이러한 원칙이 적용돼, 현실에서는 군신부자君臣父子의 사회적 지위를 확정하고 각 신분 간 관계와 차등적 역할을 명확히 하는 것으로 드러났다.

또한 유교가 가진 평등성보다 상하분별의 위계 요소를 더 중시함으로써 신분질서를 공고히 하고 세습적 지배체제를 구축하는 방향으로 유교화를 추진해나갔다. 이에 따라 유교화 정책의 구체적인 사안은 대개 신분에 따라 다르게 적용됐다. 사농공상의 신분과 상하 위계에 따라 실행 기준이 따로 마련되었다.

도평의사사都評議使司의 배극렴과 조준 등이 임금에게 22조목을 올렸다. "문선왕文宣王(공자)의 석전제釋奠祭와 여러 주州의 성황城隍의 제사는 관찰사와 수령이 제물을 풍성히 하고 깨끗하게 하여 때에 따라 거행하게 한다. 고관에서 하층관료에 이르는 이들은 모두 가묘家廟를 세워서 제사를 지내도록 한다. 벼슬이나 신분 특권을 갖지 못한 일반 백성은 거처하는 방에서 제사 지내게 한다. 그 나머지 부정한 제사는 모두 금하도록 한다."

—『태조실록』 2권, 태조 1년(1392년) 9월 24일

정책 차원에서 볼 때 조선사회의 가장 두드러진 변화는 숭유억불 정책과 가족제도에서 일어난 변화였다.[4] 이는 전통 습속과 불교식 관행에 젖은 사회풍속과 예법을 유교 이념과 가치에 적합한 것으로 바꾸려한 유교화 운동의 당연한 결과였다.

조선 유교화의 큰 방향과 기본은 관혼상제의 예법과 친족제도의 변화에 맞춰져 있었다. 조선사회를 움직이는 조직과 행위의 원리가 혈연과 친족관계를 근간으로 성립해 있었기 때문에 조선의 유교화 정책은 가족제도와 친족제도에 중점을 둘 수밖에 없었다. 가족질서를 바로 잡는 일은 국가질서를 확립하는 기초가 됐으며, 이에 국가는 제도를 마련해 가족을 이끄는 가장의 사회적 지위를 보장했다. 가족과 국가의

상호 영향 아래 부계 중심의 가부장적 가족제도는 세대를 거치면서 더욱 공고해졌다. 조선의 사림은 송나라 사대부와 달리 실질적인 권력을 가짐으로써 이러한 유교화를 좀더 용이하게 추진할 수 있었다.

그런데 조선 지배층이 이룬 유교화 운동의 결과는 '조선의 유교화'라기보다는 '유교의 조선화'에 더 걸맞은 성질의 것이었다. 조선은 유교화에 있어 중국의 그것과 접점을 공유하지만 한편으론 중국과는 다른 조선식 유교화의 영역을 창출해냈다. 조선 유교화의 결과물은 유교 가치와 예법에 부합되지 않는 경우가 종종 있었다.

먼저, 조선사회가 부계 중심의 가족제도를 이루었지만 모계 요소를 완전히 떨쳐내지 못했다는 사실을 들 수 있다. 신분 지위를 증명하는 사조四祖에 외조부가 포함돼 있다는 사실이 이를 보여준다. 결혼 양식에 있어서도 완전한 친영제親迎制를 이루지 못했다. 유교규범에 따르면 혼례는 신랑 집에서 치르는 게 정상이었다. 그렇지만 신부의 집에서 혼례를 치르고 신방을 차리는 관례가 워낙 굳건해『주자가례』의 친영 풍속은 제대로 실행되지 못했다.

유순柳洵, 정광필鄭光弼, 김응기金應箕, 김전金詮이 의논했다. "우리나라의 혼례는 그 풍속이 지극히 비속하여 친영의 예로 행하고자 하니, 그 뜻이 매우 좋습니다. 다만 우리 혼례 습속이 오래됐고, 또 부녀자는 흔히 예법을 등한시하므로 한결같이 옛 제도(주자가례의 제도)대로 실행하기는 어려울 듯합니다."

—『중종실록』23권, 중종 10년(1515년) 10월 26일

결국 조선 후기 들어 『주자가례』의 혼례 절차와 이전부터 내려오던 관행이 절충되어, 신랑이 신부집에서 초례를 행하되 당일이나 사흘 뒤에 자기 집으로 돌아와 부모에게 폐백을 올리는 방식으로 굳어졌다. 장자 우선의 상속제도와 서자 차별도 본래의 유교 가르침에는 어긋나는 것이었다. 개가한 여성의 자손에게 관직 진출을 제한한 법률도 마찬가지다. 조선의 지배세력은 유교 가치를 신봉하되 자신들의 이해관계에 따라 이를 조정해서 정책에 반영했다. 명분을 부르짖는 사림의 초상 뒤로 이익을 챙기고 이해관계를 조절하는 이기적인 인간상이 모습을 감추고 있었다.

조선의 유교화는 사회 변화에 조응하는 시대의 산물이기도 했다. 조선은 성리학 일변도의 국가 이념을 채택했는데, 이는 지배층의 현실적인 절실함에서 비롯된 결과이기도 했다. 조선 지배층은 성리학을 국가 이념으로 채택함으로써 개국의 정당성과 국가 존립의 합법성을 마련하고자 했다. 성리학 가치로 고려 지배층의 무능과 부패를 공격하고, 성리학의 논리로 불교를 이단시했으며, 나아가 고려 멸망을 합리화했다. 이후에도 변함없이 성리학의 본산지인 중화문명을 추앙하고 이를 따름으로써 외세의 침략을 사전에 차단하는 효과를 거두고자 했다.

정치적 격변도 유교화에 영향을 미쳤다. 1506년의 병인정변은 성리학 이념을 강화하는 계기가 됐다. 정권을 잡은 세력은 정변의 정당성을 확보하고 취약한 왕권을 보완하기 위해 성리학 일원주의를 더욱 심화시켜나갔다. 이후 사림 정권이 들어섰고, 이에 따라 사림에 의한 유교화 정책이 본격화될 수 있었다. 1623년에 일어난 계해정변도 유사한 수순을 따랐다. 정변 세력은 군신·부자·부부·장유 등의 상하관계를 더욱 엄격히 하며 위계적 질서를 다졌다.

16세기 말과 17세기 전반기에 일어난 두 번의 전쟁도 조선 유교화의 향방과 속도에 영향을 미쳤다. 지배층은 전쟁으로 무너진 권위와 흐트러진 신분질서를 예학을 중심으로 한 유교화 정책 강화로 다시 일으켜 세우려 했다. 예학은 '모든 사람은 하늘이 부여한 분수를 지켜야 한다'는 전제에서 출발하기에 예학의 확산은 신분제 질서를 강화할 수밖에 없었다. 지배층은 예법을 정교하게 다듬었으며, 부계를 강조하고 위계질서를 강화하는 방향으로 유교화를 추진했다. 가부장제를 강화시키고 이에 기반을 둔 종법제도 정착에 박차를 가했다. 장자상속제 정착을 앞당기고 입양을 증가시켰다. 제사와 상례, 혼례 등에서도 유교식 의례를 확산시켰다.

유교화는 경제적 요인에 의해서도 상당한 영향을 받았다. 인구가 증가하고 토지는 부족한 17세기 후반의 사회 현실은 장자를 우대하는 재산상속제 성립에 영향을 미쳤으며, 이는 적장자 중심의 제사 관행 정착으로 이어졌다. 이앙법과 관개시설 보급으로 인한 농업의 발달은 대규모 종족집단이 출현할 수 있는 물질적 기반을 제공했으며, 이런 추세에서 문중의 사회적 영향력이 확대될 수 있었다.

조선의 유교화는 조선사회가 직면한 다양한 변화와 부딪치면서 여러 요인이 작용해 만들어낸 역사의 산물이었다. 정치와 외교적 필요가 우선된 요인이 있었고, 사회경제적 동인도 압력으로 작용했다. 전쟁 후 지배층이 선택한 유교화 강화 전략도 한몫을 했다. 조선의 국가 이념인 성리학은 이런 다양한 요소와 동인을 아우르며 조선 유교화의 외형과 속내를 주조해나갔다.

❖제사, 신분제 사회의 가부장제 수호의례

성종 재위 8년인 1477년 6월 18일, 경연의 강론이 끝나자 대사간 손비장孫比長이 '신안선申安善 제사상속' 안건을 다시 제기했다. 후손을 두지 못한 신안선은 종살이를 하는 노비를 면천시켜 묘지기로 삼고 자신의 제사까지 지내도록 했다. 이런 방식의 제사상속은 전례가 분명하지 않고, 더구나 신분제와 관련된 민감한 사안이어서 조정에서도 의견이 합치되지 않고 있었다. 손비장이 말을 이어나갔다.

"벼슬이나 신분 특권을 갖지 못한 백성은 돌아가신 부모만을 제사 지냅니다. 그런데 어찌 천민으로 하여금 신안선의 제사를 대를 이어 지내게 해서 대법大法을 훼손할 수가 있겠습니까?"

하지만 임금은 신안선이 행하고자 한 제사상속을 허락하는 쪽으로 마음이 기울고 있었다. 이에 사헌부 소속의 집의執義 김승경金升卿이 소신을 피력했다.

"주상전하의 말씀이 참으로 마땅합니다. 하오나 이 법이 한번 서면 이를 본받아서 따르려는 자가 많이 생기고, 이에 따라 천인이 양인으로 신분 상승을 꾀하는 수단으로 이용되지 않을까 두렵습니다."

예법뿐 아니라 신분질서에 미칠 파장도 만만치 않았다. 임금은 어전회의에서 대신들의 소견을 듣고서 결정한다며 이날의 논의를 마무리했다. 이후 '신안선 제사상속' 사안은 두 번 더 논의를 거친다. 임금은 일부 대신의 소신을 받아들여 영춘의 직계 자손에 한해 대를 이어 제사를 지내게 하라는 교지를 내리지만 반대 의견도 쉽게 꺾이지 않았다. 면천된 영춘의 아들 대까지만 제사를 지내게 하자는 주장이 나왔으며, 이 법이 노비 면천의 길을 열 수 있다는 우려도 계속 제기됐다. 결국 임금은 당대에 한하여 제사를 올리는 것으로 최종 결정을 내린다.

제례의식은 예의 근간인 의례 행위의 핵심이었다. 조선사회의 지배질서를 지탱하는 신분제의 원칙을 흩트리면서까지 제사를 받들게 할 정도로 제례는 중요한 의례였다. 부계 중심의 종법제도가 정착되기 전인 15세기 후반이어서 노비 면천을 통한 제사상속이 가능했겠지만, 이 시기에도 제례를 중시하는 유교의 가르침을 지키려는 의지만은 매우 강했다.

사림에게 제사는 종교적 신념과 다름없는 믿음이었다. 조선 중기의 유학자 오희문吳希文(1539~1613)은 임진전쟁 와중에도 1년에 스무 번이 넘는 제사를 빠짐없이 지냈다. 가족을 이끌고 친척집을 전전하며 끼니 걱정을 하면서도 제삿날은 반드시 챙기는 정성을 보인다.

> 지난 달 29일은 아버님이 돌아가신 날이다. 내가 피난을 해 이 고을에 있기 때문에 주인 형이 제사음식을 많이 차려주어 제사를 지낼 수 있었다.
>
> ─오희문, 「임진남행일록壬辰南行日錄」 『쇄미록瑣尾錄』

7월 1일은 인종의 제삿날이요, 지난 28일은 명종의 제삿날이다. 주상께서 북쪽으로 파천하시어 이 두 날을 맞으니 어떻게 마음을 다잡으실까? 북쪽 하늘을 보면 눈물이 흐르는 것조차 깨닫지 못하겠다.

—오희문, 「임진일록壬辰日錄」『쇄미록』

도성을 버리고 의주로 피난한 임금을 떠올리면서도 왕가의 제례 여부를 먼저 마음에 챙길 정도로 제사는 절대적인 가치였다. 부계 중심의 종법제도가 자리를 잡아가자 제사를 이을 수 있는 직계 혈족을 두는 일이 무엇보다 중요해졌다. 적장자를 통한 제사 승계는 양반의 의무가 돼갔다.

큰아들의 처가 어제 닭이 우는 축시에 아들을 낳았다고 하니 기쁨을 이길 수가 없다. 이 애가 곧 장손이 되니 앞으로도 조상의 제사를 떳떳하게 받들 수 있게 되었다. 비록 지손支孫이 있지만 어찌 이 아이보다 더할 수 있으랴. 밤새 기뻐서 잠을 자지 못했다.

—오희문, 『쇄미록』(1598년 5월 2일)

국법에는 대개 승중자承重子(할아버지와 아버지를 계승해 제사를 지내는 자)가 없는 사람은 처첩 모두에게서 아들이 없을 경우에 양자를 세울 수 있다고 되어 있습니다. 그런데 근래에 와서 사람들은 처의 말에 이끌려 이미 태어난 서자를 버리고 혈족인 남의 자식을 후사로 삼는 자가 있습니다.

—『별계후등록別繼後謄錄』(1681년 1월 13일)

직계자손이 없으면 남계혈족의 자손을 입양해서라도 제사를 잇는 게 당연시됐다. 조선 후기엔 부계친족 가운데 동생뻘 되는 사람의 아들을 입양해 제사를 승계하는 방식이 하나의 규범으로 받아들여졌다. 조선의 사림은 왜 이토록 제례를 중시했던 것일까?

제사는 조상에 대한 애도 이상의 역할을 했다. 제사는 죽은 자와 산 자가 동일한 혈족의 성원임을 확인시켜주었다. 조상숭배를 통해 계통적 혈연관계를 재인식하고 자손의 결속과 단합을 다졌다. 제사는 친족 질서를 유지하기 위한 방편이기도 했다. 제사는 친족 내 구성원의 위계와 그에 따른 의무와 권리를 명시해주었다. 제례를 통해 같은 후손이라는 동질감을 갖는 한편 종손을 중심으로 직계와 방계, 항렬 등에 의한 종법적 위계질서가 수립됐다.

조선 지배층은 제사를 부계혈족 중심으로 재조직함으로써 가부장적 가족제도를 유지하고 남성 우위의 사회를 강화하고자 했다. 제사를 통해 부계친父系親 의식이 높아졌고 사회 여러 분야에 부계적 양식이 부과되었다. 이로써 인간관계와 사회제도, 풍습, 예술 양식 등에 남성적 기준이 자리 잡게 되고, 나아가 남성 우위의 인식이 뿌리박는 환경이 조성되었다.

성리학을 체계화한 주희(1130~1200) 또한 제사의 중요성을 역설했다. 그는 사회와 정치의 안정을 보장하는 버팀목 중 하나로 '부계친 제사의례'를 꼽았다. 주희는 부계혈족 중심의 종법을 확실히 하고, 출계 집단의 수장首長을 세우며, 제사를 제도화하라고 가르쳤다.

천하의 인심을 잘 챙기려면 종족을 수합하고 풍속을 돈독하게 하며, 사람들이 근본을 잊지 않도록 해야 한다. 반드시 가계 혈통을 분명히 하고, 세족世族을 수합하여 종자宗子의 법을 확립해야 한다. (···) 종자의 법을 세우는 것은 자연의 이치를 따르는 것이다. 그것은 마치 나무와도 같다. 나무에는 반드시 뿌리에서 올라간 줄기가 있고 가지도 있게 마련이다.

—주희, 『근사록近思錄』

이처럼 성리학은 부계혈족 중심 사회를 이상적인 사회로 상정하고 정치사상과 사회윤리를 펼쳐나갔다. 제사는 이런 부계친 중심의 사회를 강화하는 가장 적합한 의례도구였다.

조선은 중국보다 부계 혈족 중심의 종법제도가 한층 심했다. 조선의 경우 아들이 없으면 딸이 있더라도 양자를 들였지만 중국에서는 딸에게 가계를 계승시켰다. 남자 형제에게 재산을 골고루 분배했으며, 이에 따라 제사 의무도 균분이 원칙이었다. 또한 중국에서는 조선과 다르게, 씨족 분파나 가문의 형성이 주로 재산을 매개로 해서 이뤄졌다.[5] 관직이나 학자적 명성보다는 재산을 많이 마련하여 자손에게 물려주거나, 자손이 공동의 경제적 기반을 마련하기 위해 조상을 상징적인 구심점으로 해서 사당과 가문 소유의 토지를 장만했다. 이 토지는 조선사회의 위토位土처럼 제례에 드는 비용을 마련하기 위한 소규모 농지가 아니라, 실제 경제생활에서 중요한 몫을 차지하는 규모가 큰 경작지였다. 동족 분파 자체가 지역을 바탕으로 하는 경제적 단위를 이루었던 것이다.

반면 조선에서는 씨족의 분파가 재산이 아니라 사회적 지위를 가진 인물을 매개로 해서 이뤄졌다. 정치적 성취나 학문적 명성을 쌓은 인물이 분파의 기점이 되고, 이를 중심으로 계보가 형성되고 문중이 성립됐다. 자손은 문중 활동과 제사를 통해 조상과의 연관성을 확인했다. 계보 확인을 통해 조상이 가진 명성과 지위를 마치 자손 자신도 가진 것처럼 과시하려 했다. 나아가, 조상의 지위가 자손이 사회적 입지를 확보하고 정치적으로 출세하는 데 유용한 수단이 되었다. 제사를 위시한 조상 숭배가 지극히 정치적인 행위가 된 것이다. 이제 제사는 정치활동을 위한 종족적·사회적 기반을 다지고, 더 높은 지위를 차지할 수 있는 사회적 자원을 확보하려는 혈족집단 간의 힘겨루기 양상까지 내보였다.

조선사회에서는 이름 있는 집안의 자손이라는 사실을 인정받으면 그것만으로도 객지에서 후한 대접을 받을 수 있었다. 때로는 관리의 압박이나 수탈에서도 비켜날 수 있었다. 조선시대에는 가문이 가진 이런 사회적 역할 때문에라도 혈통의 근본에 대해 알아야 하고 친족관계를 타인에게 끊임없이 인식시켜야 했다. 제사는 그 유용한 도구였다. 이런 면에서 보자면, 족보는 제사에 참석하지 않을 때라도 혈족 내에서의 자신의 정체를 확인해주는 기제로서 일종의 '활자화된 조상숭배의 계보도'라 할 수 있을 것이다.

제사는 위계적 신분질서를 유지하기 위한 장치이기도 했다. 조선 지배층은 신분에 따라 제사의례를 차별화했다. 제사를 지내는 공간은 물론 의례 내용에서도 차등을 두었다. 유교 의례서에는 신분 고하에 따라 쓸 수 있는 제물의 종류를 정해놓았다. 군君 신분은 대뢰大牢라 해서 소·양·돼지를 올렸으며, 그 아래 신분인 대부는 소뢰小牢라 해서 양과 돼지만을 쓸 수 있었다. 사당의 숫자도 신분에 따라 그 상한선이 달랐다. 천자는 7묘, 제후는 5묘, 대부는 3묘, 사士는 2묘에 한했다. 제사를 지내는 대수代數에도 차등을 두었는데, 15세기 후반에 이를 법으로 명시했다.

문·무관 6품 이상은 부모·조부모·증조부모의 3대까지 제사를 지내고, 7품 이하는 2대까지 제사를 지낸다. 일반 백성은 단지 죽은 부모만을 제사한다.

—「예전禮典」『경국대전』

신분에 합당하지 않은 예로 제사를 지냈을 경우에는 이를 비례非禮라 부르며 비방하고 멸시했으며, 국가에서 법적 처벌까지 가했다.

사림은 제사를 비롯한 각종 의례에 신분에 입각한 차등원칙을 고수했으며, 이를 분수론分殊論으로 합리화했다. 우주 만물은 각자의 자리가 정해져 있으니, 이에 따라 사람도 자신의 자리에 합당한 세계관을 갖고 또한 이에 걸맞은 행위와 예를 수행하면 조화로운 사회가 이루어진다고 했다. 그런데, 이 분수론의 일방적 전제를 걷어내면, 유교에서 말하는 제례 예법은 '의례의 다름'을 통해 '신분의 다름'을 구별하려는 강압적 제도에 지나지 않는다. 문화 행위의 하나라 할 수 있는 의례 행위에 차별을 두고, 이를 기준으로 의례를 행하는 이에게도 차별을 둔다. 나아가 의례 행위자가 속한 신분집단에까지 이 차별화를 적용해 결국은 '차등화된 신분' 그 자체를 당연한 것으로 여기게끔 하는 지배 전략인 것이다. 이는 프랑스 사회학자 피에르 부르디외가 말한 구별 짓기 전략과 유사한 맥락에서 이해할 수 있는 문화 현상이다. 부르디외는 문화와 취향의 다름이 신분을 나누는 역할을 한다고 보았다.

조선 지배층은 의례문화를 통해 '신분 간에 다름이 있고 분별이 있음'을 드러내고자 했다. 이 같은 문화적 상징의 차별화를 통해 사회적 지위를 내면화하고 이를 정당한 것으로 승인받고자 했다. 제례는 이를 위한 가장 효율적인 의례였다. 조선사회에서 사림 계층의 한 가문이 제사를 그만둔다는 것은 그 집안의 몰락을 의미했다. 그것은 그 집안 구성원들의 사회적·정치적 죽음을 뜻했기 때문이다. 제사는 신분 강화와 지위 경쟁의 선두에 선, 잘 포장된 문화 행위였다.

❖열녀와 기생

열녀와 절부節婦 발굴은 조선시대 내내 국가의 중요 정책 중 하나로 취급되었다. 유교화정책 실행의 한 축을 담당했으며, 임진전쟁과 병자전쟁을 거친 17세기 중반에 이르러서는 자결이 열녀의 상징적 표지가 돼가고 있었다.

승지 오정원吳挺垣의 양모인 윤씨尹氏는 젊은 나이에 남편이 죽자 칼로 스스로 목을 찔렀으나 죽지 않았다. 다음 해 유서를 써서 조카 정원挺垣 을 양자로 정할 것을 시부모에게 청하고 나서 독약을 먹고 죽었다. 이씨 李氏는 장령掌令(사헌부 소속 정4품 벼슬) 정식鄭植의 며느리인데 남편이 병 을 앓자 성심을 다하여 구호하였으며 남편이 죽음에 이르자 즉시 자결 하여 따랐다. 학생 이준평李浚平의 아내인 임씨任氏는 남편이 친구에게 살해당하자 즉시 자결하여 남편을 따랐다. 송준길이 정표旌表하여 이들 의 절행을 널리 드러내길 청하자 임금이 예조에 명해 마을 어귀에 정문 旌門을 세워 표창하게 하였다.

—『현종실록』11권, 현종 6년(1665년) 10월 5일

이 무렵엔 남편을 따라 목숨을 끊거나, 정절을 **빼앗**길 위험에 처해 죽음으로 맞설 정도가 돼야 나라에서 열녀나 절부로 인정했다.

전라도 장수현의 선비인 서문배西門培의 아내 정씨鄭氏와 양인 임동삼林 東三의 아내 오소사吳召史의 마을에 정표하라고 명하였다. 정씨는 행실이 깨끗한 여인으로 향리에 소문이 자자했다. 그런데 우악스럽고 사나운 자 가 침입해 정씨의 치마를 찢으며 위협하는 급박한 사태가 발생했다. 이 에 정씨가 큰소리로 외치니, 이웃 사람이 달려와 정씨를 구해주어 다행 히 큰 모욕을 면할 수 있었다. 정씨는 "사건의 진상을 알리지 않고 죽으 면 누가 나의 뜻을 밝혀주겠는가?"하며 즉시 관가에 고발했고, 범인은 체포되어 장살杖殺에 처해졌다. 그 직후 정씨는 "나의 몸은 비록 더럽혀

지지 않았으나 한쪽 팔을 외간 남자에게 비틀렸으니, 이를 그대로 두면 온몸이 더러워진다"라고 울먹이며 말한 뒤, 칼을 가져와 팔을 베어내고 끝내 스스로 목을 매어 죽었다.

—『영조실록』 102권, 영조 39년(1763년) 8월 1일

조선 전기엔 개가를 거부하고 수절하는 것으로도 열녀문을 세워주었지만 17세기 이후엔 개가 거부로는 절부 명단에 이름을 올릴 수 없었다. 개가하지 않고 수절하는 삶은 이미 양반 가문 여성의 당연한 의무가 돼 있었다. 남편이 죽은 뒤 시부모를 잘 봉양했다거나 남편의 제례를 제대로 지냈다는 사실도 조선 후기에는 절부의 요건이 되지 못했다. 결혼한 여인이면 누구나 그러해야 한다는 인식이 일반화돼 있었기 때문이다.

조선 후기에는 양반층을 넘어 상민과 천민계층의 열녀와 절부도 늘어났다. 사족인 서문배의 아내 정씨와 함께 영조로부터 표창을 받은 오소사라는 여인은 평민 신분이지만 죽음으로 수절의 뜻을 높인 열녀로 칭송받았다.

오소사는 어린 나이에 과부가 되어 시부모를 봉양하면서 수절하고 있었는데, 어머니가 오소사를 개가시키려 했다. 오소사는 "남편의 무덤에 가서 곡한 다음에 결심하겠습니다"라고 말한 뒤, 젖먹이 아이를 업고 남편 무덤에 가서 통곡했다. 오소사가 "당신이 왜 먼저 가서 저로 하여금 이런 말을 듣게 합니까?"라고 탄식하면서 두 손으로 얼어붙은 무덤을

마구 파헤치니 열 손가락에서 피가 흘러내렸다. 이런 상태가 계속돼 아기와 어머니가 거의 죽을 지경에 이르렀다. 이때 나무하던 여인이 이들 모자를 발견하고 불쌍해 여겨 남편 친척의 집으로 데리고 가 위로하고 달래었다. 하지만 끝내 주변의 말을 듣지 않고 약을 마시고 죽음을 택했다.

—『영조실록』102권, 영조 39년(1763년) 8월 1일

열녀문을 세우고 표창하는 정려의 대상이 되면 그 가족에게 면천의 기회가 주어지고 부역이나 조세를 면제해주었다. 이런 현실이 상민과 천민까지 열녀 대열에 기꺼이 뛰어들도록 하는 한 요인이 되었다. 열녀 확산은 무엇보다 유교화 정책의 한 결과였다. 유교 가치와 규범이 사회에 뿌리를 내렸다는 증거이기도 했다.

양반 가문은 열녀를 배출함으로써 가문의 영예를 과시하고 사회적 지위를 더욱 확고히 할 수 있었다. 한 가문의 여인이 열녀로 공인받는다는 것이 그 가문의 신분 특권을 지속적으로 보장하는 사회적 인정 절차가 돼갔다. 이제 '여성의 성性'은 가문 차원에서 논의되고 통제되는 대상이 됐다.6 열녀문을 세우기 위해 무리하면서까지 연명으로 상소를 올렸다. 성범죄에 연루된 집안 여성을 죽음으로 몰아가기도 했다. 간통 사실이 외부에 알려지는 것을 방지하고 관의 개입을 차단하기 위해 여성을 자살하게 하거나, 심지어 타살하기도 했다. 간통 당사자인 여성이 목숨을 잃으면 그 사안은 더 이상 논란이 되지 않았다.

조선 후기에 일어난, 정절을 증명하기 위한 '여성의 자살'도 사회적

타살이라는 측면에서 살필 수 있다. 자살의 대부분이 남편에 대한 애절한 사랑에서 비롯되었다기보다는 외부의 압박에 기인한 측면이 더 컸다. 완력으로 강요하지 않았다 해도 목숨으로 정절을 세태에 널리 알리길 원하는 가문 집단의 무언의 강요가 죽음을 재촉했다. 마음의 정숙과 몸의 정조를 여자의 의무이자 미덕이라고 가르쳐온 유교의 교조화된 가르침이 극한의 선택으로 내모는 추동력이 되었다. 남편을 따라 생을 마감한 화순옹주和順翁主(1720~1758)의 자살 또한 어찌 혼자만의 선택에 의한 순수한 죽음이라 할 수 있겠는가? 영조의 딸인 화순 옹주는 정조의 고모이기도한데, 추사 김정희의 집안으로 시집을 갔다. 그런데 1758년 남편이 세상을 떠나자 화순 옹주는 곡기를 끊고 애도하다 10여 일 만에 죽음에 이른다.

임금(정조)이 화순귀주和順貴主의 마을 어귀에 정문旌門을 세우게 하고, 널리 일렀다. "선대 왕(영조)께서 화순옹주의 집에 가시어 위로하면서 음식을 권했으나 끝내 음식을 들지 않았다. 어질고 효성스러운 화순 옹주가 임금과 어버이의 말씀을 따라야 한다는 의리를 모르지는 않았겠지만 한번 정한 뜻을 바꾸지 않았던 것은 왕명을 따르는 효도는 작고 남편을 따라 죽는 의리는 크기 때문이었다. 아! 참으로 매섭도다. 옛날 제왕의 가문에 없었던 일이 우리 가문(이씨 왕가)에는 있었으니, 이는 조선에 곧은 정조와 믿음을 가진 여인이 있다는 근거가 되고, 또한 우리 가문의 아름다운 법도를 빛내는 일이 아니겠는가?"

　　　　　　　　　　　　　　—『정조실록』 15권, 정조 7년(1783년) 2월 6일

생명을 끊어야 했던 고모에 대한 연민이나 한 여인을 자살에 이르게 한 사회적 배경에 대한 인식에 앞서 '나라의 자랑'과 '가문의 영광'이 먼저 운위된다. 이처럼 조선사회에서는 생명보다 더한 가치가 여자의 정절이었다. 여자의 목숨은 한 가문의 영광과 나라의 도덕을 세우기 위한 수단이었고, 정절 자살은 유교사회의 도덕 수준을 함양시키는 윤리적 실천이었다. 이 자살은 지배세력에 의해 도덕의 전범으로 다듬어지고, 또 널리 전파돼 또 다른 여인의 자살을 유인했다.

조선의 지배층 남성은 여성에게 정절에 대한 극한의 기준을 강요하고 순결에 대한 일방적인 책임을 요구했다. 하지만 남성 자신에게는 느슨한 기준을 적용해, 축첩이 허용되었고 혼외정사가 허락되었다.

남편은 아내와 떨어져서 기거한다. 부부 사이의 우정이나 애정의 표현 같은 것은 없다. 남자의 즐거움은 여자친구나 기생을 통해서 얻어진다. '우리는 아내와 결혼하지만 첩과 사랑을 나눈다'라고 이야기한 조선 양반의 표현으로 그들의 결혼 관계를 간략하게 요약할 수 있다.

—이사벨라 버드 비숍, 『조선과 그 이웃나라들』

조선에서 남편은 자신이 사랑하지 않는 여인과 결혼한다. (…) 아내는 사랑을 받아야 할 사람이 아니라 그저 아버지로부터 아들로 가족의 대를 이어줄 용도로 쓰이는 무생명의 대상일 뿐이다.

—제임스 스카스 게일, 『코리아에 대한 소묘』

조선의 양반은 적자 중심의 순수 부계 혈통과 가부장적 가족질서를 위해 안방에는 열녀를 두었고, 욕망과 쾌락을 위해서는 그 옆방에 첩을 두었으며, 나들이에서는 기생을 찾았다.

성과 관련한 법과 제도 측면에서도 양반 남성은 특별한 대우를 받았다. 사족이 상민이나 천민을 성폭행해도 형벌을 제대로 적용하지 않았다. 특히 현직 관료일 경우는 파직 정도에 그쳤으며, 이마저도 3~4년이 지나면 어렵지 않게 복직이 가능했다. 또한 성폭행 가해자인 남성만이 아니라 피해자인 여성에게도 법적 처벌을 가해, 성범죄의 원인과 책임을 여성에게도 지웠다. 더구나 기생에 대한 성폭행은 처벌이 매우 가벼웠다. 기생에게는 성폭행의 가해자 처벌을 요구할 권리마저 제대로 인정되지 않았다.

한진漢眞이라는 여성이 관가의 건물에서 성폭행을 당했다고 한다. 그가 지목한 사람들을 조사하니 모두 겁간했다고 진술했다. 그렇지만 임금은 이 사건을 다르게 보았다. "그 일은 의심의 여지가 없지만 관가의 건물에서 성폭행을 당한 데 대한 법률의 처벌 조항이 없다. 또한 한진은 본래 몸을 파는 천한 기생이다. 처음에는 협박을 당하였으나 끝내는 스스로 정절을 지킬 수 없는 처지이니, 이를 성폭행으로 논할 수는 없다."

—『영조실록』 67권, 영조 24년(1748년) 3월 23일

조선의 지배층 남성은 저잣거리에서는 희롱할 기생을 길러내고, 담장 높은 안채에서는 순결한 열녀를 만들어내었다. 그리고 자신들에게

는 정절의 원칙이 아니라 쾌락의 원리를 마음껏 적용했다. '쾌락을 원하는 몸'과 '정절을 필요로 하는 마음' 모두를 만족시키고자 했던 것이다. 효와 함께 정절은 조선 유교화 정책의 양대 실천 가치였다. 특히 정절은 조선 후기로 갈수록 더욱 강조됐다. 지배세력은 정절을 지킨 여성에 대한 정려정책을 왕조가 끝나는 날까지 멈추지 않았다.

> 의정부에서 아뢰었다. "임실에 사는 선비 유각柳珏의 아내 홍씨洪氏는 자기 남편이 병으로 죽게 되자 의리를 지켜 약을 먹고 죽었으니 표창해야 마땅합니다."
>
> ─『고종실록』 29권, 고종 29년(1892년) 7월 18일

> 충청병사忠淸兵使 이장회李長會가 아뢰었다. "병정兵丁 나용석羅用錫의 처 임소사林召史는 자기 남편이 죽었다는 소식을 듣고 우물에 몸을 던져 따라 죽었습니다. 그처럼 비천한 몸으로 이렇듯 뛰어난 행실을 이루었으니 표창하는 원칙에 따라 즉시 정문을 세워야 할 것입니다."
>
> ─『고종실록』 32권, 고종 31년(1894년) 10월 24일

조선사회는 왜 이토록 여성의 정절을 줄기차게 강조했을까? 유교국가의 사회질서와 권력관계는 기본적으로 부자·부부·군신이라는 삼강三綱을 통해 규정된다. 이들 삼강 관계는 가족 내 가장의 지위와 역할에 기초하고 있으며, 아들이 행하는 효와 아내의 절개와 같은 덕목이 제대로 지켜질 때 가장의 지위가 확고하게 보장된다.[7] 또한 효의 구체

적인 실행은 아내가 없이는 이루기 힘든 것이 대부분이다. 소학에서는 효를 살아 계실 때는 그 공경함을 다하고, 봉양함에는 그 즐거움을 다하고, 돌아가시면 그 슬픔을 다하고, 제사 지낼 때는 그 엄숙함을 다하는 것으로 보았다. 이러한 효는 음식을 만들고 의복을 지어 부모를 모시고, 살림을 꾸려 친척 간 화목을 유지하고, 예의를 차려 손님을 맞고 제사를 지내고, 대를 이을 아이를 낳아 기르는 아내의 활동 없이는 애초에 그 실행조차 불가능했다. 부녀자의 덕행은 한 가족과 가문의 번성을 위한 바탕이었다.

이러한 가부장적 가족질서가 제대로 유지될 때 유교사회의 질서가 바로 잡히고 왕조의 권력과 국가의 번영도 가능했다. 만약 여성이 부덕해 가정을 제대로 꾸려가지 못하거나 마음대로 개가해 가족질서에서 함부로 이탈한다면 유교사회의 기반인 가족제도는 금세 허물어질 것이다. 여성의 정절 규범이 혼탁해지거나 여성에 대한 성적 통제가 제대로 이뤄지지 않을 경우 가족질서의 혼란은 더욱 커질 것이다. 이는 곧바로 사회질서를 어지럽히고 나아가 왕조체제와 유교국가의 존립마저 위태롭게 할 수 있었다. 여성—아내의 이런 역할 때문에 나라가 나서서 나이 든 사족 여성의 결혼을 주선했으며, 여성의 개가를 금지하고 목숨보다 더한 정절을 요구했던 것이다.

조선의 지배층 남성은 정절의 가치를 드높이고 정절의식의 학습과 내면화를 통해 여성을 통제해나갔다. 절부를 발굴해 아낌없이 상을 내리고, 문란한 여성은 가차 없이 처벌했다. 여성으로서의 올바른 삶이 무엇인지를 보여주는 모범을 제시하며 여성의 내면을 남성에게 유리한 방향으로 조직해나갔다. 조선 성리학이 이론적 깊이를 더해가고, 조선사회에 유교화의 그물이 좀더 촘촘해지면서 여성에 대한 성적 통제도 그 위력을 더해갔다. 유학 이념의 이상과 현실 간 괴리가 커지고, 절의와 충 같은 사림 정신이 더욱 혼탁해지고, 신분제 사회의 그늘에서 고통받는 백성이 늘어나고, 여성에 대한 차별과 억압이 도를 더해가면서 이상하게도 열녀는 더욱 증가했다. 신분제 사회의 억압과 착취 제도가 가져오는 모순을 틀어막고 그 폐해를 무마하기 위해 조선 지배층은 가족질서의 근간인 여성 통제에 더욱 필사적으로 매달렸던 것이다. 여성은 남성 중심의 신분제 사회를 유지하기 위한 교두보였으며, 여성에 대한 성적 통제조치는 위계적 유교질서를 존속시키기 위한 희생제의였다.

12장_에필로그
조선 지배층에 대한 세 개의 이미지

❖한자·이두·한글 │ 조선의 문자 분리정책

집현전 소속 일부 관리의 반대가 예상보다 거셌다. 최만리와 정창손 등, 직급이 높은 학자들이 주축이 돼 한글[1] 사용을 극구 반대하고 나섰다. 1444년 2월, 세종이 훈민정음이나 언문諺文으로 불린 한글을 공적으로 사용하겠다는 뜻을 밝힌 지 두 달이 채 못 되는 때였다.

집현전 부제학 최만리 등이 상소했다. "형옥刑獄의 공평과 불공평은 옥리가 어떠하냐에 달려 있는 것이지, 말과 문자의 같고 같지 않음에 좌우되지 않는다는 사실을 알 수 있습니다. 그러니 언문으로써 옥사를 공평하게 한다는 것에 대해 신 등은 그 옳은 줄을 알 수 없사옵니다."(…) 임금이 상소를 보고 나서 최만리 등에게 일렀다. "이두를 만든 본뜻이 백성을 편리하게 하려는 것이 아니겠느냐? 백성을 편하게 하기로 말하

자면 지금의 언문도 또한 백성을 편하게 하려는 것이다. 그대들이 설총
은 옳게 여기면서도 그대들의 임금이 한 일은 그르다고 하니, 그 까닭이
무엇인가?"

—『세종실록』103권, 세종 26년(1444년) 2월 20일

신하들은 한글 사용으로 백성이 법률 조항의 뜻을 알면 법 집행이
공평해질 것이란 임금의 주장에 반론을 폈다. 옥사의 억울함은 법조항
을 이해하지 못한 데서 발생하는 것이 아니라 형벌을 다루는 관리에게
달린 것이라 반박했다. 또한 조선이 중화의 글이 아닌 고유의 문자를
만들어 사용한다는 것은 사대의 예에도 어긋나는 일이라 보았다.

이에 대해 세종은 한글 사용의 정당성을 백성을 위한다는 위민爲民
에서 찾고, 이를 근거로 신하들의 반대를 물리친다. 군주와 사대부가
백성을 교화하고 이끌 책임이 있다고 천명한 유교사회에서 세종의 이
러한 위민 논리는 명분을 얻기가 한결 쉬웠다.

또한, 한글 사용을 반대하는 이들은 한글이 통용되면 일반 백성 가
운데서도 과거에 급제해 관직에 오르는 사람이 많이 나올 수 있다는
점을 크게 우려했다. 세종은 과거시험은 한문만으로 치러질 것임을 밝
혀 이런 우려를 불식시켰다. 세종의 한글정책은 지배계층의 문자인 한
자가 지니는 특권을 침해할 의사가 애초에 없었던 것이다.

한글은 일반 백성들의 문자가 됐다. 한글로 편지를 주고받게 되면서
백성들 간의 인간관계와 소통의 폭이 넓어졌고, 행정 사안과 명령이
순조롭게 전달돼 백성과 관청의 의사소통이 원활해졌다. 백성이 의사

를 밝히는 경우가 많아졌으며, 이는 조정에서 백성의 동향을 파악하는
데 유용한 정보를 제공하기도 했다.

> 하연河演을 영의정부사領議政府事로 삼았다. (…) 하연은 까다롭게 살피고
> 또 노쇠하여 행사에 착오가 많았다. 어떤 백성이 하연의 이런 점을 가리
> 키며 언문으로 벽에다 '하정승河政丞아, 또 공사公事를 망령되게 하지 말
> 라'고 써놓았다.
>
> —『세종실록』 126권, 세종 31년(1449년) 10월 5일

조선 지배층 입장에서 한글은 정치권력 정당화와 교화정책을 펼 수
있는 제도적 공식 문자로 활용됐다. 천명에 따른 조선 건국의 의미를
담은 『용비어천가』와 같은 책을 한글로 펴내 왕조체제의 정당성을 선
전했다. 『삼강행실도』와 『번역소학飜譯小學』 같은 한글본 윤리교과서를
보급해 유교 가치와 예법을 확산시키고 유교화 정책에 박차를 가했다.
유교 이념과 덕목을 백성에게 내면화시켜 신분제에 바탕을 둔 유교질
서에 대한 동의를 이끌어내고, 백성 스스로 이러한 유교질서에 동참하
도록 했다. 한글 보급이 일종의 규율권력을 탄생시키는 요인이 됐던
것이다.

세종 때에 한글이 등장하면서 조선은 신분에 따른 삼원 구조의 문
자정책을 펴게 된다. 지배층인 양반은 한자를 사용해 뜻을 나누고 글
을 지었다. 한자로 지식을 생산하고 유통시켰으며 이로써 사상과 학문
을 독점했다. 중인 계층은 이두를 사용해 공공문서를 작성하고 행정업

무를 처리했다. 이들도 자신들만의 문자를 활용해 신분 정체성을 강화해나갈 수 있었다. 백성에게는 한글이 주어졌다. 일반 백성과 부녀자들은 한글이 사용되기 전엔 문자생활을 제대로 누리지 못했는데, 이제 국가의 문자정책 대상에 적극적으로 포섭됐다.

위민과 애민이라는 한글 창제의 명분 이면에는 지식을 독점하고 신분질서를 유지하려는 통치 전략이 숨어 있었다. 한글 보급은 문자생활을 필요로 하는 피지배층의 요구에 대한 지배층의 적극적인 대응책이었다.

한자를 일반 백성에게 허용할 순 없었다. 한자는 사상과 학문, 경제, 외교, 문화, 예술 등 사회 모든 분야의 정보가 응축된 지식의 세계로 들어갈 수 있는 문이었다. 조선 지배층은 한자라는 문자를 독점함으로써 이러한 지식을 자신들의 영향권 아래 두고 정치권력과 사회적 권위를 지키려 했다. 삶에 필요한 생산물을 통제하고 도덕과 문화의 향방을 조절하려 했다. 지식은 지배의 자원이자 통치의 자본이었다. 그런 지식은 마땅히 독점되어야 했다.

이제 조선 지배층은 한자 대신에 새로운 문자인 한글을 보급함으로써 자신들만의 지식세계를 계속해서 배타적으로 영위하고자 했다. 한자에 대한 일반 백성의 접근을 차단하는 '배제의 전략'에서 다른 문자를 제공해 이들을 지배체제에 맞게 개조하고 적극 수용해 관리하는 '포섭의 전략'으로 정책을 넓혀나간 것이다. 한글 창제와 보급을 주도한 세종과 집현전의 젊은 학자들은 이러한 지배 전략의 선구자였다. 포섭의 전략에 의해, 유교 가치와 예는 사고와 행위에 있어서 모두가 따라야 하는 모범으로 자리 잡았다. 조선 후기에 평민과 천민계층에까지 스며든 유교화는 이를 반영하는 사회 현상의 하나였다. 한글에 의한 유교 덕목의 확산으로 양반의 가치관과 생활 방식은 비난의 대상이 아니라 배움과 추종의 대상으로 격상됐다.

물론 한글 보급이 피지배층의 대항 커뮤니케이션 조성을 도왔다는 사실을 무시할 수는 없다. 한글로 인해 평민층에 나름의 의사소통의 장이 형성되고 신분제 사회의 현실에 대한 성찰의 시각이 없지는 않았지만 이는 기존 사회질서와 위계 구조를 뒤엎을 정도는 아니었다.

한자 사용은 양반 신분과 양반이 아닌 신분을 구분하는 사회적 기준이었다. 지배세력과 피지배세력을 분리하는 문화적 장벽이었고, 신분 간 단절과 격차를 강화하는 문화자본으로 작용했다. 한자와 이두, 한글에 의한 문자분리정책은 한 나라의 사회체제를 규정하고 유지하는 강력한 버팀대였다. 한글 창제는 조선이 지식의 생산과 유통을 조절하고 통제하는 지식─권력에 의한 지배를 거침없이 실행해간 나라였음을 증명한다.

조선은 유학이라는 지식체계와 이념을 내세워 500여 년이라는 세월 동안 동일한 사회체제를 유지했다. 사상과 학문이 인간관계와 사회 성격을 총체적으로 규정하고, 도덕과 사회윤리를 이토록 강력하게 이끌어간 나라는 조선 외에는 없었다. 중국도 유학 이념을 앞세운 나라였지만 유학이 정치권력과 사회 전체를 규정하고 재단할 정도는 아니었다.

조선의 유학은 지배계층의 이익을 대변하는 철저한 도구적 지식이었다. 이러한 지식─권력을 보유한 조선 지배층이 추구한 사회는 인간을 차별하고 배제하는 극한 신분의 나라였으며, 인간을 억압하고 착취하는 위계의 사회였다. 이러한 사실을 내보이지 않는 조선 성리학에 대한 긍정과 조선 유학자에 대한 찬사는 또 다른 이데올로기에 불과하다. 횡행하는 자본과 인간소외, 사물화라는 오늘의 현실에 상처받은 나머지 힘들게 찾아낸 지난 시대를 향한 흠모이든, 윤색된 어제를 빌려와 오늘의 지배체제가 가진 모순과 폐해를 합리화하려는 작위이든 말이다.

관료제를 이끌고 권력을 휘두르는 정치가로, 최대의 경제자원인 토지를 가진 지주로, 사상을 독점하고 도덕 헤게모니를 장악한 문화권력자로, 조선 지배층의 500년 지배는 실로 놀라운 데가 있다. 그렇더라도 이들의 언변에 가린 실상은 제대로 파악해야 한다. 이이가 말했듯이 진짜 선비와 속된 선비를 구분하고, 이들이 통치한 조선의 현실을 이상화된 세상으로부터 분리해낼 필요가 있다. 어떤 사람이 유학 가치를 설파했다고 해서 그가 그 가치를 실행한 것은 아니다. 유학의 가치 자체를 따져 물어야 한다. 그것은 누구를 위한 지식이고 사상인가? 지배질서 영속을 위한 수단은 아니었는가? 진리와 보편으로 위장된 계급 이념은 아닌가?

❖계해정변인가 인조반정인가?

정변은 성공했다. 창덕궁에서 연회를 즐기던 임금은 힘 한번 제대로

써보지 못하고 왕좌에서 물러났다. 군사를 동원한 무력정변이었지만 왕권 교체는 무혈입성이나 다름없었다. 1623년 3월 13일, 김류金瑬·이귀李貴·신경진申景禛·이괄李适·최명길崔鳴吉 등이 주축이 된 서인 세력이 집권당파인 대북大北 세력을 몰아내고 능양군綾陽君을 새로운 임금으로 추대했다. 이렇게 해서 조선의 16대 왕으로 인조(재위 1623~1649)가 즉위하고, 쫓겨난 왕은 조祖나 종宗의 묘호를 받지 못한 채 광해군이란 이름으로 남게 되었다. 계해년에 일어난 이 정변은 정통으로 돌아가거나 정도正道를 회복한다는 뜻을 담은 반정反正, 곧 인조반정이라 불렀다.

정변 다음 날, 주도세력은 폐위됐던 인목대비의 이름으로 교서를 내렸다. 정변의 구실을 알리고 새 왕을 추대한 명분을 밝힘으로써 왕위 교체의 정당성을 확보하려는 조치였다.

광해는 남을 헐뜯고 해치려는 자들의 말을 신임하고, 또한 그 스스로 시기하고 미워하는 마음을 가져 우리 부모를 죽였다. 우리 일가를 몰살시키면서 품속에 있는 어린 자식까지 빼앗아 죽였다. 나를 유폐하여 곤욕을 치르게 했다. 이로 보건대 그는 인간의 도리라고는 조금도 없는 자다. (…) 정사를 행함에 뇌물 바치는 자들만을 기용해 무식한 자들이 조정에 가득했고, 돈을 가져와 벼슬을 사는 풍조가 마치 장사꾼이 물건을 흥정하는 것 같았다. (…) 광해는 은덕을 저버리고 천자(명나라 황제)의 명을 두려워하지 않았으며 배반하는 마음을 품고 오랑캐(후금)와 화친하였다.
—『광해군일기』 187권, 광해군 15년(1623년) 3월 14일

교서에 따르면 광해군은 내정과 외치 모두에서 잘못된 정치를 한 사악한 군주였다. 유교의 근본 가치인 효를 어기고 형제간의 인륜을 저버린 패륜아였다. 위민과 예에 의한 왕도정치를 거슬렀으며, 국시인 대명사대를 어겼다.

그러면, 정변 세력이 내세운 이러한 명분이 이들의 정변 동기와도 일치하는 것일까? 다시 말해, 정변 주도세력의 행위를 일으키게 한 직접적인 계기는 무엇이며, 그것은 정변의 명분과 어느 정도 일치할까?

인조로 즉위하는 능양군은 인목대비의 폐위에 참여한 인물이다. 때문에 정변의 명분으로 내세운 폐모는 진정한 동기로 보기 어렵다. 오히려 광해군에 대한 원한과 자기보호 차원에서 정변의 설득력 있는 동기를 찾을 수 있다.[2] 능양군의 아우 능창군綾昌君은 역모에 연루돼 죽음을 당했다. 아버지 정원군定遠君은 집터에 왕기王氣가 있다는 소문이 나돌아 광해군에게 집을 빼앗기게 되는데, 이 집터는 경덕궁 대지로 편입됐다. 이후 정원군은 두문불출하다 죽음을 맞는다.

주모자 김류 또한 폐모라는 정변의 명분에 적합하지 않은 행보를 보였다. 정변 이후 김류는 인목대비 폐위에 참여했던 자들을 관직에 추천하고 등용했기 때문이다. 김류는 정변이 있기 수년 전에 역모사건에 관련돼 곤욕을 치른 적도 있었다.

이귀는 광해군 즉위 전부터 대북 세력의 영수인 정인홍과 사이가 좋지 않았으며, 광해군이 즉위한 뒤엔 외직 근무로 냉대를 받았다. 이후 옥사에 연루돼 유배생활을 하다가 정변 2년 전인 1621년에야 풀려났다.

정변 주도의 또 다른 축인 신경진은 정원군 집안의 인척으로 매우 불리한 처지에 놓여 있었다. 더구나 역모로 사형당한 신경희의 사촌으로 정계 진출에 낙인이 찍힌 상태였다. 이처럼 정변 주동자들은 대부분 역모 사건으로 피해를 입거나 광해군 치하에서는 정치적 포부를 펼칠 수 없는 상태였다. 이들의 이런 특별한 처지가 정변의 동기로 작용했음을 부인하기는 어렵다.

임금과 집권세력을 쫓아낸 명분으로 작용한 특정 사안을 정변 주도 세력이 제대로 실천했는지도 살펴야 한다. 정변 세력은 효제를 기반으로 한 인륜 정치를 구현하고, 권력을 함부로 휘두르지 않고, 청렴했으며, 참으로 민생을 제대로 돌보았는가? 반정이라는 말이 뜻하는 대로, 잘못을 바로잡아 정당한 도리를 이루었는가? 정변 뒤의 정치 흐름과 사회상은 이러한 물음에 결코 긍정적인 답을 주지 않는다.

계해정변 세력은 '광해군이 명나라를 배신하고 후금과 화친했다'는 정변의 명분을 스스로 폐기하는 모순까지 보였다. 인조 사후에 쓰인 『인조실록』의 「인조대왕행장仁祖大王行狀」에는 계해정변의 명분으로 광해군의 외교문제는 거론되지 않는다. 조정의 부정과 부패, 지나친 토목공사, 외척과 간신의 전횡, 폐모살제 등을 하나하나 언급하지만 광해군이 명나라를 배신했다는 말은 자취를 감추었다. 인조 정권이 전쟁에서 패배하고 오랑캐에 충성을 맹세함으로써 광해군보다 더 심하게 명나라를 배신했기 때문이었다. 광해군의 친후금 외교노선이 적절했음이 드러난 마당에 이를 정변의 명분으로 공공연하게 내세울 수는 없던 것이다. 이들에게 명분이란 실제로는 정세 변화와 이익 여부에 따라 취할 수도 있고 버릴 수도 있는 가변적인 것이었다.

계해정변이라는 역사적 사건은 조선 지배층이 내세우길 좋아하는 도리나 명분의 허구성을 강하게 드러낸다. 이들이 주창하는 명분론은 권세를 누리고 부를 향유하려는 의도를 감추기 위해 온갖 수사를 동원하는 선전 문구에 가까웠다. 남을 억누르면서까지 충족해야 하는 과도한 욕망을 도덕개념이라는 지적 구성물로 은폐하려는 정교한 정치 전략의 산물이기도 했다.

이러한 사실은 도덕정치의 이상마저 의심스럽게 한다. 유학자들은 자신들이 백성을 위한 정치를 펼친다고 줄곧 주창해왔다. 자기규율의 정신과 유교규범으로 사회를 도덕적으로 다스려나갈 수 있다고 강변했다. 하지만 이 또한 실상을 가리는 구실에 지나지 않았던 것은 아닐까? 그러하다면, 도덕이 권력을 규제하고 정치를 규율할 수 있다는 사림의 통치논리는 자신들의 입지를 합리화하기 위한 이데올로기에 불과할 것이다. 조선시대는 자신들의 이익을 우선적으로 챙기는 '욕망의 정치'를 '도덕정치'라는 허울로 가리려 한 조작과 통제의 지배기였다.

❖미국 대통령의 딸, 앨리스 환대 사건 | 소국의 환몽幻夢

조선[3]이 일본에 병합되기 약 10개월 전인 1909년 11월 16일, 미국『뉴욕타임스』에 조선 황실과 관련된 흥미로운 기사가 실렸다. "롱워스 부인이 한국인들을 놀라게 하다Mrs. Longworth amazed Koreans"라는 제명으로 실린 이 기사는 한동안 미국 정치계와 사교계의 논란거리가 됐다. 하원의원인 니컬러스 롱워스Nicholas Longworth의 부인이 결혼하기 전인 1905년에 조선을 방문했는데, 한 황후의 능陵에 무례를 범했다는 기사였다. 롱워스 부인은 당시에 미국 26대 대통령인 루스벨트의 딸로 앨리스 공주라 불리며 정치계에도 영향력을 행사하고 있었다. '앨리스 사건'은 순방 당시 조선 황실에서 의전을 담당했던 독일 여성 에마 크뢰벨Emma Kroebel이 펴낸 자서전의 내용을 기사화했다.[4]

앨리스는 명성황후의 무덤가에서 무덤을 수호하고 있는 동물들의 조각에 더 많은 관심이 있는 듯했다. 특히 그녀의 관심을 끌었던 것은 큰 코끼리 석상이었는데 그녀는 곁눈으로 흘낏 보더니 재빨리 말에서 내려서 순식간에 그 코끼리 석상에 올라탔다. 그러고는 곁에 있던 롱워스에게 사진을 찍어달라고 소리쳤다. 이것을 본 우리 일행은 그녀의 그런 망나니 같은 짓에 경악했고 온 몸이 마비되는 것 같았다. 그토록 신성한 곳에서 저지른 그와 같은 무례한 짓은 한국의 역사에서 찾아볼 수 없는 일이었다.

　　　—에마 크뢰벨, 『내가 어떻게 조선의 궁정에 들어가게 되었는가』

앨리스 측에서는 에마 크뢰벨의 주장이 거짓이라며 『뉴욕타임스』에 실린 기사 내용을 전면 부인했다. 능에 있는 석상은 일종의 숭배물이며, 다른 방문객과 마찬가지로 공경의 마음으로 대했다고 해명했다. 앨리스의 무례한 행동이 사실이라면 이는 정치활동을 재개하려는 루스벨트나 한창 활동 중인 롱워스 의원을 비난할 꼬투리가 될 수도 있었다. 앨리스 사건의 진위 여부는 쉽게 판명나지 않았고, 사건에 대한 추측과 소문만이 한동안 정치사교계의 뒷공론으로 떠돌았다. 그러다 뒷날, 석상에 올라탄 앨리스의 사진이 발견되면서 사건은 사실로 드러났다.

그런데 앨리스 일행이 조선을 방문했을 때 조선의 지배세력은 '황후릉 무례'와는 비교도 할 수 없는 또 다른 무례를 당해야 했다. 당시 조선 측에서는 그러한 사실조차 인지하지 못했지만 앨리스를 비롯한 미국 외교사절단은 조선에 모욕에 가까운 무례를 저질렀다.

1905년 9월, 고종황제는 일본과 필리핀, 중국을 거쳐 조선을 찾는 미국 외교사절단을 최고의 예를 갖추어 맞도록 했다. 국빈 대접을 지시했으며, 특히 미국 대통령의 딸인 앨리스를 극진히 모시도록 했다.

앨리스 루스벨트를 위해 황실에서는 황실 가마를 배정했고 일행 모두에게도 관청의 가마를 준비했다. 모든 집에는 미국과 대한제국 국기가 내걸렸는데, 내걸린 미국 국기 중에는 별이나 줄무늬가 빠진 경우도 있었고 색깔도 여러 가지였다. 그러나 국빈에게 경의를 표하려는 사람들의 마음을 보여주기에는 충분했다.

—『코리안리뷰Korean Review』(1905년 9월호)

황실근위대와 군악대가 분위기를 고조시켰고 고위관료들이 모두 나서 미국 외교사절단에게 정중하게 예의를 차렸다. 고종황제도 친히 사절단을 맞았으며, 앨리스와 오찬을 함께하며 우의를 표시했다. 당시 조선의 지배세력은 일본의 간섭과 점점 노골화되는 병합 야욕에서 벗어나기 위해 일본의 압박을 막고 조선을 지지해줄 다른 외세를 절실하게 찾고 있었다. 미국은 그에 적합한 나라였다. 미국 대통령의 딸인 앨리스와 외교사절단 일행은 고종황제와 지배세력의 이러한 뜻을 성사시켜줄 끈이 될 수도 있는 사람들이었다. 이들에 대한 국빈 대우에는 조선 조정의 이러한 계산이 깔려 있었다. 거기에는 수백 년 동안 계속돼온 사대외교의 관성도 한몫을 했을 것이다.

고종황제는 앨리스와 오찬을 나눈 뒤 오후에는 동대문 밖 야외에서 축하모임을 가지기로 했다. 그 전에 고종은 일행을 청량리에 있는 명성황후의 능으로 안내했다. 조선의 황후가 일본 무사에 의해 처참한 죽음을 당했다는 사실을 알려 일본의 침략 야욕과 만행을 자연스럽게 전하려는 의도가 개입된 일정이었다. 앨리스의 '황후릉 무례 사건'은 바로 이날의 오후 일정에서 일어났다. 그런데, 앨리스의 느닷없는 방자한 행동에 주변 사람들은 놀랐겠지만 정작 황제와 조정 수뇌부는 크게 개의치 않았는지도 모른다. 조선의 존속을 도와줄 든든한 외부 버팀대를 가져야 한다는 원망顧望이 차려야 할 예의를 잠시 미뤄두게 했을 것이다. 강대국 최고 권력자의 발랄한 딸이 미처 알지 못해 행하는 조금은 당돌한 행동으로 치부하며 스스로를 위로했을지도 모른다.

하지만 이날의 극진한 예우와 미국에 대한 기대로 가득한 속내는 조선 지배층만의 어설픈 꿈이었다. 미국 외교사절단 대접은 일방적인 사대외교 의례였다. 미국은 일본의 야욕을 막아줄 버팀목이 아니라 일본의 야욕 성취를 앞당겨주는 열강에 지나지 않았다. 미국은 외교사절단이 조선을 방문하기 직전에 일본의 조선 지배를 묵인하는 협약을 맺었던 것이다. 이른바 가쓰라–데프트 밀약으로 알려진 미국과 일본의 비밀협정이었다. 일본은 미국이 지배하는 필리핀을 침략하지 않고 미국은 일본의 한국 보호국화를 승인하는 게 협정의 골자였다. 미국과 일본은 1910년의 조선병합늑약의 예비공작을 이미 비밀리에 끝냈던 것이다. 일국의 식민지화를 마음대로 승인하고서 그 직후에 당사국을 아무렇지도 않게 방문하는 강대국의 행위는 무례를 넘어선 뻔뻔함이었다. 고종은 이런 사실을 알지 못한 채 미국과 공수동맹攻守同盟을 맺으려 온갖 환대를 동원했다. 좁은 시야와 무능으로 강대국의 속내를 알아채지 못하고 힘센 나라에 기대려고만 하는 약소국의 외교사절단 대접은 그 자체로 틀림없는 치욕이었다.

중국, 일본, 러시아 그리고 미국……. 외세의 힘으로 외세를 막아보려던 조선 지배층의 국가 존립정책은 여지없이 무너졌다. 앨리스 일행이 서울을 떠난 지 두 달이 채 되기 전에 조선은 일본에 외교권을 박탈당하는 을사늑약을 체결한다. 일본은 서울에 통감부를 설치하고 조선의 식민지 시대를 준비했다. 사대에 의지한 조선의 외교 전략은 미국에 대한 일방적인 흠모가 좌절되면서 사실상 끝을 보았다. 외교권 박탈 뒤에도 서구 열강에 조선의 급박한 국운을 내보였지만 힘에 의한 세계정치의 판세는 이미 굳어진 뒤였다.

대국에 기대어 안보와 안전의 틀을 마련하고 이를 지배정책으로 활용한 조선 지배층의 통치 전략은 마침내 그 효력을 다했다. 이를 알아

챈 지배세력 일부는 새로운 사대정책을 과감하게 실행에 옮겼다. 이들은 백성을 버리고 다른 나라에 자신과 가족의 안녕을 구걸했다. 주권을 강대국에 아예 넘겨버리고 그 강국의 세력 안에서 안위를 구하자는 전략이었다. 이어, 조선의 지배층인 양반과 사림의 외피를 벗고 싶어한 다수의 이들도 나라가 몰락하자 일본이라는 또 다른 세력이 점령한 사회의 특권층으로 재빨리 옮겨 앉았다. 그들의 욕망과 이익은 그러한 사회질서에서도 충분히 보장될 터였다. 이후 식민체제라 불리는 사회질서가 재빨리 자리를 잡았다. 식민지화는 조선 지배층의 또 다른 통치 방식이자 지배의 전략이었다. 조선이라는 나라의 이름은 지워졌지만 그 나라를 통치한 양반의 자손들은, 조선 사림의 후예들은 그렇게해서 몰락하지 않고 존속했다.

위계와 특권이 보장되는 나라로서의 조선은 그래서 지금도 그 속내를 거두지 않는다. 단상에서의 외침과 달리 그러한 조선을 속 깊이 품고 있는 양반과 사림 후예들의 통치 방식과 지배 전략도 여전히 힘을 잃지 않고 있다. 그 조선은 아직 끝나지 않았고 그 후예들은 지속되고 있다.

주註

1장 프롤로그 _ 조선에 대한 세 개의 초상

1) 김상준, 「유교의 정치적 무의식」, 『다산학』 22(2013.6), 197쪽

2) 중국과 조선의 철학자 통치에 대한 포시위스의 주장은 다음 논문을 참조해 재인용하고 정리했다; 김상준, 「유교의 정치적 무의식」, 『다산학』 22(2013.6), 197~198쪽

3) 일반인에게 '유학儒學'과 '유교儒敎'라는 용어는 엄격하게 구분돼 사용되기보다 대체로 혼용되고 있는 실정이다. 학계에서는 두 용어의 발생 배경과 쓰임에 대한 이견이 있다. 유교라는 용어가 유학의 종교성을 부각시키고 일본 천황제의 근대성을 강조하기 위해 고안되었다는 주장을 펼치는 학자가 있다. 이와 달리, 유교라는 용어가 널리 쓰이게 된 것은 소수 음모자들이 행한 획책의 결과가 아니라 근대적 상황이 여러모로 작용한 결과라고 파악하는 학자도 있다. 이 견해는 유학, 유교, 유가儒家 모두 전통시대의 용례에서는 큰 차이가 없다고 본다.[김기협이 지은 『망국의 역사, 조선을 읽다』에 대한 오항녕의 서평과 이에 대한 김기협의 반론 참조.(프레시안 2010. 8. 27, 8. 28 기사)]

두 용어를 성격과 범주에 따라 구분하기도 한다. 유학은 공자 이래 발전한 철학이나 학문 분야를 주로 가리키는 용어로 쓰고, 유교는 좀더 범위를 넓게 잡아 정치·경제·사회·문화에서 특정한 문명적 양태나 형식을 지시하는 말로 사용한다.(김우형과 이창일이 지은 『새로운 유학을 꿈꾸다—내일을 위한 신유학 강의』 51쪽 참조.) 이 책에서는 성격과 범주에 따라 구분

한 경우를 기본으로 삼고, 관용적인 표현을 허용했다.

2장 양반과 왕

1) 수도인 서울은 한양, 한성, 서울 등으로 불렸는데, 이 책에서는 용어를 통일해 이해의 편 의를 돕기 위해 한양으로 통칭했다.

2) 진덕규, 『한국정치의 역사적 기원』, 지식산업사, 2002, 505쪽

3) 이 책에서는 조선의 지배층을 지칭할 때 대체로 '양반'이나 '사림'이라는 용어를 사용했다. 혼동의 우려나 의미 전달이 적확하지 않을 경우에는 '조선 지배층', '조선의 지배세력'이라 는 용어를 그대로 사용했다.

4) 윤병철, 「조선후기 유랑지식인의 사회사적 의미」, 『정신문화연구』 69(1997), 50쪽

5) 유儒의 기원에 관해서는 다음 글을 참고했다; 김경일, 『유교탄생의 비밀』, 바다출판사, 2003, 261~325쪽

3장 양반, 혹은 사림의 시대

1) 조선 건국세력의 성향에 대한 새로운 주장은 다음의 책을 참고했다; 존 B. 던컨, 김범 옮 김, 『조선왕조의 기원』, 너머북스, 2013

2) 계승범, 「한국의 유교화와 17세기: 도이힐러의 『한국사회의 유교적 변환』과 그 해석」, 『한 국사학사학보』 20(2009.12), 195쪽

3) '16세기 사림파'의 속성과 성향에 대해서는 다음의 자료를 참고했다; 계승범, 『중종의 시 대』, 역사비평사, 2014; 김범, 「조선전기 훈구·사림 세력 연구의 재검토」, 『한국사학보』 15 (2003.9)

4장 지배자의 가면

1) 오종록, 「조선시기의 관료제도 및 그 운영의 특성」, 『한국사연구』 130(2005.9), 4쪽

2) 진덕규, 『한국정치의 역사적 기원』, 지식산업사, 2002, 614쪽

3) 폭력과 약탈에 의한 국가발생설은 주로 다음의 자료를 참고했다; 가야노 도시히토, 김은 주 옮김, 『국가란 무엇인가』, 산눈, 2010, 79~120쪽

4) 김범, 「조선시대 사림 형성의 역사적 배경」, 『국학연구』 19(2011.12), 26쪽

5장 귀천 차별을 엄격히 하라 | 신분제

1) 규장각한국학연구원, 『조선 양반의 일생』, 글항아리, 2009, 28쪽

2) 이영훈, 「제임스 팔래의 노예제사회설 검토」, 『한국문화』 52(2010.12), 345쪽

3) 위의 글, 같은 곳

4) 조선시대사학회, 『동양 삼국의 왕권과 관료제』, 국학자료원, 1999, 294쪽

5) 최우영, 「조선 사회 지배 구조와 유교 이데올로기」, 『사회와 역사』 43(1994.12), 77쪽

6) 이종영, 『지배와 그 양식들』, 새물결, 2001, 210쪽

7) 탈춤을 행한 주체와 그 의도에 대해서는 주로 다음의 자료를 참고했다; 이덕일·이희근, 『우리 역사의 수수께끼 2』, 김영사, 1999, 245~253쪽

6장 생산과 부를 통제하고 아량을 베풀어라 | 토지와 경제

1) 정창권, 『홀로 벼슬하며 그대를 생각하노라』, 사계절, 2003, 158쪽

2) 문숙자, 「퇴계학파의 경제적 기반: 재산 형성과 소유 규모를 중심으로」, 『정신문화연구』 24-4(2001.12), 94쪽

3) 미야지마 히로시, 노영구 옮김, 『양반』, 강, 1996, 137쪽

4) 김재호, 「조선왕조 장기지속의 경제적 기원」, 『한국학연구』 59(2011.12), 93쪽

7장 관직을 독점하라 | 관료제도

1) 김범, 「조선시대 사림 세력 형성의 역사적 배경」, 『국학연구』 19(2011.12), 26쪽

2) 최우영, 「조선사회 지배구조의 기본 성격: 관료적 지배와 잠재된 갈등」, 『사회발전연구』 8(2002.12), 160쪽

3) 도덕 자질에 의한 신분제 정당화에 대해서는 이 책 5장의 '정당한 지배' 절을 참고.

4) 오종록, 「조선시기의 관료제도 및 그 운영의 특성」, 『한국사연구』 130(2005.9), 23쪽

5) 하명상의 개명에 관한 사실은 주로 다음의 자료를 참고했다; 김학수, 「고시공부는 비교도 안 될 처절한 과거 공부」, 『조선 양반의 일생』, 글항아리, 2009, 89~91쪽

6) 과거시험과 관련된 백봉수에 관한 사안은 주로 다음의 자료를 참고해 정리했다; 이수환, 「조선 향촌사회 속의 생원·진사」, 『한국사시민강좌』 46(2010.2)

7) 에드워드 와그너, 이훈상 외 옮김, 『조선왕조 사회의 성취와 귀속』, 일조각, 2007, 20쪽

8) 미야지마 히로시, 『나의 한국사 공부』, 너머북스, 2013, 161~162쪽

8장 차등적 법질서를 정당화하라 | 법제도

1) 박현모, 「유교적 예치이념의 법전화」 『유교의 예치이념과 조선』, 청계, 2007, 99쪽

2) 같은 책, 98쪽

3) 진희권, 「십악을 통해서 본 유교의 형벌관」 『법철학연구』 5-1(2002.1), 300쪽

4) 함규진, 『왕의 투쟁』, 페이퍼로드, 2007, 342쪽

5) 이 책 4장의 '탐욕과 수탈' 절에 설명한 국가기원설 부분 참조.

9장 큰 나라를 섬겨라 | 사대외교

1) 이하, 열강의 각축과 조선의 국제법상 국가 지위에 관한 논란은 다음을 참고해 정리했다;
   김학준, 『서양인들이 관찰한 후기조선』, 서강대학교출판부, 2010, 250~260쪽

2) 정용화, 「주변에서 본 조공체제」 『동아시아의 지역질서』, 창비, 2005, 103쪽

3) 중종 시기를 전후한 사대의 성격 변화에 대해서는 주로 다음의 자료를 참고해 정리했다;
   계승범, 『조선시대 해외파병과 한중관계』, 푸른역사, 2009; 계승범, 『중종의 시대』, 역사비
   평사, 2014

4) 정용화, 「주변에서 본 조공체제」 『동아시아의 지역질서』, 창비, 2005, 107쪽

5) 계승범, 「16~17세기 명·조선 관계의 성격과 조선의 역할」 『정치와 평론』 10(2012.5),
   40쪽

6) 이하, 대보단 설립과 그 의의에 대한 전반적인 내용은 다음의 자료를 주로 참고했다; 계
   승범, 『정지된 시간—조선의 대보단과 근대의 문턱』, 서강대학교출판부, 2011; 계승범, 「조
   선후기 대보단 친행 현황과 그 정치·문화적 함의」 『역사와 현실』 75(2010.3)

7) 이하, 충효 논리와 맥락으로 대명사대와 유교 지배질서를 연결해 설명한 내용은 다음의 자
   료에서 도움을 받았다; 계승범, 「조선후기 대보단 친행 현황과 그 정치·문화적 함의」 『역
   사와 현실』 75(2010.3)

8) '북벌론의 후속조치라는 구도에서 파악한 대보단 설립 배경'에 대해서는 다음의 자료를 참
   고했다; 계승범, 『정지된 시간—조선의 대보단과 근대의 문턱』, 서강대학교출판부, 2011,
   83~98쪽

10장 훈육하고 통제하라 | 학교와 교육

1) 정순우, 「교육공간에 대한 역사적 성찰」, 『한국교육사학회 학술발표논문집』, 2008, 11쪽

2) 충렬서원 중건 관련 사안에 대해서는 다음을 참고했다; 정순우, 『서원의 사회사』, 태학사, 2013, 267쪽

3) 도연서원 봉안제에 대해서는 다음을 참고했다; 정순우, 「조선시대 제향공간의 성격과 그 사회사적 의미」, 『사회와 역사』 53(1998.6), 57~58쪽; 정순우, 『서원의 사회사』, 116~ 121쪽

4) 최우영, 「조선 중기 사림정치의 공공성: 이념·구조·변화」, 연세대학교 박사학위논문, 2002, 107쪽

5) 정순우, 「고문서를 통해서 본 촌락사회와 교육의 변동과정 연구」, 『정신문화연구』 77 (1999.12), 165쪽

11장 유교 가치를 삶에 스며들게 하라 | 유교화

1) 조선의 유교화 정책에 관해서는 주로 다음의 자료를 참고했다; 계승범, 『중종의 시대』, 역사비평사, 2014, 182~225쪽

2) 부안 김씨 가문의 상속문서에 관한 내용은 다음의 자료를 참고해 정리했다; 마크 피터슨, 김혜정 옮김, 『유교사회의 창출』, 일조각, 2000, 43~53쪽

3) 이영훈, 「조선후기 이래 소농사회의 전개와 의의」, 『역사와 현실』 45(2002.9), 22~23쪽

4) 계승범, 「한국의 유교화와 17세기: 도이힐러의 『한국사회의 유교적 변환』과 그 해석」, 『한국사학사학보』 20(2009.12), 195쪽

5) 김광억, 「조상숭배와 사회조직의 원리: 한국과 중국의 비교」, 『한국문화인류학』 18(1986.12), 117쪽

6) 이이효재, 『조선조 사회와 가족』, 한울아카데미, 2003, 291쪽

7) 김혜숙, 「조선시대의 권력과 성-예치 개념 중심으로」, 『한국여성학』 9(1993.9), 44쪽

12장 에필로그_ 조선 지배층에 대한 세 개의 이미지

1) 조선시대에 한글은 훈민정음, 정음, 언문 등으로 불렸다. '한글'이란 명칭이 쓰인 때는 일제강점기인 1910년대이며, 널리 쓰이게 된 시기는 1920년대 후반으로 보고 있다. 이 글

에서는 명칭 혼란을 피하기 위해 『조선왕조실록』에서 가져온 인용문 외에는 모두 '한글' 로 표기했다.

2) 계해정변 주도세력의 정변 참가 동기와 명분, 정변의 의의, 정변의 영향 등에 대한 전반적인 흐름과 분석은 다음의 자료에서 도움을 받았다; 계승범, 「계해정변(인조반정)의 명분과 그 인식의 변화」 『남명학연구』 26(2008.1); 박성순, 『선비의 배반』, 고즈윈, 2004

3) '앨리스 환대 사건'이 일어난 시기에 조선의 국호는 대한제국이었다. 조선은 1897년에 '대한제국'으로 국호를 바꾸었다. 여기에서는 내용 이해의 편의를 위해 '조선'이라는 용어를 사용했다.

4) '앨리스 사건'에 대한 기본 정보는 다음의 자료를 참고했다; 허동현, 「대한제국 고종황제의 통치철학, 그는 국민국가를 세우려 했을까」 『조선의 통치철학』, 푸른역사, 2010; 「조용한 나라의 앨리스: 미국 공주 한국에 오다」(http://cliomedia.egloos.com; http://blog.naver.com/jenefer001에서 재참고); 「을사조약에 얽힌 비밀─루즈벨트 대통령의딸, 앨리스」(http://cafe.daum.net/hanryulove/5Qxi; http://blog.naver.com/knightblack에서 재참고); 고종황제를 알현한 루즈벨트 대통령의 딸─말괄량이 앨리스」(http://blog.naver.com/himammo; http://blog.cyworld.com/raral_ra에서 재참고)

참고문헌

1장

기시모토 미오 · 미야지마 히로시, 『조선과 중국 근세 오백년을 가다』, 역사비평사, 2003

이덕일, 『송시열과 그들의 나라』, 김영사, 2000

조선시대사학회, 『동양 삼국의 왕권과 관료제』, 국학자료원, 1999

김상준, 「유교의 정치적 무의식」『다산학』 22(2013.6)

1부 에피소드

김석형, 『한국사와 농민』, 신서원, 1998

김종성, 『조선 노비들, 천하지만 특별한』, 역사의아침, 2013

서유영, 송정민 외 옮김, 『금계필담錦溪筆談』, 명문당, 2001

전관수 엮음, 『한시 작가 · 작품 사전』, 국학자료원, 2007

2장

김경일, 『유교 탄생의 비밀』, 바다출판사, 2013

조선시대사학회, 『동양 삼국의 왕권과 관료제』, 국학자료원, 1999

진덕규, 『한국정치의 역사적 기원』, 지식산업사, 2002

카를로 로세티, 서울학연구소 옮김, 『꼬레아 꼬레아니』, 숲과 나무, 1996

박성순, 「정조의 송시열 현창과 왕권 강화론」, 『한국사연구』 141(2008.6)

오종록, 「조선시대의 왕」, 『역사비평』 54(2001.2)

3장

강광식, 『유교정치사상의 한국적 변용』, 벽산서당, 2009

강상규, 『조선정치사의 발견』, 창비, 2013

계승범, 『중종의 시대』, 역사비평사, 2014

기무라 간, 김세덕 옮김, 『조선/한국의 내셔널리즘과 소국의식』, 산처럼, 2007

박성순, 『선비의 배반』, 고즈윈, 2004

배병삼, 『우리에게 유교란 무엇인가』, 녹색평론사, 2012

백지원, 『왕을 참하라 下』, ㈜진명출판사, 2009

이종묵, 『조선의 문화공간 1』, 휴머니스트, 2006

이진우, 『니체, 실험적 사유와 극단의 사상』, 책세상, 2009

존 B. 던컨, 김범 옮김, 『조선왕조의 기원』, 너머북스, 2013

계승범, 「한국의 유교화와 17세기」, 『한국사학사학보』 20(2009.12)

김범, 「조선전기 훈구·사림 세력 연구의 재검토」, 『한국사학보』 15(2003.9)

김석균, 「19세기 전반 조선 유랑지식인의 실체와 성격」, 한국교원대학교대학원 석사학위논
      문, 2005

김성우, 「16세기 사림파, 진보세력이었던가?」, 『한국사시민강좌』 33(2003.8)

윤병철, 「조선후기 유랑지식인의 사회사적 의미」, 『정신문화연구』 69(1997.12)

최우영, 「조선 중기 사림정치의 공공성: 이념·구조·변화」, 연세대학교 박사학위논문, 2002

4장

가야노 도시히토, 김은주 옮김, 『국가란 무엇인가』, 산눈, 2010

계승범, 『우리가 아는 선비는 없다』, 역사의 아침, 2012

계승범, 『중종의 시대』, 역사비평사, 2014

규장각한국학연구원, 『조선 양반의 일생』, 글항아리, 2009

김성우, 『조선중기 국가와 사족』, 역사비평사, 2001

김연수, 『조선 지식인의 위선』, 앨피, 2011

김정호, 『조선의 탐식가들』, 따비, 2012

량치차오, 최형욱 엮고 옮김, 『량치차오, 조선의 망국을 기록하다』, 글항아리, 2014

롤로 메이, 신장근 옮김, 『권력과 거짓순수』, 문예출판사, 2013

미셸 푸코, 오생근 옮김, 『감시와 처벌』, 나남, 2003

박성순, 『선비의 배반』, 고즈윈, 2004

이수영, 『권력이란 무엇인가』, 그린비, 2009

임지현 외, 『국사의 신화를 넘어서』, 휴머니스트, 2004

정창권, 『홀로 벼슬하며 그대를 생각하노라』, 사계절, 2003

진덕규, 『한국정치의 역사적 기원』, 지식산업사, 2002

강제훈, 「조선초기의 부상 허계지의 신분과 권력 배경」『한국사연구』119(2002.12)

김범, 「조선시대 사림 형성의 역사적 배경」『국학연구』19(2011.12)

설석규, 「양반정치와 공론」『한국사시민강좌』29(2001.8)

오종록, 「조선시기의 관료제도 및 그 운영의 특성」『한국사연구』130(2005.9)

오종록, 「조선이 세워질 때 왜 고려에 충성하는 신하가 많았을까」『내일을 여는 역사』23
  (2006.3)

정구복, 「조선후기 양반문화의 성격론」『전라문화총서』25(2007.1)

최우영, 「조선 사회 지배 구조와 유교 이데올로기」『사회와 역사』43(1994.12)

최우영, 「조선 중기 사림정치의 공공성: 이념·구조·변화」, 연세대학교 박사학위논문, 2002

허남린, 「임진왜란과 유교적 사회질서」『국학연구』14(2009.6)

2부 에피소드

규장각한국학연구원, 『조선 양반의 일생』, 글항아리, 2009

전상인 외, 『한국의 사회자본』, 2008

정창권, 『홀로 벼슬하며 그대를 생각하노라』, 사계절, 2003

조선시대사학회, 『동양 삼국의 왕권과 관료제』, 국학자료원, 1999

김재호, 「조선왕조 장기지속의 경제적 기원」『경제학연구』59-4(2011.12)

전상인, 「양반과 부르조아」, 『한국과 국제정치』 14-1(1998.6)

5장

계승범, 『우리가 아는 선비는 없다』, 역사의아침, 2012

규장각한국학연구원, 『조선 양반의 일생』, 글항아리, 2009

김경일, 『유교 탄생의 비밀』, 바다출판사, 2013

김성우, 『조선중기 국가와 사족』, 역사비평사, 2001

김철수, 『격동의 시대, 19세기 조선의 생활모습』, 상생출판, 2010

김필동, 『차별과 연대』, 문학과지성사, 1999

량치차오, 최형욱 엮고 옮김, 『량치차오, 조선의 망국을 기록하다』, 글항아리, 2014

마크 피터슨, 김혜정 옮김, 『유교사회의 창출』, 일조각, 2000

미야지마 히로시, 노영구 옮김, 『양반』, 강, 1996

이덕일 · 이희근, 『우리 역사의 수수께끼 2』, 김영사, 1999

이사벨라 버드 비숍, 신복룡 역주, 『조선과 그 이웃나라들』, 집문당, 2000

조선시대사학회, 『동양 삼국의 왕권과 관료제』, 국학자료원, 1999

조지프 캠벨, 홍윤희 옮김, 『신화의 이미지』, 살림, 2006

계승범, 「한국의 유교화와 17세기: 도이힐러의 『한국사회의 유교적 변환』과 그 해석」, 『한국사
   학사학보』 20(2009.12)

김성우, 「18~19세기 '지배양반' 되기의 다양한 조건들」, 『대동문화연구』 49(2005.12)

김영모, 「조선후기의 신분개념과 신분구조의 변화」, 『현상과 인식』 2-1(1978.4)

마크 피터슨, 「한국의 성」, 『국학연구』 14(2009.6)

유승희, 「18~19세기 한성부 경제범죄의 실태와 특징」, 『서울학연구』 31(2008.5)

이성무, 「조선시대 신분구성과 그 특성」, 『조선시대사학보』 39(2006.12)

이영훈, 「한국사 연구에서 노비제가 던지는 몇 가지 문제」, 『한국사시민강좌』 40(2007.2)

이영훈, 「제임스 팔래의 노예제사회설 검토」, 『한국문화』 52(2010.12)

전상인, 「양반과 부르조아」, 『한국과 국제정치』 28(1998.6)

전형택, 「조선 전기 노비 연구의 새로운 지평」, 『사회와 역사』 52(1997.11)

정구복, 「조선 후기 양반문화의 성격론」, 『전라문화총서』 25(2007.1)

최우영, 「조선 사회 지배 구조와 유교 이데올로기」 『사회와 역사』 43(1994.12)

최우영, 「조선 중기 사림정치의 공공성: 이념 · 구조 · 변화」, 연세대학교 박사학위논문, 2002

6장

계승범, 『우리가 아는 선비는 없다』, 역사의아침, 2012

김상준, 『맹자의 땀 성왕의 피』, 아카넷, 2011

김연수, 『임진왜란 비겁한 승리』, 앨피, 2013

김학준, 『서양인들이 관찰한 후기조선』, 서강대학교출판부, 2010

미야지마 히로시, 노영구 옮김, 『양반』, 강, 1996

백승종, 『역설』, 산처럼, 2013

윤병철, 『조선, 말이 통하다』, 커뮤니케이션북스, 2006

이덕일, 『송시열과 그들의 나라』, 김영사, 2000

이덕일 · 이희근, 『우리 역사의 수수께끼 2』, 김영사, 1999

이이효재, 『조선조 사회와 가족』, 한울아카데미, 2003

정창권, 『홀로 벼슬하며 그대를 생각하노라』, 사계절, 2003

제임스 B. 팔레, 김범 옮김, 『유교적 경세론과 조선의 제도들—유형원과 조선후기 2』, 산처럼, 2008

제임스 B. 팔레, 이훈상 옮김, 『전통한국의 정치와 정책』, 신원문화사, 1993

조선시대사학회, 『동양 삼국의 왕권과 관료제』, 국학자료원, 1999

강제훈, 「조선초기의 부상 허계지의 신분과 권력 배경」 『한국사연구』 119(2002.12)

김성우, 「조선사회의 사회 · 경제적 변화와 시기구분」 『역사와 현실』 18(1995.12)

김성우, 「조선시대 농민적 세계관과 농촌사회의 운영원리」 『경제사학』 41(2006.12)

김재호, 「조선왕조 장기지속의 경제적 기원」 『한국학연구』 59-4(2011.12)

문숙자, 「퇴계학파의 경제적 기반: 재산 형성과 소유 규모를 중심으로」 『정신문화연구』 24-4(2001.12)

미야지마 히로시, 「유교의 제민사상과 소농사회론」 『국학연구』 14(2009.6)

박용국, 「17세기 지리산권의 소빙기 현상과 사회 · 경제적 양상」 『영남학』 17(2010.6)

배항섭, 「조선후기 토지 소유구조 및 매매관습에 대한 비교사적 검토」 『한국사연구』

149(2010.6)

오종록, 「조선시대의 왕」, 『역사와 비평』 54(2001.2)

오종록, 「조선시대 정치 · 사회의 성격과 의사소통」, 『역사와 비평』 89(2009.11)

유미림, 「조선후기 통치 이념의 구조적 분석」, 이화여자대학교 정치외교학과 박사학위논문,
     1999

이성임, 「조선중기 양반의 경제생활과 재부관」, 『한국사시민강좌』 29(2001.8)

이영훈, 「한국사에 있어서 토지제도의 발전과정」, 『고문서연구』 15(1999.6)

이영훈, 「19세기 조선사회 경제체제의 위기」, 『조선시대사학보』 43(2007.12)

진재교, 「이조후기 유민에 관한 시적 형상」, 『한국한문학연구』 16(1993.11)

최우영, 「조선 사회 지배 구조와 유교 이데올로기」, 『사회와 역사』 43(1994.12)

최우영, 「조선 중기 사림정치의 공공성: 이념 · 구조 · 변화」, 연세대학교 박사학위논문, 2002

7장

강상규, 『조선정치사의 발견』, 창비, 2013

규장각한국학연구원, 『조선 양반의 일생』, 글항아리, 2009

기시모토 미오 · 미야지마 히로시, 김현영 외 옮김, 『조선과 중국 근세 오백년을 가다』, 역사
     비평사, 2003

미야지마 히로시, 『나의 한국사 공부』, 너머북스, 2013

박정자, 『시선은 권력이다』, 기파랑, 2008

백승종, 『역설』, 산처럼, 2013

에드워드 와그너, 이훈상 · 손숙경 옮김, 『조선왕조 사회의 성취와 귀속』, 일조각, 2007

윤병철, 『조선 말이 통하다』, 커뮤니케이션북스, 2006

조선시대사학회, 『동양삼국의 왕권과 관료제』, 국학자료원, 1999

진덕규, 『한국정치의 역사적 기원』, 지식산업사, 2002

김경용, 「조선시대 과거제도 성격의 이해를 위한 사료비판적 고찰」, 『교육사학연구』 11(2001.7)

김범, 「조선시대 사림 세력 형성의 역사적 배경」, 『국학연구』 19(2011.12)

김성우, 「조선사회의 사회 · 경제적 변화와 시기구분」, 『역사와 현실』 18(1995.12)

김재호, 「조선왕조 장기지속의 경제적 기원」, 『한국학연구』 59-4(2011.12)

민현구, 「과거제는 한국사에 어떤 유산을 남겼나」 『한국사시민강좌』 46(2010.2)

오종록, 「세도정치」 『내일을 여는 역사』 7(2001.12)

오종록, 「조선시기의 관료제도 및 그 운영의 특성」 『한국사연구』 130(2005.9)

이선엽 · 김도현, 「과거제도에 관한 비판적 성찰: 조선의 문과시험을 중심으로」 『한국행정사학지』 21(2007.12)

이수환, 「조선 향촌사회 속의 생원 · 진사」 『한국사시민강좌』 46(2010.2)

최우영, 「조선 사회 지배 구조와 유교 이데올로기」 『사회와 역사』 43(1994.12)

최우영, 「조선사회 지배구조의 기본 성격: 관료적 지배와 잠재된 갈등」 『사회발전연구』 8(2002.12)

8장

가야노 도시히토, 김은주 옮김, 『국가란 무엇인가』, 산눈, 2010

김상준 · 최진덕 외, 『유교의 예치이념과 조선』, 청계, 2007

박정자, 『시선은 권력이다』, 기파랑, 2008

이재룡, 『조선, 예의 사상에서 법의 통치까지』, 예문서원, 1995

임재표, 『조선시대 행형제도에 관한 연구』, 한국형사정책연구원, 2000

조선시대사학회, 『동양 삼국의 왕권과 관료제』, 국학자료원, 1999

한국고문서학회, 『조선의 일상, 법정에 서다』, 역사비평사, 2013

함규진, 『왕의 투쟁』, 페이퍼로드, 2007

구덕회, 「대명률과 조선 중기 형률상의 신분 차별」 『역사와 현실』 65(2007.9)

김재호, 「조선왕조 장기지속의 경제적 기원」 『한국학연구』 59-4(2011.12)

박경, 「십악 개념의 수용을 통해 본 조선 전기 사회윤리의 구축 과정」 『사학연구』 106 (2012.6)

심의기, 「유교법의 철학적 기초」 『사회과학연구』 7-1(1987.6)

안종찬, 「조선왕조의 예와 법에 관한 연구」, 단국대학교교육대학원 석사논문, 1983

이재룡, 「조선시대의 법 제도와 유교적 민본주의」 『동양사회사상』 3(2000.11)

전종익, 「15~16세기 조선의 공권력 작용과 공평의 원칙」 『법사학연구』 38(2008.10)

정긍식, 「조선시대의 권력분립과 법치주의」 『서울대학교 법학』 42-4(2001.12)

진희권, 「십악을 통해서 본 유교의 형벌관」 『법철학연구』 5-1(2002.1)

진희권, 「전통 유교에서 형벌집행의 현대적 의미」『형사정책연구』 69(2007.3)

최우영, 「조선사회 지배구조의 기본 성격: 관료적 지배와 잠재된 갈등」『사회발전연구』 8(2002.12)

허남린, 「임진왜란과 유교적 사회질서」『국학연구』 14(2009.6)

9장

강상규, 『조선정치사의 발견』, 창비, 2013

계승범, 『조선시대 해외파병과 한중관계』, 푸른역사, 2009

계승범, 『정지된 시간—조선의 대보단과 근대의 문턱』, 서강대학교출판부, 2011

계승범, 『중종의 시대』, 역사비평사, 2014

김기협, 『망국의 역사, 조선을 읽다』, 돌베개, 2010

김우현, 『주자학, 조선, 한국』, 한울, 2011

김종성, 『조선을 바꾼 반전의 역사』, 지식의숲, 2013

김학준, 『서양인들이 관찰한 후기조선』, 서강대학교출판부, 2010

배우성, 『조선과 중화』, 돌베개, 2014

백영서 · 정용화 외, 『동아시아의 지역질서』, 창비, 2005

함규진, 『왕의 투쟁』, 페이퍼로드, 2007

계승범, 「파병 논의를 통해 본 조선전기 대명관의 변화」『대동문화연구』 53(2006.1)

계승범, 「조선후기 대보단 친행 현황과 그 정치 · 문화적 함의」『역사와 현실』 75(2010.3)

계승범, 「조선의 18세기와 탈중화 문제」『역사학보』 213(2012.3)

계승범, 「조선시대 의병의 개념과 임진의병」『서강인문논총』 33(2012.4)

계승범, 「16~17세기 명 · 조선 관계의 성격과 조선의 역할」『정치와 평론』 10(2012.5)

최정운, 「한국외교에 있어서의 전통, 근대성 그리고 탈근대성」『한국정치연구』 12-1(2003.4)

허남린, 「임진왜란의 문명사적 맥락:조선의 문화주의와 일본의 군사주의」『경남학』 33 (2012.12)

10장

김철수, 『격동의 시대, 19세기 조선의 생활모습』, 상생출판, 2010

윤병철, 『조선, 말이 통하다』, 커뮤니케이션북스, 2006

정순우, 『서원의 사회사』, 태학사, 2013

조선사회연구회, 『조선사회 이렇게 본다』, 지식산업사, 2010

조선시대사학회, 『동양 삼국의 왕권과 관료제』, 국학자료원, 1999

피에르 부르디외, 정일준 옮김, 『상징폭력과 문화재생산』, 새물결, 1997

한국교육사학회 편, 『역사 속의 교육공간, 그 철학적 조망』, 학지사, 2011

한국정신문화연구원 편, 『조선양반의 생활세계』, 백산서당, 2004

함규진, 『왕의 투쟁』, 페이퍼로드, 2007

김무진, 「조선후기 서당의 사회적 성격」『역사와 현실』 16(1995.6)

김무진, 「조선후기 교화체제의 정비와 면훈장제의 성격」『역사교육』 58(1995.12)

김택규, 「조선시대 향촌서당의 기능」『비교민속학』 7(1991.6)

윤병철, 「조선후기 유랑지식인의 사회적 의미」『정신문화연구』 69(1997.12)

윤희면, 「조선시대 서원 정책과 서원의 설립 실태」『역사학보』 181(2004.3)

이성무, 「조선의 성균관과 서원」『한국사시민강좌』 18(1996.2)

정순우, 「조선시대 제향공간의 성격과 그 사회적 의미」『사회와 역사』 53(1998.6)

정순우, 「고문서를 통해서 본 촌락사회와 교육의 변동과정 연구」『정신문화연구』 77 (1999.12)

정순우, 「초기 퇴계학파의 서당 운영」『정신문화연구』 85(2001.12)

정순우, 「교육공간에 대한 역사적 성찰」『한국교육사학회 학술발표논문집』, 2008

정재훈, 「조선시대 서원의 발전과 지역적 특징」『안동학연구』 11(2012.12)

최우영, 「조선 사회 지배 구조와 유교 이데올로기」『사회와 역사』 43(1994.12)

최우영, 「조선 중기 사림정치의 공공성: 이념 · 구조 · 변화』, 연세대학교 박사학위논문, 2002

11장

강명관, 『열녀의 탄생』, 돌베개, 2009

계승범, 『우리가 아는 선비는 없다』, 역사의아침, 2012

계승범, 『중종의 시대』, 역사비평사, 2014,

규장각한국학연구원 엮음, 『조선 양반의 일생』, 글항아리, 2009

기시모토 미오 · 미야지마 히로시, 김현영 · 문순실 옮김, 『조선과 중국 근세 오백년을 가다』,

역사비평사, 2003

마르티나 도이힐러, 이훈상 옮김, 『한국의 유교화 과정』, 너머북스, 2013

마크 피터슨, 김혜정 옮김, 『유교사회의 창출』, 일조각, 2000

박홍갑, 『양반나라 조선나라』, 가람기획, 2001

백승종, 『역설』, 산처럼, 2013

이덕일·이희근, 『우리 역사의 수수께끼』, 김영사, 1999

이숙인, 『정절의 역사—조선 지식인의 성담론』, 푸른역사, 2014

이이효재, 『조선조 사회와 가족』, 한울아카데미, 2003

계승범, 「한국의 유교화와 17세기: 도이힐러의 『한국사회의 유교적 변환』과 그 해석」, 『한국사학사학보』 20(2009.12)

김광억, 「조상숭배와 사회조직의 원리: 한국과 중국의 비교」, 『한국문화인류학』 18(1986.12)

김미영, 「조선시대 유교의례의 사회적 기능과 상징적 의미」, 『국학연구』 14(2009.6)

김성우, 「조선사회의 사회·경제적 변화와 시기구분」, 『역사와 현실』 18(1995.12)

김혜숙, 「조선시대의 권력과 성—예치 개념 중심으로」, 『한국여성학』 9(1993.9)

마르티나 도이힐러, 「유교사상과 조선사회—도전과 적응의 양상」, 『국학연구』 14(2009.6)

오종록, 「우리 모두가 4대 봉사를 할 수 있게 된 까닭」, 『내일을 여는 역사』 22(2005.12)

유석춘 외, 「유교윤리와 한국 자본주의 정신—효를 중심으로」, 『한국사회학』 39-6 (2005.12)

이영훈, 「조선후기 이래 소농사회의 전개와 의의」, 『역사와 현실』 45(2002.9)

이해준, 「조선후기 '문중화' 경향과 친족조직의 변질」, 『역사와 현실』 48(2003.6)

제임스 팔레·박영신·조성윤, 「좌담: 유교전통과 한국사회」, 『현상과 인식』 64(1995.3)

최재석, 「17세기의 친족구조의 변화」, 『정신문화연구』 24(1985.3)

최재석, 「도이힐러의 한국 사회사 연구 비판」, 『사회와 역사』 67(2005.6)

12장

강명관, 『조선시대 책과 지식의 역사』, 천년의상상, 2013

박성순, 『선비의 배반』, 고즈윈, 2004

이수영, 『권력이란 무엇인가』, 그린비, 2009

조선시대사학회, 『동양 삼국의 왕권과 관료제』, 국학자료원, 1999

최봉영, 『조선시대 유교문화』, 사계절, 1997

허동현 외, 『조선의 통치철학』, 푸른역사, 2010

계승범, 「계해정변(인조반정)의 명분과 그 인식의 변화」, 『남명학연구』 26(2008.1)

오종록, 「세종이 한글을 만든 까닭」, 『내일을 여는 역사』 10(2002.12)

유미림, 「세종의 훈민정음 창제의 정치」, 『동양정치사상사』 4-1(2005.3)

전상인, 「양반과 부르조아」, 『한국과 국제정치』 28(1998.6)

최우영, 「조선 사회 지배 구조와 유교 이데올로기」, 『사회와 역사』 43(1994.12)

두 얼굴의 조선사
©조윤민

| **1판 1쇄** | 2016년 2월 22일 |
| **1판 5쇄** | 2018년 10월 31일 |

지은이	조윤민
펴낸이	강성민
편집장	이은혜
마케팅	정민호 이숙재 정현민 김도윤 안남영
홍보	김희숙 김상만 이천희

펴낸곳	(주)글항아리	출판등록 2009년 1월 19일 제406-2009-000002호
주소	10881 경기도 파주시 회동길 210
전자우편	bookpot@hanmail.net
전화번호	031-955-1934(편집부) 031-955-8891(마케팅)
팩스	031-955-2557

ISBN   978-89-6735-302-5 03910

글항아리는 (주)문학동네의 계열사입니다.

이 도서의 국립중앙도서관 출판시도서목록(CIP)은 서지정보유통지원시스템 홈페이지
(http://seoji.nl.go.kr)와 국가자료공동목록시스템(http://www.nl.go.kr/kolisnet)에
서 이용하실 수 있습니다.
(CIP제어번호 : CIP2016003400)